Uli Hufen

Das Regime und die Dandys

Russische Gaunerchansons
von Lenin bis Putin

ROGNER&BERNHARD

1. Auflage, September 2010
Copyright © 2010 by Rogner & Bernhard GmbH & Co. Verlags KG, Berlin
ISBN 978-3-8077-1057-0
www.rogner-bernhard.de
Alle Rechte vorbehalten, insbesondere das Recht der mechanischen,
elektronischen oder fotografischen Vervielfältigung, der Einspeicherung
und Verarbeitung in elektronischen Systemen, des Nachdrucks in
Zeitschriften oder Zeitungen, des öffentlichen Vortrags, der Verfilmung
oder Dramatisierung, der Übertragung durch Rundfunk, Fernsehen oder
Internet, auch einzelner Text- und Bildteile.
Umschlaggestaltung: Philippa Walz und Andreas Opiolka, Stuttgart
Umschlagabbildungen: Archive Timofej Larionow, Garik Osipow,
Sergej Sokolow
Layout und Herstellung: Leslie Driesener, Berlin
Gesetzt aus der Stempel Garamond
durch omnisatz GmbH, Berlin
Druck und Bindung: CPI – Clausen & Bosse, Leck
Printed in Germany 2010

Für Oskar und Tanya

Die russische Nation ist einfach unausgeschlafen, daher verworren, glücklos, ekelhaft und gereizt. Alle anderen hatten Zeit zu schlafen, viele Jahre gediegener spießbürgerlicher Kunst und Existenz.[1]
Wenedikt Jerofejew

Das Regime und der Dandy ignorieren sich gegenseitig.
Garik Osipow

Bap-Ba, Bap-Ba-Lala-Bap-Ba, Bap-Ba-Lala-Bap-Ba, Bap-Ba-Lala-Laaaa-La-La-La-La-La-Bap-Ba   *Konstantin Beljajew*

Die BBC hat gemeldet, Arkadij Sewernyj habe sich aufgehängt.
Arkadij Sewernyj

We dig repetition.   *Mark E. Smith*

Inhalt

Prolog 11

1 Leonid Utjosow und die Geburt der Gaunerchansons
 im Odessa der 20er Jahre 31
2 Arkadij Sewernyj, König der Blat-Lieder 105
3 Kostja Beljajew – Ein byzantinischer Dandy in
 Breschnews Moskau 216
4 Garik Osipow und die Renaissance des klassischen
 sowjetischen Blatnjak 257

Kurzbiografien der wichtigsten Personen 299
Wo kann ich das hören? 304
Anmerkungen 307
Auswahlbibliografie 317
Zitatnachweis 321
Register 323

Prolog
Moskau, im Winter 1998

Wann es losging, wo der Anfang war, der Moment, nachdem nichts mehr war wie zuvor? Ich kann es sagen, ganz genau sogar. Alles begann an einem eisigen Winternachmittag Ende Januar 1998. In einer Wohnung im Südosten Moskaus legte ein junger Mann eine Kassette in einen alten sowjetischen Kassettenrekorder und drückte PLAY. Die Kassette begann sich zu drehen, und dann sang ein Mann, den ich noch nie zuvor gehört hatte, ein Lied, das ich nicht kannte. Und dann noch eins. Und noch eins. Der Mann hieß Arkadij Sewernyj und war 1998 schon achtzehn Jahre tot. Seine Lieder sind unsterblich. Damit fing es an. Und jetzt gibt es dieses Buch.

Aber der Reihe nach.

Wer im Winter nach Russland fährt und weiß »Es wird kalt«, weiß noch nicht genug. Es gibt Unterschiede. »Wenn Frostnebel herrscht, dann sind es draußen minus 40 Grad; wenn die Luft beim Atmen mit Geräusch ausfährt, doch das Atmen noch nicht schwer wird, sind es 45; wenn das Atmen ein Geräusch macht und Kurzatmigkeit dazukommt, sind es 50 Grad. Bei über 50 Grad gefriert die Spucke in der Luft.«[2]

Ganz so kalt wie in Warlam Schalamows Kolyma-Erzählungen war es nicht, als ich im Winter 1998 nach Moskau kam. Aber es war kalt. Die richtige Reaktion auf feine Unterschiede entschied über Frieren und bitterliches Frieren, und ich war dankbar für Schalamows Kälte-Charts. Es waren 10 Grad unter null, als ich in Scheremetjewo aus dem Flugzeug stieg. In Jeans. Ein paar Tage später waren es minus 25 Grad, die Kälte drang jetzt schnell ins Innere des Körpers. Ich trug inzwischen zwei Paar lange Unterhosen und überlegte mir jeden Morgen zweimal, ob ich wirklich vor die Tür musste. Die Antwort blieb. Ich musste und ich wollte: hinaus in die Stadt. Moskau in diesem Winter war ein Erlebnis, das ich nie vergessen werde. Ich war in die russische Hauptstadt gekommen, um für eine Reportage über das junge Moskau zu recherchieren. Hippe Klubs und Bands wollte ich aufspüren, mich ins Nachtleben des Zehn-Millionen-Molochs stürzen, neue Platten kaufen und nebenbei herausfinden, ob es in Moskau eigentlich so etwas wie zeitgenössische Kunst gab. Dahinter steckte die Vermutung, dass all diese Dinge inzwischen in Moskau angekommen sein mussten, sieben Jahre nachdem der Eiserne Vorhang sich gehoben hatte und der Sozialismus beendet worden war.

Doch dann passierte etwas Seltsames. Mit jedem Tag, den ich in Moskau verbrachte, schwand mein Interesse am Nachtleben, an Klubs und DJs ein Stück mehr. Nicht weil die Klubs langweilig gewesen wären, ganz im Gegenteil: Im *Propaganda* oder im *Dritten Weg* konnte man mit jungen Studenten und Bohemiens bis in den Morgen tanzen. Alkohol und Drogen aller Art waren in Mengen verfügbar und die Frauen fabelhaft schön. Wer es hemmungsloser mochte, konnte ins *Hungry Duck* gehen, wo verzweifelte Mädchen aus den Vorstädten von 19.30 bis 21.30 kostenlos mit Tequila abgefüllt wurden, bevor sich die Türen für die Männer öffneten. Und dann waren da noch Läden wie das *Nightflight*, schlaue Kombinationen aus Disco und Puff, die von den Gangstern der Moskauer Halbwelt und von ausländischen Geschäftsleuten frequentiert wurden. Mit etwas Mut und doppelt so viel Geld konnte man sich auch dort die Sorgen aus dem Kopf schlagen lassen. Doch irgendetwas stimmte nicht an der demonstrativen Sorglosigkeit. Es war, als versuchten die Leute, mit aller Gewalt ihr Glück zu genießen, bevor der Untergang kam. Es roch nach Ende in diesen Klubs, und die Musik war schlecht. Der Untergang kam. Sechs Monate später, am 17. August 1998, war Russland zahlungsunfähig. Innerhalb von vier Wochen verlor der Rubel zwei Drittel seines Wertes, und Millionen Bürger büßten ihre Ersparnisse ein.

Weit weg von den Klubs und Bars der Moskauer Innenstadt begegneten mir im Winter 1998 jene Namen und Begriffe zum ersten Mal, um die es in diesem Buch gehen soll. Arkadij Sewernyj. Kostja Beljajew. Leonid Utjosow. Garik Osipow. *Blatnyje pesni*, Gaunerlieder. Bis 1998 hatte ich von diesen Sängern und von der Welt, aus der sie kamen, nie gehört. Dabei lernte ich seit mehr als zwanzig Jahren Russisch, hatte russische Geschichte und Literatur studiert, das Land seit 1984 mehrfach besucht und mich immer für russische Musik interessiert. Aber diese Sänger und ihre Lieder, ich kannte sie nicht. Zwölf Jahre später weiß ich: Das war kein Zufall. Damals wie heute kann man so gut wie nirgendwo in Deutschland CDs mit populärer russischer Musik kaufen. Keine offizielle sowjetische Popmusik, keine inoffizielle Undergroundmusik, keine postsowjetische Musik. Kein Rock, keine Schlager, kein Pop, keine Chansons. Gar nichts. In irgendwelchen Ecken irgendwelcher Musikkaufhäuser stehen ein paar staubige CDs von Alla Pugatschowa, Wladimir Wyssozkij oder irgendeinem Donkosakenchor. Wer Russisch kann, versucht bei obskuren Versandhäusern im Internet sein Glück. Kleine Labels wie Eastblok Music bringen pro Jahr zwei oder drei CDs mit russischer oder ukrainischer Musik heraus. Wladimir Kaminer hat eine Russendisko. Das war's. Sicher, seit das fieberhaft schlüpfrige Pseudo-Lesben-Duo Tatu vor ein paar Jahren die internationalen Charts stürmte, weiß man grundsätzlich, dass es in Russland Popmusik gibt. Kurz darauf gewann Dima Bilan den

Eurovision Song Contest. Aber in der Sowjetunion? Haben die Leute da etwa getanzt, gefeiert, gesungen, sich amüsiert und am Ende sogar miteinander gevögelt? Wohl kaum, oder?

Im Kalten Krieg gab es für den Westen im Grunde nur zwei Arten von sowjetischer Kunst. Gute, ernste, systemkritische Kunst, die von verfolgten politischen Oppositionellen mit langen Bärten produziert wurde. Und schlechte Kunst, die linientreue Betonköpfe in billigen Polyesteranzügen produzierten. Man mühte sich nach Kräften, Filme, Literatur, Kunst und Musik in diese beiden Schubfächer zu zwängen. Was partout nicht passte, wurde ignoriert. Bestes Beispiel: sowjetische Unterhaltungsmusik, offizielle wie inoffizielle. Die offizielle konnte nicht gut sein, weil sie bei dem staatlichen Plattenlabel Melodija erschien. Dass es inoffizielle Popmusik gab, wusste im Ausland praktisch niemand. Und so ergab sich ein feines Paradox: Die einzige populäre Musik in der Sowjetunion, für die man sich im Westen interessierte, war die, die nicht aus der Sowjetunion stammte und von den Kulturbürokraten nach Kräften behindert wurde: westliche populäre Musik. Jazz und Rock. Es gibt ein wunderbares Buch über den sowjetischen Jazz[3], es gibt diverse Texte über sowjetische und postsowjetische Rockmusik. Einen davon habe ich sogar selbst geschrieben.[4] Aber die Musik, die in Russland tatsächlich populär im engeren Sinne des Wortes war und ist, die Lieder, die nicht nur ein paar tausend großstädtische Hipster lieben und liebten, sondern Millionen von Leuten aller Generationen, die kennt im Westen praktisch niemand.

Es war kein Zufall, der mir die Namen von Kostja Beljajew, Arkadij Sewernyj, Leonid Utjosow und Garik Osipow in diesem Winter 1998 zuwehte. Russland veränderte sich in den späten 90er Jahren, und gleichzeitig veränderte sich die Art, wie ich auf Russland blickte. Und es bedurfte dieses neuen Blicks auf

Russland, es bedurfte einer anders gestimmten Aufmerksamkeit, um Sewernyj, Beljajew, Utjosow und Osipow wahrzunehmen.

Worum es ging bei diesem neuen Blick, den Russland auf sich selbst und ich auf Russland warf? Es ging darum, die Ideologie, die Klischees und die Stereotype des Kalten Krieges hinter sich zu lassen. Nicht mehr, nicht weniger.

1998 ist es sieben Jahre her, dass die Sowjetunion kollabiert ist wie ein alter Elefant mit Herzproblemen. Das Land heißt jetzt Russland, ist demokratisch und hat eine Marktwirtschaft. Jedenfalls glaubt man das im Westen. Die meisten westlichen Journalisten sind begeistert von den »jungen Reformern«, die der russischen Wirtschaft eine Schocktherapie verschrieben und damit die Transformation vom Sozialismus hin zu Demokratie und Marktwirtschaft eingeleitet haben. Weil zu Demokratie und Marktwirtschaft zwingend eine Mittelklasse gehört, drucken die Zeitungen in Westeuropa und den USA wie besessen Artikel über diese flüchtige, kaum greifbare neue Menschensorte. Und tatsächlich: Im Zentrum Moskaus, in den Gassen zwischen Twerskaja und Arbat, in der Bolschaja Dmitrowka, der Petrowka, der Nikolskaja und auf den Boulevards, die die Moskauer Altstadt halbkreisförmig umschließen, kann man diese neuen Menschen tatsächlich beobachten wie eine seltene Tierrasse: beim Shopping, in Cafés, in den ersten Sushi-Restaurants des Landes oder beim Cruisen in ihren wegen des scheußlichen Wetters stets fabelhaft dreckigen westlichen Wagen. Glückliche Menschen sind das, glückliche Menschen in neuen Kleidern, die das Privileg haben, Geld an Bankautomaten abzuheben, während die übergroße Mehrheit der Bevölkerung in Cash operiert.

Dass nicht alles Gold ist, was glänzt, ist jedoch unübersehbar, selbst im reichen Zentrum der reichen Hauptstadt. Zwischen den Cafés und Boutiquen drängen sich Tausende von fliegenden Händlern, die von Büchern über Kosmetika bis hin zu Lebensmitteln und illegal kopierten CDs mit so ziemlich allem handeln, was sich auf wackeligen Holztischen stapeln lässt. Zu fast jeder Tageszeit hat man das Gefühl, dass sämtliche zehn oder zwölf Millionen Moskauer gleichzeitig auf den Beinen sind. Die meisten von ihnen sehen nicht so aus, als könnten sie sich Sushi leisten. Als ich die Komfortzone im Zentrum der Hauptstadt verlasse, wird die Armut noch greifbarer. Moskau ist randvoll mit Migranten aus den ehemaligen Sowjetrepubliken. Dazu kommen Millionen von Pendlern aus dem Umland. Rund um die Moskauer Bahnhöfe und auf den Märkten, die an den Endpunkten der Metrolinien entstanden sind, sauge ich dieses andere Moskau in mich auf. Ich spüre die Energie, ich spüre die Armut, ich spüre die Angst. Und ich bin nicht der Einzige.

An einem eisigen Nachmittag mache ich mich auf, um zwei junge Künstler zu besuchen. Oleg Kirejew, Jahrgang 1975, und Anatolij Osmolowskij, geboren 1969, sind die Herausgeber der Zeitschrift *Radek*, die mir in einer Buchhandlung aufgefallen war. Karl Radek war der Name eines 1937 erschossenen bolschewistischen Revolutionärs. In der ersten Ausgabe von *Radek* hatten Kirejew und Osmolowskij den Hass auf die herrschenden Verhältnisse und die Enttäuschung über die gebrochenen Versprechen zu einem angriffslustigen Editorial verdichtet. Darin hieß es:

»Hier kommt eine Liste allgemein anerkannter Begriffe, gesellschaftlicher Institutionen und sozialer Mythen, die *Radek* als Objekte seiner Attacken auserwählt hat: demokratische Wahlverfahren, Menschenrechte, Privateigentum, Konsumgesellschaft, Zivilgesellschaft, juristische Gesetze, Gefängnis, Freiheit des Wortes, Autorenrechte, öffentliche Meinung.«[5]

Die Männer, die das geschrieben hatten, wollte ich kennenlernen.

Mit der Metro fahre ich hinaus aus dem Zentrum Moskaus in Richtung Universität. Am Ausgang der Metro-Station Akademitscheskaja verlaufe ich mich kurz. Das ist normal in Moskau, die meisten Stationen haben zwei Hauptausgänge am Anfang und Ende des Bahnsteigs, die sich dann noch unterirdisch in ein ganzes Geflecht von Gängen verzweigen. Irgendwo wird der sorglose Besucher schließlich ans Tageslicht gespült, aber wer einmal links statt rechts geht, endet schnell auf der falschen Seite einer achtspurigen Schnellstraße. Auch an der Akademitscheskaja, gut zwanzig Minuten vom Stadtzentrum entfernt, sind die Treppenabgänge zur Metro von alten Omas verstellt, die Gemüse aus ihren Gärten, selbst gestrickte Socken, Blumen und junge Hunde verkaufen. Irgendwann stehe ich dann doch vor einem dieser enormen Moskauer Wohnhäuser. Zehn, zwölf Etagen, bis zu sechs Aufgänge. An der Tür gebe ich den Code ein, den Kirejew mir am Telefon verraten hatte, dann fahre ich mit einem alten Lift, der wie die meisten russischen Lifte nach Pisse und Bier riecht, in die neunte Etage. Die Wohnungen sind inzwischen Privateigentum, Hausflur und Lift nicht.

Die linksradikalen Rabauken Kirejew und Osmolowskij erweisen sich als freundliche junge Männer, und eine gemeinsame Sprache ist schnell gefunden. Stundenlang sitzen wir in Kirejews Zimmer, das mit alten sowjetischen Möbeln und neuen postsowjetischen Postern ausgestattet ist. Auf den schweren Bücherregalen stehen französische Theoretiker und Antonio Gramsci neben Tschechow und Daniil Charms. Wir diskutieren über das alte und das neue Russland, politische Aktionskunst, Gott und die Welt. Kirejew, ein schmaler, schöner Junge mit Brille und kurzen lockigen Haaren, hat gerade seinen Abschluss an Russlands bester Hochschule gemacht, der Lomonossow-Universität. Osmolowskij dagegen, ein massiger Typ mit schulterlangen Haaren, ist ein Selfmade-Intellektueller ohne formale akademische Bildung. Zu Beginn der 90er Jahre rückte er mit einer Reihe spektakulärer Performances über Nacht in die erste Reihe der Moskauer Kunstwelt. Seither hat er sich auch als Kunsttheoretiker einen Namen gemacht. Osmolowskij zeigt mir Fotos, die ihn auf den Schultern des riesigen Majakowskij-Denkmals vor dem Hotel Peking an der Twerskaja-Straße zeigen. Amüsiert erzählt er von dem Skandal, den er verursachte, als er 1991 auf dem Roten Platz elf menschliche Körper zu dem Wort ХУЙ formierte. ХУЙ – gesprochen »Chuj«, mit einem »ch« wie in »kochen«, nicht wie in »China« – bedeutet Schwanz und ist einer der drei, vier zentralen Begriffe der russischen Fäkal- und Gossensprache *Mat*. Gute, gebildete Bürger nehmen das Wort nicht in den Mund, wer fluchen will oder muss, kommt ohne nicht aus. Den Machthabern des Landes das Wort vor die Tür zu legen war im hungrigen Russland von 1991 eine vorbildliche Frechheit.

Wir trinken Tee. Wir hören Musik. Ich erzähle, was in Deutschland gerade angesagt ist: Blumfeld, Tocotronic, Kölner Minimal Techno. Wir entdecken unsere gemeinsame Verehrung für Bands wie The Fall und Pere Ubu.

Und dann frage ich, was ich immer frage:

»Gibt es irgendwelche russischen Bands, die ihr mögt?«

Osmolowskij und Kirejew blicken sich an, zögern, dann holt Kirejew eine Kassette aus einem Koffer, steckt sie in seinen Kassettenrekorder und drückt PLAY.

Die Kassette beginnt, sich zu drehen, es rauscht ein bisschen, dann rauscht es stärker, und schließlich erklingt eine Musik, auf die ich nicht vorbereitet bin.

Was hatte ich erwartet? Nun, Osmolowskij und Kirejew waren jung, noch unter dreißig, wie ich selbst. Darum rechnete ich damit, dass sie mich mit den Namen irgendwelcher obskurer Moskauer oder Petersburger Bands und DJs bombardieren würden. Ich kannte mich einigermaßen gut aus in der aktuellen russischen Musikszene, seit ich 1991 mit Freunden zum ersten Mal für längere Zeit in die untergehende Sowjetunion gekommen war. Unser bevorzugter Hangout in Leningrad war damals der Klub *TaMtAm* auf der Wassilij-Insel. Das *TaMtAm* war der erste Klub in Russland, in dem regelmäßig dreimal die Woche Bands auftreten konnten. Ein wilder Laden, irrsinnig laut, randvoll mit Punks, Rastafari und freundlichen Skinheads. Schmutzig, voller Drogen. In der Luft lag ständig eine dicke, feuchte Wolke von usbekischem Gras, auf den Toiletten spritzten Junkies selbst gekochtes Heroin, und auf der Bühne stand die Creme des Petersburger Undergrounds: die Hardcore-Bands Pupsy und Messer für Frau Müller, die lokale Reggae-Szene, deren Bandprojekte ständig ihren Namen wechselten, Folkrockbands wie Markscheider Kunst, allerlei kurzlebige Punkrock-Experimente, die großartige Ska-Band Spitfire. Es gab nichts, was es nicht gab. Nur eins fehlte: russische Musik mit russischen Texten. Damals fiel uns das nicht auf, und es störte ohnehin nicht. Aber es war offensichtlich, dass all diese Bands versuchten, so zu klingen wie irgendwelche westlichen Vorbilder. Musiker wie Publikum hatten die Nase gestrichen voll vom sowjetischen Artrock der 70er und 80er Jahre, von grauenhaften Dinosauriern wie Aquarium oder DDT, die ihre Zuhörer seit Jahrzehnten mit an Yes, King Crimson und Pink Floyd geschultem Bombast, enorm poetischen Texten und sozialkritischen Botschaften terrorisiert hatten. Im *TaMtAm* war anderes gefragt: neue Sounds, Musik als körperliches Erlebnis, Rausch, Ekstase. Auf Russisch sang hier niemand.

Auf der Kassette, die Oleg Kirejew an diesem Tag Ende Januar 1998 für mich einlegte, war aber kein russischer Reggae, kein russischer Britpop, kein russischer Artrock, kein russischer

Techno, kein russischer Ska und kein russischer Punk. Auf der Kassette, die Oleg Kirejew an diesem Tag für mich einlegte, sang Arkadij Sewernyj. Und der hatte, wie ich bald herausfinden sollte, sein kurzes Leben damit verbracht *blatnyje pesni* zu singen. Blat-Lieder. Gaunerchansons. *Blatnjak*.

Ich weiß nicht mehr genau, welche der vielen Aufnahmen, die Sewernyj zwischen 1972 und 1980 machte, ich an diesem Nachmittag bei Oleg Kirejew hörte. Aber den Schock und die Begeisterung, die diese Stimme und diese Musik damals in mir auslösten, spüre ich bis heute.

    Das Rauschen wurde stärker, und dann setzte eine Band aus Gitarre, Bass, Schlagzeug, Klavier und Geige ein. Die Band spielte irgendeinen Tango oder Foxtrott. Fröhlich, vom Fleck weg. Musik, die klang, als könnte sie auf einer Hochzeitsgesellschaft für gute Laune sorgen. Allerwelts-Tanzmusik, aber mit einem besonderen, unbestimmbaren Zauber. Das Klavier, daran erinnere ich mich genau, war extrem verstimmt, die ganze Aufnahme klang schief und unprofessionell. Es war klar, dass der krude Sound sich nicht allein daraus ergab, dass die Kassette zu oft kopiert worden war. Die Aufnahme war alt. Aber wie alt? Zwanzig Jahre? Dreißig Jahre? Vierzig Jahre? Es gab nichts, woran ich es festmachen konnte. Und das Alter der Aufnahme erklärte den Sound der Band ohnehin nur zum Teil. Diese Musik klang alt, aber auf eine seltsame, unspezifische Weise. Sie klang nicht, als gehöre sie in ein bestimmtes Jahrzehnt, sie klang, als hätte sie so oder so ähnlich auch schon vor hundert Jahren gespielt werden können. Und noch eins war klar: Diese Musik war nicht in einem professionellen Studio aufgenommen worden, weder in den 40ern noch in den 70ern.

Dann setzte die Stimme ein.

Ein schöner Bariton. Oder besser: ein Bariton, der früher einmal schön gewesen sein musste. Sehr schön. Jetzt klang er verlebt und gebrochen und deshalb noch schöner. Der Mann musste sehr viel getrunken und noch mehr geraucht haben. Er klang fremd und schön und traurig. Vor allem traurig, selbst in den lustigsten und wildesten Liedern.

»Wer ist das?«
»Arkascha Sewernyj.«
»Arkascha?«
»Ja, Arkascha, das ist kurz für Arkadij.«
»Wer ist das? Wann wurde das aufgenommen?«

Ich war wie elektrisiert. Es war ein Moment wie der, als ich mit zwanzig oder einundzwanzig zum ersten Mal bewusst Soul gehört hatte. Nicht weil Sewernyj klang wie Al Green oder Sam Cooke, sondern weil die Musik mich ähnlich unvorbereitet traf. Ich verstand nichts, aber meine Ohren und mein Herz waren weit offen. Ich wusste: Hier war etwas Neues, Großes.

»Irgendwann in den 60er Jahren. Oder in den 70ern, ich weiß nicht genau. Jedenfalls in Leningrad. Das war damals tiefster Underground.«
»Offiziell wurde das damals nirgendwo veröffentlicht. Das existierte nur auf Tonbändern und Kassetten.«

Kirejew goss Tee nach, und ich ließ ihn kalt werden. Arkadij Sewernyj. Was für ein Name! Arkadij der Nördliche. Der nördliche Arkadij.

»Was singt er, was sind das für Lieder?«
»Blatnjak.«
»?«
»Blatnjak. Blatnyje pesni. Blat-Lieder. Also, das sind Verbrecherchansons. Sachen aus dem Gulag, Lieder aus Odessa, alles Mögliche. Manche davon sind uralt, noch aus dem 19. Jahrhundert.«

»Nicht alle. Er hat auch Lieder gesungen, die für ihn geschrieben wurden.«

»Lebt er denn noch?«

»Sewernyj? Nein, der ist schon lange tot. Wann ist er gestorben, Oleg? In den 80ern?«

»Ja, kann sein, in den 80ern, 1980 glaube ich.«

Irgendwann klingelte das Telefon, Freunde kamen zu Besuch, und unser Gespräch wandte sich anderen Themen zu. Mir aber ging diese Stimme und dieser Name nicht aus dem Kopf. Arkadij Sewernyj. Besonders viel hatten Kirejew und Osmolowskij nicht sagen können über den Mann. Toller Typ, großer Sänger, legendäre Gestalt, aus den sowjetischen 60ern oder 70ern. Und dieses eine Wort: Blatnjak. Verbrecherchansons. Für sie reichte das.

Ich aber wollte mehr wissen, viel mehr. Wo kam Sewernyj her? Wo hatte er gelebt? Wer hatte die Aufnahmen gemacht? Wo? Wie? Was waren das für Lieder, die Sewernyj da sang? Wieso hatte ich noch nie von ihm gehört? War das jemals irgendwo veröffentlicht worden? Konnte man seine Sachen auf CD oder Kassetten kaufen?

In den nächsten Tagen zog ich auf der Suche nach Aufnahmen von Sewernyj durch Moskau. Das Internet war damals noch lange nicht so schnell wie heute, Downloads und Streaming unbekannt. Also fuhr ich mit der Metro zur Lubjanka. Die unterirdischen Zugänge zur Metro-Station direkt gegenüber der berühmt-berüchtigen Geheimdienstzentrale waren als Umschlagplatz für Drogen aller Art bekannt. Doch hier und an der nahe gelegenen Station Kusnetschnyj Most befanden sich in diesen Jahren auch einige der besten Musikkioske Moskaus. Läden, die legale CDs verkauft hätten, gab es im Russland der 90er und frühen 2000er Jahre so gut wie gar nicht. Die von den westlichen Multis wie EMI und BMG aufgerufenen Preise waren für 95 Prozent der Bevölkerung schlicht unbezahlbar. Den Markt beherrschten Piraten, die die Versorgung der Bevölkerung mit alter und neuer Musik aller Art zu akzeptablen Preisen sicherstellten. Die Piraten verkauften ihre CDs und Kassetten entweder direkt auf der Straße, auf langen Tapeziertischen, oder aus *Kioski* genannten kleinen Blech- oder Bretterverschlägen, wie es sie in Moskau in diesen Jahren zu Zehntausenden gab. Manche konnte man als Käufer betreten, doch die meisten hatten nur kleine Fenster, hinter denen die Verkäufer zwischen Tausenden CDs hervorlugten. Das Beste an den Kiosken waren natürlich die Preise, aber nebenher kannten sich viele Piraten auch extrem gut mit Musik aus. Das waren Leute, die aus Liebe zur Musik Piraten geworden waren. Und so kaufte ich in den nächsten Tagen nicht nur diverse CDs von Arkadij Sewernyj. Ich erhielt Schritt für Schritt eine erste Einführung in ein ganzes Genre. Ich hörte Dutzende von Liedtiteln und Namen, von denen ich mindestens die Hälfte sofort wieder vergaß.

Nach und nach fand ich heraus, dass ich keineswegs der einzige Mensch war, der gegen Ende der 90er Jahre den Blatnjak für sich entdeckte. Während ich versuchte, mir einen Weg durch ein scheinbar undurchdringliches Dickicht aus Namen, Liedern und Biografien zu bahnen, erlebte das Genre gerade eine Renaissance in Russland. Erstmals seit Jahrzehnten durften Blat-Lieder öffentlich aufgeführt werden, das Repertoire eines ganzen Jahrhunderts erschien nach und nach auf CD, und in Moskau eröffneten Klubs, in denen alte Meister wie Kostja Beljajew ihren dritten Frühling erlebten.

Es war, als sei urplötzlich ein Vorhang weggerissen worden, der jahrelang den Blick auf etwas Grundsätzliches verstellt hatte. In den folgenden Wochen, Monaten und Jahren begegneten mir die russischen Gaunerchansons, der Blatnjak, auf Schritt und Tritt. Auf nächtlichen Taxifahrten durch Moskau und Petersburg bemerkte ich plötzlich, dass fast alle Taxifahrer rund um die Uhr Blatnjak hörten. In Petersburg spazierte ich über den Innenhof der Eremitage, des Winterpalastes der Zaren, aus dem nach der Revolution von 1917 eines der größten Kunstmuseen der Welt wurde. Und was hörten die Bauarbeiter, die dabei waren, eine Wand zu verspachteln und zu streichen? Arkadij Sewernyj.

Ich fuhr mit der Eisenbahn von Simferopol auf der Krim nach Odessa. In meinem Abteil saßen Soldaten, die mich, ohne Widerspruch zu dulden, zum Essen und zum Zechen einluden. Was sangen die Soldaten nach dem zweiten Wodka? *Blatnjak*.

Woher das Wort *Blatnjak* kommt, ist übrigens heftig umstritten. In jedem Fall bezeichnet *blat* die Sprache der Diebe. Wenn man etwas *po blatu* besorgt oder bekommt, dann heißt das so viel wie »durch Beziehungen«. *Blatnaja musyka* wiederum, Blat-Musik, ist ein Synonym für den Jargon der Ganoven. Tja, und *Blatnjak* oder *blatnyje pesni*, das sind die Lieder, die von alldem handeln. Von Gaunern und ihren Abenteuern, von der Zeit in Gefängnis und Lager, die kaum zu vermeiden ist, von der Sehnsucht nach Freiheit und der Heimat. Dazu kommt eine Unzahl von Liedern, die im engeren Sinne nichts mit der kriminellen Seite des Lebens zu tun haben, die aber den Gaunerliedern in ihrer anarchistischen, jede Autorität ablehnenden, ja verachtenden Grundhaltung nahestehen. Straßenlieder, freche Scherzlieder, zotige Liebeslieder und vieles mehr.

In Russland wird bis heute darüber gestritten, was genau ein Blat-Lied ist und wo die Grenzen verlaufen zwischen Blat-Liedern auf der einen Seite und auf der anderen zum Beispiel den Zigeunerliedern oder den sogenannten *Gorodskie Romansy*, den städtischen Romanzen, die im vorrevolutionären Russland und in der Sowjetunion der 20er Jahre ihre Blütezeit hatten. Wie viel Gaunerslang müssen echte Blat-Lieder enthalten? Muss unbedingt die Rede von einem Verbrechen sein? Muss das Lied diese Verbrechen aus der Perspektive des Täters behandeln? Kann es Blat-Lieder geben, die von einem bekannten Autor stammen, der selbst keinerlei biografische Beziehung zur Welt der Verbrecher hat? Manchmal wird unterschieden zwischen Liedern, die nur von Verbrechern und ihren Taten handeln, und solchen, die auch von diesen Verbrechern erschaffen und gesungen wurden. In jedem Fall sind die Grenzen zu anderen Genres fließend. Viele Blat-Lieder sind aus der Welt der Verbrecher, aus den Gefängnissen und Lagern ins Volk gewandert und werden heute von Menschen aller Schichten und Klassen gesungen. Aber der umgekehrte Fall ist ebenso verbürgt: Es gibt Lieder, die von den Bühnen Moskaus, Leningrads und Odessas ihren Weg fanden ins Milieu der Verbrecher. Es gibt Blat-Lieder, die auf berühmten Gedichten beruhen, es gibt Blat-Lieder, die einfach Variationen älterer Nicht-Blat-Lieder sind. Es gibt in Lagern und Gefängnissen von Verbrechern geschriebene Lieder, die nicht von Verbrechen, Polizei und Gefängnissen handeln. Viele Lieder, die als Blatnjak gelten, haben keinerlei klare Verbindung zur kriminellen Welt, wurden nicht von Kriminellen geschrieben und vielleicht auch nie von solchen gesungen.

Kurz gesagt: ein weites Feld mit mehr als undeutlichen Abgrenzungen.

Auch wenn man also gewiss darüber streiten kann, möchte ich für dieses Buch den Begriff *Blatnjak* bzw. *blatnyje pesni* in einem weiten Sinne benutzen: Letzten Endes geht es mir weniger um ein klar umrissenes Genre als vielmehr um das Repertoire jener Sänger, die im Mittelpunkt dieses Buches stehen. Keiner von ihnen hat sich je an Grenzen gehalten, die von musikwissenschaftlichen Genredefinitionen vorgegeben worden wären. Alle haben Blat-Lieder gesungen. Manche mehr, manche weniger, manche fast nur, manche nur zu bestimmten Zeiten oder Gelegenheiten.

Der Begriff »verbotene Lieder«, der in der Diskussion um die Blat-Kultur auch gern verwendet wird, hilft übrigens nicht weiter. Viele, ja sogar die meisten dieser Lieder wurden in der Sowjetunion tatsächlich nie offiziell veröffentlicht, gesendet oder aufgeführt. Aber es gab auch Zeiten, in denen Blat-Lieder legal waren. Auch als ihre Aufführung oder Verbreitung offiziell verboten war, begnügte sich der Staat meist damit, die Blat-Kultur totzuschweigen. Besondere Anstrengungen, sie auszumerzen, gab es zu keiner Zeit. Weder in den Gefängnissen und Lagern noch außerhalb. Für diese Nachlässigkeit dürfte es zwei Gründe gegeben haben: Man verstand, dass gegen eine genuine Volkskultur wie diese kein Kraut gewachsen war. Und man sah in ihr, anders als in bestimmten Dichtern und Schriftstellern, keine direkte Bedrohung. Viele der Protagonisten dieses Buches haben Zeit im Gefängnis verbracht, jedoch keiner von ihnen wegen des Inhalts seiner Lieder.

Was hält also den Begriff *Blatnjak*, so wie ich ihn hier benutzen will, zusammen? Grundsätzlich geht es, wie mir der Sänger Sergej Schnurow bei einem Gespräch im Herbst 2003 sagte, »um eine Art Protest gegen das ›normale‹, das geordnete Leben«.

Schnurow hatte 1997 die Band Leningrad gegründet und gehört zu den wichtigsten Protagonisten jener Blatnjak-Renaissance, die Ende des 20. Jahrhunderts in Russland in Schwung kam und mit meiner Entdeckung des Genres zusammenfiel.

»Blatnjak war ja in der Sowjetunion Undergroundmusik«, sagte Schnurow und zog an einer Zigarette. Wir hatten uns in einem Leningrader Billardsalon getroffen. Das Licht der Lampe über dem Billardtisch schnitt Schnurows schmales, von einem Dreitagebart bedecktes Gesicht in zwei Teile. Die Augen im Schatten, der Mund im Licht. »Im Grunde war das unser Rock'n'Roll. Nicht im Sinne von Mode oder Stil, sondern im Sinne eines Protests, einer Ablehnung des ›normalen‹ Lebensstils.«

Ob dieser »normale Lebensstil« sozialistisch geordnet ist oder kapitalistisch, spielt dabei keine Rolle. Weder Schnurow heute noch Sewernyj oder Beljajew in den 60er und 70er Jahren sind politische Dissidenten im engeren Sinne. Genauso wenig wie die Kriminellen, die blatnyje, von denen sie in ihren Liedern singen. Die trugen zwar häufig explizit antikommunistische Tätowierungen, doch hatte das mit politischem Dissidententum nichts zu tun. Die Tätowierungen richteten sich gegen das System allgemein. Die Alternative zu diesem System bestand für die Verbrecher nicht in Demokratie und Menschenrechten (von denen sie im Zweifel nicht die geringste Vorstellung haben), sondern in der Macht ihrer eigenen Regeln, des Ganovengesetzes. Die antikommunistischen Tattoos der blatnyje sind keine Absage an den Kommunismus als politische Idee, sondern eine Verweigerung gegenüber jeder äußeren Autorität.

Darum geht die Bedeutung des Blat-Liedes in der russischen Kultur denn auch über die Kritik am politischen System weit hinaus. Der Schriftsteller und Literaturwissenschaftler Andrej Sinjawskij hat das einst in einem fabelhaften Essay beschrieben. Sinjawskij hatte ohne Genehmigung im Ausland publiziert und sich so antisowjetischer Agitation und Propaganda schuldig gemacht. Dafür erhielt er von 1965 bis 1971 Gelegenheit, das russische Strafverfolgungssystem am Beispiel der mordwinischen Lager 300 Kilometer südöstlich von Moskau kennenzulernen. In »Vaterland. Blat-Lieder« schreibt Sinjawskij:

> Das Blat-Lied zeichnet sich dadurch aus, dass es einen Abdruck der Seele des Volkes darstellt (und eben nicht nur der Physiognomie des Diebes!). In diesem Sinne kann das Blat-Lied in einer Vielzahl von Formen Anspruch auf den Titel des russischen nationalen Liedes erheben. Es eröffnet uns jenes Schöne, das unseren Augen im Leben verborgen

bleibt. Und mehr noch, das Blat-Lied ist in seinem Kern rein und unschuldig wie ein kleines Kind. Durch seine tief spirituelle, moralische Note verneint es unabhängig vom eigenen Willen genau die Verbrechen, die es scheinbar so kenntnisreich besingt. ... Groß und ruhmreich ist das Volk, dessen Missetäter solche Lieder singen. Aber wie verwirrt und elend muss dieses Volk andererseits sein, wenn es niemand anderes als seine Diebe und Räuber sind, die dieses gemeinsame Lied am besten und umfassendsten erschaffen.

Wie hoch ist dieses Volk gestiegen! Wie tief ist es gefallen![6]

Blatnjak also. Das russische nationale Lied.

Was war geschehen, als Oleg Kirejew im Winter 1998 das Tape mit Musik von Arkadij Sewernyj eingelegt hatte? Für Kirejew und Osmolowskij nicht viel. Sie kannten Sewernyj. Für mich aber begann ein Abenteuer, aus dem zwölf Jahre später ein Buch geworden ist. Im Winter 1998 machte ich mich auf, um herauszufinden, was es mit dem Blatnjak auf sich hat. Ich suchte und fand Leute, die den Blatnjak über Jahrzehnte geprägt hatten, ich besuchte Orte, an denen sich entscheidende Momente dieser Geschichte abgespielt hatten. Und ich hörte viel Musik. Fantastische Musik. Von alldem handelt dieses Buch. Es beschreibt eine Reise, die durch Kommunalwohnungen und Gefängnisse führt und von Odessa über Moskau und Leningrad bis an die eisige Kolyma. Wir sind dabei, wenn Josef Stalin den Odessaer Entertainer Leonid Utjosow bittet, »südliche Lieder« zu singen, wir besichtigen konspirative Tonstudios in Leningrad, kurven mit tschechischen Java-Motorrädern zu Odessaer Flohmärkten und Sanatorien und reisen in einem Kühlschrank bis nach Afghanistan. Wir werden dem Produzenten Rudik Fuks dabei zusehen, wie er Russlands größten

Chansonnier Arkadij Sewernyj erfindet. Wir werden dem 2009 im Alter von vierundsiebzig Jahren verstorbenen Kostja Beljajew durch eine fünfzigjährige Karriere als Sänger und Dandy folgen und zuhören, wie er seinem Freund David Schenderowitsch am 30. Mai 1976 auf unerhörte Weise zum Geburtstag gratuliert. Schließlich werden wir sehen, wie heute, zu Beginn des 21. Jahrhunderts, eine neue Generation von Sängern das Erbe von Fuks, Beljajew, Sewernyj und all den anderen antritt.

Das Regime und die Dandys. Russische Gaunerchansons von Lenin bis Putin basiert auf Interviews und Recherchen, die ich seit 1998 in Russland geführt habe. Rudolf Fuks, Kostja Beljajew, Garik Osipow, Irina Schafir, Stanislaw Jeruslanow, Oleg Gubar, Alexej Troschin, Anatolij Osmolowskij, Oleg Kirejew, Wladimir Salnikow, Nina Kotel, Sergej Schnurow und viele andere haben mir stundenlang und zum Teil mehrfach Rede und Antwort gestanden. Ohne sie wäre dieses Buch nicht entstanden. Timofej Larionow, Rudolf Fuks und Sergej Sokolow haben freundlicherweise Bilder aus ihren Archiven zur Verfügung gestellt.

Die Literatur über den *Blatnjak*, über die Gaunerchansons, über Arkadij Sewernyj, Kostja Beljajew, Leonid Utjosow und Garik Osipow ist – um es freundlich zu formulieren – übersichtlich. Sehr übersichtlich. In Russland und erst recht im Westen. Am Ende des Buches gibt es eine Liste mit Büchern und Artikeln, die ich gelesen habe. Abgesehen davon wäre es ohne das russische Internet unmöglich oder zumindest sehr viel schwerer gewesen, das Buch zu schreiben. Zahllose Fanseiten von zum Teil beträchtlichem Umfang und hoher Qualität versammeln Musik, Fotos, Analysen, Erinnerungen von Zeitgenossen und vieles mehr. Auch hier: Links am Ende des Buches.

Alle Fehler, die vermeidbaren und die unvermeidlichen, sind meine eigenen.

Und noch ein Letztes: Dieses Buch ist kein Lexikon des Blat-Liedes und seiner Interpreten, es ist auch keine umfassende, fein säuberlich abgewogene Geschichte des Genres. Manche Sänger und Lieder fehlen oder werden nur kurz erwähnt, anderen, die mir viel, manchem vielleicht weniger bedeuten, wird mehr Platz eingeräumt. Das Buch ist kein Versuch der Landvermessung, es ist der Versuch, einer Begeisterung Ausdruck zu verleihen. Geordnet, aber euphorisch.

1
Leonid Utjosow und die Geburt der Gaunerchansons im Odessa der 20er Jahre

Südliche Lieder in Stalins Kreml

Moskau, 30. Oktober 1938. Im Haus des Schauspielers, einem Ende des 19. Jahrhunderts erbauten, riesigen Palast an der Ecke Gorkistraße und Puschkinplatz, findet ein feierlicher Empfang statt. Alles, was in Moskau Rang und Namen hat, ist versammelt, um die Pilotinnen Walentina Grisodubowa, Marina Raskowa und Polina Osipenko zu ehren. Politiker sind gekommen, Journalisten, Militärs, viele Musiker, Schriftsteller und natürlich: Kollegen. Die Fliegerei ist eine der großen Sensationen der 30er Jahre, und Piloten wie Walentina Grisodubowa sind Volkshelden. Ende September 1938 hatte die Achtundzwanzigjährige einen neuen Weltrekord im Langstreckenflug aufgestellt: Innerhalb von knapp 27 Stunden legte sie mit ihrer Propellermaschine *Rodina* (Heimat) 6450 Kilometer auf einem Nonstopflug von Moskau in den fernen Osten der Sowjetunion zurück. Zwei Tage später, am 2. November, sollen Walentina Grisodubowa und ihre beiden Kopilotinnen als erste Frauen überhaupt mit dem Titel »Held der Sowjetunion« ausgezeichnet werden. Aber jetzt wird erst mal gefeiert. Unter den Gästen an diesem Abend ist auch der Journalist Lasar Brontman, der in seinen Memoiren von dem Empfang erzählt. Brontman ist so etwas wie der König der Moskauer Journalisten. Als Starreporter der Parteizeitung *Prawda* berichtet er von überall, wo Großes in der Welt geschieht: am Nordpol, im Kreml oder eben im Haus des Schauspielers.

Nachdem der offizielle Teil der Veranstaltung beendet ist, steht Brontman mit dem Piloten Anatolij Ljapidewskij und dem Sänger, Entertainer und Schauspieler Leonid Utjosow zusammen. Berühmter als diese beiden Männer ist in der Sowjetunion der 30er Jahre höchstens noch Stalin. Ljapidewskij gehörte zu jenen Fliegern, die 1934 mit spektakulären Manövern mehrere Dutzend Schiffbrüchige von treibenden Eisschollen im Polarmeer retteten. Das Frachtschiff *Tscheljuskin* war bei dem Versuch, das Nordpolarmeer zu durchqueren, in Packeis geraten und in der Tschuktschensee gesunken. Über die mehrmonatige Rettungsaktion berichteten die Zeitungen täglich. Zehntausende säumten die Strecke, als die Geretteten und ihre Retter schließlich mit der Eisenbahn nach Moskau zurückkehrten.

Leonid Utjosow stammte ursprünglich aus Odessa und hat sich in den 20er Jahren langsam, aber sicher an die Spitze der sowjetischen Unterhaltungsindustrie emporgearbeitet: als Sänger und Musiker, als Schauspieler, Conférencier, Zirkusartist, Rezitator, Geschichtenerzähler und Comedian. Wie viele der populären Komponisten und Liederschreiber der Stalin-Ära von Matwej Blanter über Isaak Dunajewskij bis zu den Pokrass-Brüdern war Utjosow Jude. Spätestens seit seiner Rolle in dem Filmmusical *Wesjolyje Rebjata* (Lustige Burschen) von 1934 war er zum größten Entertainer des Landes aufgestiegen. Utjosows Theater-Jazz-Orchester war die heißeste Band der Epoche, und die Hits aus *Wesjolyje Rebjata* sang das ganze Land.

Als Brontman, Ljapidewskij und Utjosow an diesem 30. Oktober 1938 mit einem Gläschen in der Hand zusammenstehen, erinnern sie sich gemeinsam an einen anderen Empfang zu Ehren tollkühner Piloten:

> Ljapidewskij erinnert daran, wie Utjosow beim Empfang für die »Tscheljuskin«-Retter im Kreml auftrat:

»Weißt du noch, Leonid, ihr wart fertig mit Singen, und dann ruft dich Woroschilow und sagt: Singen Sie noch was von den südlichen Liedern!«

»Ja«, lacht Utjosow, »ich konnte meinen Ohren kaum glauben!«

»Ich habe das genau gehört. Stalin hatte Klim (Woroschilow) das auch gesagt. Und was dann los war im Saal bei deiner nächsten Ansage: Ein populäres Lied aus dem Süden ›S odesskogo kitschmana‹.«

Beide lachen.[7]

Dieser kurze Dialog in den Memoiren Brontmans ist einer der wenigen verlässlichen Berichte über ein Ereignis, das in die russische Musikgeschichte eingegangen ist, obwohl niemand mit letzter Sicherheit sagen kann, wann genau es stattgefunden hat. Tatsächlich im Frühjahr 1934, beim Staatsempfang zu Ehren der Tscheljuskinzy, der Tscheljuskin-Retter? Oder 1936, als Walerij Tschkalow von seinem Rekordflug von Moskau nach Vancouver heimkehrte?[8] Oder sogar erst im Sommer des finsteren Jahres 1937, auf dem Höhepunkt der Säuberungen, wie es der Schriftsteller Anatolij Rybakow in einem Roman beschreibt?[9]

Wladimir Alexandrow, ein Freund Utjosows aus der Zeit nach dem Zweiten Weltkrieg, erinnerte 2003 in einem Interview[10] an die Episode. Utjosow selbst habe ihm davon erzählt. Wann genau das denkwürdige Konzert stattfand, konnte Alexandrow allerdings nicht klären. Aber er bestätigte die entscheidenden Elemente des mythischen Ereignisses: Das Konzert fand vor dem Krieg im Kreml statt, in den 30er Jahren. Und auch das Personal des Mythos bleibt in Alexandrows Version das gleiche. Hier Utjosow, der Star-Entertainer. Da tollkühne, vom Volk wie moderne Götter verehrte Piloten. Schließlich die versammelte Staatsmacht inklusive des Vaters der Völker, Stalin selbst.

Und natürlich südliche Lieder.

Utjosow soll den entscheidenden Moment des Abends später so beschrieben haben:

> Als ich fertig war, rauchte er Pfeife. Ich wusste nicht, wo ich bin: noch hier oder schon da. Plötzlich erhob er beide Hände, und sie alle, der mit der steinernen Stirn, der Glatzköpfige in der Eisenbahneruniform, der Allunions-Alterspräsident und der Pockennarbige in Uniform[11], begannen wie verrückt zu klatschen, als hätte man sie von der Kette gelassen. Und die Polarmeer-Piloten sprangen in ihren Fliegerstiefeln auf die Tische und fingen an zu stampfen. Dreimal habe ich »S odesskogo kitschmana« gesungen, musste Zugaben geben, dreimal fing alles wieder von vorne an![12]

Vor allem ein Moment bewegte Utjosow:

> Wer hätte gedacht, dass ich, ein Odessaer Jude von der Moldawanka, im Kreml für Stalin Lieder singe und mit den Führern des Landes Wodka trinke?[13]

Was war an diesem Tag passiert? Was war so erstaunlich daran, dass Stalin nach südlichen Liedern verlangt hatte? Was waren das für Lieder, die da offenbar überraschend in den heiligen Mauern des Kreml erklangen? Und warum konnte Utjosow seinen Ohren kaum glauben, als er gebeten wurde, diese Lieder zu singen?

Eine kurze Antwort auf die letzte Frage gab Utjosow selbst. Ein paar Wochen vor dem Konzert im Kreml hatte er beim Spazierengehen einen Mann namens Platon Kerzhenzew getroffen. Kerzhenzew war ein alter Bolschewik, der zu Zarenzeiten im Taganka-Gefängnis eingesessen und später als Flüchtling in

London, New York und Paris gelebt hatte. Nach der Revolution leitete Kerzhenzew die Presseagentur ROSTA, vertrat die Sowjetmacht als Botschafter in Stockholm und Rom und war dann einer der Begründer der sowjetischen Zensur. 1933 wurde er Chef des Komitees für Rundfunkangelegenheiten des Rates der Volkskommissare, seit 1936 leitete er zudem das Komitee für Kunst. Damit war Kerzhenzew, abgesehen von Stalin persönlich, der oberste Kunstbürokrat des Landes. Und als solcher erklärte er Utjosow mitten auf der Straße: »Hören Sie, Utjosow, ich höre, dass Sie gestern Abend wieder ›S odesskogo kitschmana‹, ›Gop-so-smykom‹ und ›Limontschiki‹ gesungen haben, obwohl ich es verboten habe. Sie spielen mit dem Feuer! Die Zeiten sind vorbei! Wenn Sie sich Derartiges noch einmal herausnehmen, verlieren Sie die Auftrittsgenehmigung und vielleicht noch mehr.«[14]

Dann vergehen ein paar Wochen, Monate (oder sogar Jahre?), und plötzlich bittet Stalin persönlich Utjosow, »S odesskogo kitschmana« zu singen. Vor Hunderten Gästen, im Kreml.

»S odesskogo kitschmana« – Aus einem Odessaer Knast

Utjosows »S odesskogo kitschmana«, das in einer Aufnahme von 1932 die Zeiten überdauert hat, beginnt als schmissiges Marschlied. Utjosows Band klingt zunächst wie eine Militärkapelle. Doch da ist noch etwas anderes. Über den treibenden Beat, den Schlagzeug, Bass und Blechbläser vorgeben, spielt eine Geige von Anfang an gut gelaunte, klezmerartige Ornamente. Bald gesellt sich eine Klarinette dazu. Man soll tanzen zu diesem Marsch, nicht marschieren. Schon das kurze instrumentale Intro sagt klar und deutlich, dass »S odesskogo kitschmana« ein Lied aus dem Süden ist, aus der Ukraine. Hier, im ehemaligen Ansiedlungsgebiet der Juden des Russischen Reiches, hat dieser Sound seinen Ursprung. Nach der Oktoberrevolution zogen Hunderttausende Juden aus der Ukraine und Weißrussland in die Metropolen der Sowjetunion, um der Enge der Schtetl zu entkommen, um zu studieren, um Karriere zu machen. Ihre Musik nahmen sie mit. Leonid Utjosow war einer von ihnen, auch wenn er nicht vom Land kam, sondern aus der Hafenstadt Odessa.

Der Grund für die Kontroverse um »S odesskogo kitschmana« lag allerdings nicht darin, dass das Lied deutlich vom Klezmer geprägt war. Jedenfalls war das nicht der Hauptgrund. Platon Kerzhenzew ist grundsätzlich kein Freund der auf Russisch *Estrada* genannten leichten Muße, aber was ihn und viele andere Mitte der 30er Jahre an »S odesskogo kitschmana« stört, wird verständlich, wenn Utjosow nach etwa 20 Sekunden mit dem Text einsetzt:

S odesskogo kitschmana
Bezhali dwa urkana

Aus einem Odessaer Knast
sind zwei Gangster abgehauen

Warum die beiden Männer einsaßen und wohin sie unterwegs sind – der gut gelaunte Utjosow verrät es nicht. Aber schon allein dadurch, dass er einen Slangausdruck wie *kitschman* (Knast) anstelle des offiziellen *tjurma* (Gefängnis) verwendet, macht Utjosow deutlich, dass das Lied auf die Welt der Gauner nicht mit strafender Verachtung, sondern mit Sympathie blickt. In den nächsten Strophen erfahren wir, dass einer der beiden Gauner bei der Flucht verletzt wurde. Als sie die *malina* erreichen, einen konspirativen Zufluchtsort, liegt er bereits im Sterben. Wie *kitschman* ist auch *malina* ein Begriff aus dem Argot der Diebe. Der letzte Wunsch des sterbenden Gauners: »Bitte erzähl meiner Mutter, dass ich auf dem Posten, im Dienst gestorben bin, mit dem Gewehr in der Hand und mit einem Lied auf den Lippen.«

So seltsam die Geschichte wirkt, so seltsam wird sie von Utjosow vorgetragen. Seine Stimme hopst und tiriliert durch das Lied, und gelegentlich hat man das Gefühl, er würde gleich anfangen zu jodeln, so freudig artikuliert er die Vokale. »S odesskogo kitschmana« ist eine Hymne. Nur worauf?

Zum ersten Mal hatte Utjosow »S odesskogo kitschmana« 1927 gesungen, auf der Bühne des Leningrader Theaters der Satire. In Jakow Mamontows Stück »Republik auf Rädern« spielt Utjosow den prinzipienlosen Kleinkriminellen, Glücksritter und Herzensbrecher Andrej Dudka. Dudka träumt davon, Regierungschef zu sein, und gründet daher in einem ukrainischen Dorf eine Gaunerrepublik, zu deren Präsidenten er sich selbst ernennt. Weil es sich um eine Theaterrolle handelte, durfte Utjosow nicht nur spielen, tanzen, akrobatisch sein und Fratzen schneiden, sondern auch singen. Und so wird auf der Bühne des Leningrader Theaters der Satire ein Jahrhundertchanson geboren, das in Wirklichkeit keineswegs neu ist. Die russische Urversion von »S odesskogo kitschmana« stammt mit einiger Sicherheit aus dem 19. Jahrhundert und geht wohl zurück auf eine Übersetzung von Heinrich Heines Gedicht »Die Grenadiere«. Wie das Lied beginnt auch das Gedicht mit der Flucht zweier Männer. Wie im Lied erreichen die beiden Flüchtlinge noch in der ersten Strophe einen Zufluchtsort:

> Nach Frankreich zogen zwei Grenadier',
> Die waren in Rußland gefangen.
> Und als sie kamen ins deutsche Quartier,
> Sie ließen die Köpfe hangen.

Über welche Umwege aus den beiden deutschen Grenadieren südrussische Verbrecher wurden, ist unklar und kann wohl nie mehr rekonstruiert werden. Unstrittig ist dafür, dass »S odesskogo kitschmana« nach 1928 in rasender Geschwindigkeit zu einem der populärsten Lieder in der Sowjetunion wurde, obwohl zunächst keine Schallplattenaufnahme des Liedes existierte. Als Utjosow 1929 sein Theater-Jazz-Orchester, auf Russisch kurz Thea-Jazz genannt, gründet, gehört »S odesskogo kitschmana« zum umjubelten ersten Programm. Ein Kritiker schreibt: »Besondere Beachtung verdient Utjosows Interpretation von ›S odesskogo kitschmana‹. Dieses Lied könnte man als eine Art Manifest der Außenseiter- und Hooligan-Romantik verstehen. Umso schöner war es, das Lied in einer ironischen Interpretation zu hören, die diesen Schrei der Gangsterseele ironisch kompromittiert.«[15]

Als Utjosow 1976 seine Memoiren *Spasibo, Serdze!* (Danke, Herz!) schrieb, versuchte auch er, sich von dem Lied zu distanzieren.

> Seltsam, ich hatte das Lied eingebaut, um mich über die Blat-Romantik lustig zu machen, als eine Art Entzauberung, aber die Rezensenten sahen darin genau das Gegenteil: einen Hochgesang auf die Blat-Romantik. Nur einige verstanden, was ich im Sinn gehabt hatte. Wahrscheinlich war ich selbst schuld: Vielleicht waren die ernsten Töne etwas übertrieben und verursachten Mitgefühl, vielleicht war der Jargon der Verbrecherwelt einfach zu gut getroffen, um noch komisch zu sein. Leider hat ein Teil des Publikums diesen unglücklichen Schrei der Gangsterseele aufgegriffen und in alle Dörfer getragen. Kurz gesagt: Ich war wohl unschuldig daran, aber bis heute versuche ich, mich von diesem »kitschman« reinzuwaschen.[16]

Diese Auskunft darf man getrost als vorsichtiges Zugeständnis an den Geist der Zeit betrachten. Als Utjosow seine Memoiren schrieb, waren Lieder wie »S odesskogo kitschmana« schon jahrzehntelang nicht mehr auf sowjetischen Bühnen gesungen worden. Der einzige Weg, trotzdem über das Lied zu schreiben, bestand darin, es zu kritisieren. Aber Utjosows Kritik ist so milde wie nur irgend möglich. Er geht zu Recht davon aus, dass seine Leser das Lied kennen und schätzen. Und er ist stolz auf seinen Erfolg.

Wie viele neue Lieder werden pro Jahrzehnt zu wirklichen Massenliedern? Das heißt zu Liedern, die zu Hause und in der Straßenbahn, zu Besuch und auf der Straße, bei Geburten und Hochzeiten gesungen werden? Sie merken, dass das vielleicht zehn oder fünfzehn sind. Versuchen Sie jetzt herauszufinden, welche dieser Lieder diese breite Popularität wirklich verdienen und welche nicht. Und Sie merken, dass Qualität nicht unbedingt mit Popularität zusammenfällt. Ich habe das selbst oft erfahren: Neben vielen guten Liedern sang ich »S odesskogo kitschmana«. Das Lied war populärer als alle anderen, es wurde in allen Höfen und Hauseingängen gesungen, es gab niemanden, der es nicht gekannt und gesungen hätte![17]

Die goldenen 20er der Sowjetunion

»S odesskogo kitschmana« traf den Nerv der Zeit, und das hatte wenig mit Utjosows angeblich oder tatsächlich ironischer Interpretation zu tun. »Außenseiter- und Hooligan-Romantik«, die »Seele von Gangstern« und Themen wie Kriminalität, Gefängnisse und Polizei lagen in den 20er Jahren in der Luft. Die Revolutionen von 1917 und der folgende Bürgerkrieg hatten in Russland kaum einen Stein auf dem anderen gelassen. Das jahrhundertealte soziale Gefüge des zaristischen Russland verschwand innerhalb weniger Jahre nahezu rückstandslos. Die Bevölkerung war durch Jahre von Krieg und Gewalt geprägt, das Land war voll von Flüchtlingen, Millionen Kinder hatten ihre Eltern und ihr Zuhause verloren. Weite Teile der Bevölkerung waren entwurzelt worden, hatten ihre ländliche Heimat verlassen, um in den Städten ihr Glück zu finden. Jeder suchte seinen Platz in einer neuen sozialen Ordnung. Wie diese aber aussehen würde, war unklar. Nach vier Jahren Revolution, Bürgerkrieg und Kriegskommunismus hatten Lenin und Trotzki 1921 überraschend die Neue Ökonomische Politik verkündet. Teil dieser Politik war die Legalisierung von Privateigentum in Handel, Handwerk und Gewerbe. Wo aber Privateigentum ist, da wird es auch geklaut.

Die Epoche der Neuen Ökonomischen Politik, nach der russischen Abkürzung NEP genannt, war aber nicht nur eine Zeit, in der Geld verdient und geklaut wurde, sondern auch eine der kulturellen Vielfalt. Die Revolution hatte die Verhältnisse gründlich zum Tanzen gebracht. Eine ganze Generation von jungen Malern, Schriftstellern, Filmregisseuren, Komponisten und Sängern verwandelte die rohe Energie der Revolution in neue, aufregende Kunst. Zehn Jahre später, Mitte der 30er Jahre, würden sich mit der Kultur des Hochstalinismus restaurative, statische, neoklassizistische Tendenzen durchsetzen. Doch Mitte der 20er wird noch experimentiert. Die Themen für Filme, Songs und Bücher stammen nicht aus den noch ungeschriebenen Lehrbüchern des sozialistischen Realismus, sondern direkt aus dem Leben. Genau wie die Helden. Der Schriftsteller Ilja Ehrenburg beschreibt in seinen Erinnerungen an Isaak Babel – einen Landsmann Utjosows aus Odessa – eine Szene in einer Moskauer Kneipe, die sich so nur in der NEP-Zeit abgespielt haben konnte:

Babel lud mich sofort in eine Bierkneipe ein. Ich war wie betäubt, als wir den dunklen, zum Brechen vollen Raum betraten. Hier verkehrten kleine Schieber, Gewohnheitsdiebe, Kutscher, Gemüsehändler aus der Moskauer Umgebung, heruntergekommene Intellektuelle. Einer schrie, man hätte nun das »Elixier des ewigen Lebens« erfunden, eine Riesenschweinerei, denn das Zeug sei sündhaft teuer, so dass wieder mal die Schurken alle anderen Leute überleben würden. Zuerst achtete niemand auf den Schreihals, dann schlug ihm sein Nachbar mit der Flasche über den Schädel. In einer anderen Ecke raufte man um ein Mädchen. Einem kraushaarigen Burschen lief Blut übers Gesicht. Das Mädchen kreischte: »Gib dir keine Mühe, mir gefällt sowieso nur Harry Piel.«

Zwei Bierleichen wurden an den Beinen hinausgeschleift. An unseren Tisch setzte sich ein ungewöhnlich höflicher alter Mann. Er erzählte Babel, sein Schwiegersohn habe gestern seine Frau abmurksen wollen, aber »Werotschka, die hat nicht mal mit der Wimper gezuckt und nur gesagt: ›Mach, dass du fortkommst, mein Lieber!‹ Sie ist in solchen Dingen sehr delikat, wissen Sie.« Ich hielt es nicht aus: »Gehen wir?« Babel staunte: »Wieso, hier ist es doch sehr interessant.«[18]

Utjosow hätte Babel mit Sicherheit zugestimmt.

Ein Jahr nachdem Utjosow das Lied von den beiden geflohenen Gangstern aus Odessa ins Programm nahm, erscheint *Die Zwölf Stühle* von Ilja llf und Jewgenij Petrow, der vielleicht berühmteste Roman der NEP-Ära. Mit Ostap Bender machen Ilf und Petrow einen gerissenen Kleinkriminellen zum Helden ihres Romans, einen Mann, der sich selbst als Großen Kombinator bezeichnet und stolz darauf ist, 400 vergleichsweise ehrliche Methoden des Gelderwerbs[19] zu kennen. Ilf und Petrow jagen den sympathischen Halunken quer durch die nachrevolutionäre Sowjetunion: Ostap Bender ist auf der Suche nach einer Garnitur von zwölf Stühlen. In einem der Stühle hatte eine verängstigte Adlige in den Wirren der Revolution ihre Brillanten versteckt.

Genau wie Utjosow stammten auch Ilf und Petrow aus Odessa, genau wie Utjosows Lieder gehören auch *Die Zwölf Stühle* zu den unsterblichen Klassikern der sowjetischen Kunst der 20er und frühen 30er Jahre.

Utjosow singt »S odesskogo kitschmana« 1932 zum ersten und letzten Mal für eine Schallplattenproduktion ein. Die 78er-Schellackscheibe ist allerdings nicht im regulären Schallplattenhandel erhältlich, sondern nur in den sogenannten Torgsin-Läden. *Torgsin* steht für *Torgowlja s inostranzami* – »Handel mit Ausländern«. Im Grunde waren die Torgsin-Läden so etwas wie die Intershops in der DDR. Deren Ziel bestand darin, das im Lande kursierende Westgeld abzugreifen, bevor es den Weg zurück in die BRD fand. Auch in den Torgsin-Läden konnte man mit ausländischer Valuta bezahlen. In erster Linie aber waren sie erdacht worden, um den Bürgern der sozialistischen Sowjetunion die noch vorhandenen vorrevolutionären Gold-, Silber-, Antiquitäten- und Juwelenreserven aus dem Kreuz zu leiern.

Obwohl Utjosows Platte also nur in ausgewählten Geschäften erhältlich und daher nicht gerade ein Bestseller war, verbietet Platon Kerzhenzew 1934, »S odesskogo kitschmana« und die anderen südlichen Lieder öffentlich zu singen. Kurz danach überstimmt Stalin Kerzhenzew und befiehlt eine letzte Aufführung. In Moskau. Im Kreml. Doch das war nur ein Aufschub. Für Lieder wie »S odesskogo kitschmana«, die das Leben von Kriminellen, Außenseitern, Gestrauchelten und Gefallenen besangen, war in der Kultur des Hochstalinismus, die sich ab Mitte der 30er Jahre entfaltete, kein Platz mehr. Die neue Zeit verlangte nach positiven Helden mit Biografien, in denen Fehler nur begangen werden, um aus ihnen die richtigen Lektionen für den Aufbau des Landes zu lernen. Was aber soll man von den beiden Gaunern lernen, die aus dem Odessaer Knast ausgebrochen sind, nur um in der nächstbesten Malina an ihren Verletzungen zu verrecken? Welche positiven Botschaften enthielt ihre Lebensgeschichte? Dass man aus dem Knast besser nicht ausbricht? Dass sich Verbrechen nicht auszahlt? Nein, nein, Platon Kerzhenzew hatte schon recht: Besser war es, wenn solche zweifelhaften Lieder gar nicht mehr gesungen würden.

Bloß: Was war das für eine Welt, aus der der große Leonid Utjosow ausgezogen war, um die junge Sowjetunion zu erobern? Warum zum Teufel waren seine Gaunerlieder so populär? Und warum kamen diese Gaunerlieder genau wie viele der großen Schriftsteller der Ära vorzugsweise aus der südlichen Hafenstadt Odessa? Warum jagten sie der Staatsführung einen heiligen Schrecken ein, obwohl der ehemalige Meisterbankräuber Josef Stalin selbst allem Anschein nach ein Fan war? Fragen über Fragen, die nur eine Reise nach Odessa beantworten konnte.

Odessa

Es ist Ostersonntag, als sich mein Zug langsam ruckelnd Odessa nähert. Seit wir gestern Nachmittag kurz hinter der polnischen Grenze in Richtung Süden abgebogen sind, herrscht Frühling. Vom Fenster meines Abteils aus habe ich den ganzen Morgen über zugesehen, wie die südwestukrainischen Landschaften und Dörfer entlang der Gleise langsam erwachen. An den Schranken und Provinzbahnhöfen, die wir ohne Halt passieren, stehen Frauen in bunten Kittelschürzen, zu deren mysteriösen Pflichten es gehört, mit einem gelben Fähnchen zu winken, wenn der Zug vorbeifährt. Durch die Dörfer spazieren Ziegen und Kühe. Dazwischen unentwegt rauchende Männer mit blinkenden Goldzähnen, frech grinsende Kinder in Polyester-Armani und müde Frauen mit ausgewachsenen Dauerwellen. Zwischen den Dörfern endlose Felder im milden Morgenlicht.

Im blumengeschmückten, fast leeren Eisenbahnwaggon läuft ein feierliches Radioprogramm. »Christos woskres! Christus ist auferstanden! Christos woskres!« Jascha Heifetz spielt das Violinkonzert von Max Bruch. Die Radioleute sprechen Ukrainisch, die wenigen Menschen im Zug dafür durch die Bank Russisch. Odessa gehört zu jenem unbotmäßigen Teil der Ukraine, der heute wie vor 200 Jahren Russisch spricht und von orangefarbenen Revolutionen nichts hören will.

Kurz nach 9 Uhr kommt der Zug im Kopfbahnhof von Odessa zum Stehen. Auf den nicht überdachten Bahnsteigen stehen lange, tiefblaue Züge wie meiner, Züge, die über Nacht aus Kischinjow und Kiew, Moskau und Warschau, Donezk, Lemberg und Bukarest, Simferopol und Sewastopol, Minsk, Charkow, Woronesch und Wolgograd gekommen sind.

Der Bahnhof liegt am Rande der historischen Altstadt von Odessa, und ich beschließe, mich zu Fuß auf den Weg zum Hotel Zentral zu machen. Von Deutschland aus habe ich telefonisch ein Zimmer reserviert. Der Reiseführer verspricht unrenovierte Zimmer mit sowjetischem Komfort in einem alten Palast aus der Zarenzeit. Angewandte Archäologie. Mich erwarten die Spuren einer untergegangenen Zivilisation, verpackt in den architektonischen Überresten ihres Vorgängers.

Odessa liegt an diesem Ostersonntag noch in tiefem Schlummer, mag der Bahnhof auch geschäftig tun. Kaum jemand ist zu dieser frühen Stunde unterwegs, die Autos stehen friedlich am Straßenrand.

Das Pflaster vieler Straßen sieht aus, als sei es 1878 oder 1912 verlegt und danach niemals ausgewechselt worden. Irgendwann wurden die Straßenbahnschienen hinzugefügt, seither ist alles dem Zahn der Zeit überlassen. Am Rande der breiten Bürgersteige stehen uralte Akazien und Kastanienbäume, deren Kronen sich oft genug in der Mitte der Straße über den Strom- und Telefonleitungen treffen. Im Sommer schützen die Bäume die Stadt vor der südlichen Hitze, im Herbst und Winter gebieten sie dem eisigen Wind Einhalt, der aus der nördlichen Steppe unaufhörlich in die Stadt bläst. Eine junge Frau in Schürze fegt mit einem Strohbesen Staub und Blätter in den Rinnstein. Aus einer Kirche dringen Osterchoräle. An einem uralten Haus, dessen rotbraune, hölzerne Haustür von 4 Meter hohen steinernen Frauenfiguren bewacht wird, fällt mir ein ausgeblichenes Täfelchen auf: Das ehrwürdige Gebäude beherbergt, wie sich zeigt, nicht etwa das Kunstmuseum der Stadt oder eine ehrwürdige Bildungseinrichtung, sondern den Anti-Tuberkulose-Dispenser des Odessaer Stadtzentrums. An den bröckelnden Fassaden hängen die Balkone kreuz und quer. Es scheint, als habe ein fantastischer Sturm sie an die Häuser geweht. Manche haben ein Dach, manche nicht, manche sind aus Holz, viele aus Gusseisen, auf einige würde man selbst die Katze nicht mehr lassen, andere scheinen, von steinernen Helfern gestützt, tonnenschwere Lasten zu tragen. Viele sind seitlich gegen die Blicke neugieriger Nachbarn verkleidet, manche reichen erstaunlicherweise nicht nur über mehrere Fenster, sondern auch über mehrere Etagen.

Je näher ich dem unmittelbaren Stadtzentrum komme, umso mehr belebt sich die Stadt. Als ich schließlich von der Richelieustraße auf Odessas berühmteste Straße, die Flaniermeile Deribasowskaja, einbiege, öffnen gerade die ersten Cafés.

Einige Touristen sind schon unterwegs, Straßenhändler bauen ihre Stände auf, Hoteldiener rauchen eine Morgenzigarette. Auf einer steinernen Bank sitzt ein munter lächelnder steinerner Leonid Utjosow, weiter drüben kann ich das Schild der legendären Bierkneipe *Gambrinus* ausmachen. Unter einem großen alten Baum steht zu allem Überfluss ein etwa sechzigjähriger, ziemlich lebendiger Mann mit Gitarre und singt. Odessa begrüßt mich, als wollte es versichern, dass die Mythen, die die Stadt seit 200 Jahren produziert, wahr sind. Alle.

Der morgendliche Sänger in der Deribasowskaja heißt Wolodja. Seine Lieder, sagt Wolodja, sind allesamt einer Frau gewidmet, in die er sich vor fünfunddreißig Jahren unglücklich verliebt hat. Außer der unbekannten Schönen verehrt Wolodja Nikita Chruschtschow, Fidel Castro und, natürlich: Odessa. Odessa zuallererst. Ich werfe einen Schein in den Gitarrenkasten und mache mich auf zu meinem Hotel. Wolodja, humorvoller Internationalist alter sowjetischer Schule, ruft mir ein gut gelauntes »Sieg Heil!« hinterher und stimmt »Schalandy polnyje kefali« an, eine der vielen Oden an die Hafenstadt Odessa. *Schalandy polnyje kefali* heißt so viel wie »Boote voller Meeräschen« und erzählt die Geschichte des Seemanns Kostja. Der kennt das Schwarze Meer wie seine Westentasche und ist als Fischer entsprechend erfolgreich. Kostja ist aber auch ein großer Sänger und Gitarrist, dem man in den Bierhallen der Moldawanka zujubelt. So weit, so gut, ein typisches Odessaer Sujet, das die Schönheit der Stadt, die Natur und vor allem die Qualitäten seiner Bewohner feiert. Geschrieben wurde »Schalandy polnyje kefali« allerdings 1943 für den Kriegsfilm *Zwei Kämpfer*. Einer der Helden des Films ist der Odessit Arkadij Dsjubin, der von Mark Bernes gespielt wird. Bernes, der nicht aus Odessa stammte, verkörperte als Sänger und Schauspieler ein sowjetisches Männlichkeitsideal, das die Konkurrenz von Burt Lancaster nicht fürchten musste. So wie Kostja Morjak nicht nur Fischer, sondern auch Sänger ist, ist auch Dsjubin nicht irgendein Soldat, sondern einer aus Odessa. Odessiten aber gelten von jeher als ebenso witzig wie verwegen und heimatverbunden. Ideale positive Helden also für einen munteren Propagandafilm mitten im Krieg. Aber da war ein Problem: Odessiten müssen Odessaer Lieder singen. Das musste niemandem groß erklärt werden, das verstand sich von selbst. Schon allein deshalb, weil Odessaer Lieder besser als alles andere die Verwegenheit, den Humor und die Heimatverbundenheit des Sängers demonstrieren. Auch mitten im Krieg, auch 1943. Dsjubin hätte zum Beispiel Utjosows »S odesskogo kitschmana« singen können oder das ebenso berühmte »Na Deribasowskoj okrylas piwnaja« (»Auf der Deribasowskaja hat eine Bierhalle eröffnet«). Jeder Bürger der Sowjetunion hätte gewusst, was das für Lieder sind, dass sie aus Odessa stammen und warum der Odessaer Held sie singt. Aber in der Bierhalle in der Deribasowskaja verkehren nicht nur die zweifelhaften sowjetischen Mädchen Marussja und Raja, sondern auch der unzweifelhaft unsowjetische Zuhälter Wasja, die Helden von »S odesskogo kitschmana« sind *dwa urkana*, zwei Gangster. Und das ging nicht, selbst unter den ideologisch im Vergleich zu den 30er Jahren deutlich entspannteren Verhältnissen der Kriegsjahre. Zudem war Odessa zur Zeit der Filmproduktion gerade von den Nazis besetzt. Überbordende Fröhlichkeit war nicht gefragt, ein Odessaer Chanson aber musste her. Also beschloss der Regisseur, ein neues, etwas weniger anstößiges Chanson in Auftrag zu geben, ein Lied, das ohne Zuhälter, leichte Mädchen und schwere Jungs auskommt und trotzdem klar erkennbar Odessaer Kolorit hat. Mit dieser delikaten Aufgabe wurden der Komponist Nikita Bogoslowskij und der Dichter Wladimir Agatow betraut. Und was machten die beiden? Sie schrieben einen Hit! Entgegen aller Wahrscheinlichkeit akzeptierten sogar die Odessiten »Schalandy polnyje kefali« und taten, was sie in solchen Fällen immer getan haben. Aus einem Lied, das konkrete Autoren für einen konkreten Sänger geschrieben hatten, machten sie erst ein Odessaer Volkslied und dann einen All-Unions-Hit. Dass die kulturellen Schrauben nach dem Krieg wieder angezogen wurden und selbst das wenig anstößige Chanson vom Seemann Kostja aus den offiziellen Liederbüchern verschwand, hat seiner Popularität wohl eher genutzt als geschadet. Aus der zentralen Zeile des Liedes wurde, verboten oder nicht, über die Jahre ein geflügeltes Wort, das die Odessiten ihren Gästen im 21. Jahrhundert wie ein ehernes Gesetz aus alter Zeit präsentieren:

»Ja wam ne skazhu sa wsju Odessu / wsja Odessa ochen welika!«

»Ganz Odessa kann ich nicht erzählen / denn ganz Odessa ist sehr groß!«

Es ist ein warmer Spätsommertag des Jahres 1789, an dem die Geschichte Odessas beginnt, man schreibt den 17. September. Europa ist in erheblichem Aufruhr in diesen Tagen. Vor zwei Monaten wurde die Bastille gestürmt, die Französische Revolution hat begonnen. Aber auch weiter rechts auf der europäischen Bühne, fast 2000 Kilometer östlich von Paris, am nördlichen Ufer des Schwarzen Meeres, trägt sich Welthistorisches zu. Schon zwei Jahre befindet sich Russland in neuerlichem Krieg mit dem Osmanischen Reich. Im Sold von Zarin Katharina II. stehen Abenteurer aus ganz Europa. Einer von ihnen ist ein Mann mit dem klangvollen Namen Don Joseph de Ribas. Don Joseph stammt aus Neapel, seine Vorfahren sind spanischer und irischer Abstammung. Der Don ist, was man einen Glücksritter nennt, und an diesem 17. September 1789 hat er seinen größten Tag, denn an diesem Tag wird sein Name in die Geschichte eingehen. Warum? Nun, an diesem Tag erobert ein russisches Kommando unter de Ribas' Führung die türkische

Festung Yeni-Dunai, die sich an einem Ort namens Chadzhibej befindet. Fünf Jahre später, am 27. Mai 1794, befiehlt Zarin Katharina II., genau hier, in Chadzhibej, einen Hafen und eine Stadt zu erbauen. Dieser Stadt verdankt de Ribas seine Unsterblichkeit, genau wie sie ihm ihre Geburt verdankt. Der Name der neuen Stadt ist Odessa, und der berühmteste Boulevard in Odessa trägt bis heute den Namen des neapolitanischen Glücksritters: De-ribas-owskaja!

Odessa war von Anfang an eine Stadt des Handels, für viele Jahre sogar ein von Zöllen befreiter Hafen. Die Lage am Meer, am Rande des russischen Imperiums, inmitten eines Kulturraums, in dem seit der Antike intensive Handelsbeziehungen gepflegt wurden – das war Kapital, mit dem Odessa wuchern würde. Innerhalb kürzester Zeit entsteht aus der eroberten türkischen Festung eine bedeutende internationale Handelsstadt mit Kontakten in die ganze Welt. Eben noch wenig mehr als ein Piratennest, ist Odessa bald schon eine bedeutende Drehscheibe im internationalen Fernhandel. Odessa nennt man auch eine »Stadt ohne Kindheit«, denn kaum geboren, explodiert die Stadt. Wie schön Odessa bei aller Eile geriet, zeigen die Erinnerungen zahlreicher begeisterter Besucher. Schon 1818, kaum zwanzig Jahre nach Gründung der Stadt, notiert der Dichter Batjuschkow: »Odessa ist eine wunderbare Stadt. Sie besteht aus allen Nationen der Welt und ist von Italienern überschwemmt.« Auch Batjuschkows ungleich berühmterer Kollege Puschkin, der 1823 aus Petersburg nach Odessa verbannt wird – ein schönerer Verbannungsort lässt sich nur schwer vorstellen –, bemerkt vor allem, dass Odessa international ist: »Odessa ist eine europäische Stadt. Russische Bücher gibt es hier deshalb nicht.«

Zwanzig Jahre nach Puschkin notiert ein englischer Gast:

Der Anblick Odessas von See aus ist imponierend. Eine majestätische Linie von Steinhäusern griechischer Architektur formt einen schönen Boulevard am Rand eines zweihundert Fuß hohen Kliffs. Dazu das abrupte Ende der Steppe ...[20]

Und auch Mark Twain ist begeistert:

Ich habe mich seit langer Zeit nicht so zu Hause gefühlt wie in dem Moment, als ich den Berg erklommen hatte und zum ersten Male in Odessa stand. Es sah einfach aus wie eine amerikanische Stadt; schöne breite Straßen, vor allem auch gerade!, eine flirrende Betriebsamkeit in Straßen und Geschäften, schnelle Passanten, der bekannte Eindruck von Neuheit an den Häusern und allem anderen; und, ja, eine dicke, sich bewegende Staubwolke, die so sehr wie eine Nachricht aus unserem eigenen Heimatland war, dass wir uns kaum davon enthalten konnten, ein paar Tränen und Flüche auf die gute alte amerikanische Art zu verlieren. Ob man die Straße hinauf- oder hinabblickt, nach hier oder nach da, wir sahen nichts als Amerika.[21]

Um es kurz zu machen: Das Odessa des 19. Jahrhunderts ist eine wunderbare Stadt, in der es sich, in Isaak Babels berühmter Formulierung, »leicht und hell leben lässt«. Darin sind sich Bewohner wie Gäste der Stadt einig. Odessa ist modern, wohlhabend und international, von Anfang an eine multikulturelle, allem Fremden gegenüber aufgeschlossene Stadt mit ganz eigenem Flair. Noch heute erinnern die Straßennamen daran, wie bunt gemischt die Einwohnerschaft Odessas stets war. Wer an den Bars, Kinos und Restaurants der Deribasowskaja vorbeispaziert, stößt bald auf die Richelieustraße. Damit ist nicht der berühmte Kardinal aus den *Drei Musketieren* gemeint, sondern der charismatische erste Stadthauptmann Odessas, dessen kühler, aufgeklärter Intelligenz die Stadt viel verdankt. Wendet man sich in der Richelieustraße nach links, stößt man nach ein paar Schritten auf den Theaterplatz mit seiner von italienischen Architekten und Steinmetzen erbauten Oper. Nur einen Katzensprung entfernt liegen die Italienische, die Polnische, die Französische und die Jüdische Straße. Und das sind keine gesichtslosen Straßen in irgendwelchen Vororten, für die humorlosen Stadtplanern keine besseren Namen mehr eingefallen sind. All diese Straßen befinden sich im Zentrum der Stadt, und ihre Namen zeugen davon, dass man in Odessa immer ein feines Gespür gehabt hat für das, was die eigene Besonderheit ausmacht: die ethnisch bunt gemischte Bewohnerschaft. Entscheidend aber ist Folgendes: Odessa hatte immer die Kraft, die stetig in die Stadt strömenden Fremden zu Odessiten zu machen. Innerhalb weniger Jahre, innerhalb einer einzigen Generation, und ganz egal, ob es italienische Getreidehändler, französische Gouvernanten, jüdische Habenichtse aus dem Ansiedlungsgebiet des Russischen Reiches oder deutsche Klavierhersteller waren. »In Odessa war jeder ein Odessit, und jeder, der lesen konnte, las dieselben Zeitungen und diskutierte dieselben russischen Probleme«, bemerkt Anfang des 20. Jahrhunderts der jüdische Intellektuelle Wladimir Zhabotinskij. Der Italiener Concetto Pettinato schreibt 1913:

> In Odessa fühlen sich Russen ein wenig ausländisch, und Ausländer fühlen sich ein bisschen russisch. Keiner von beiden aber ist nur Russe oder nur Ausländer. Odessa erweckt noch nicht einmal den Anschein einer internationalen Stadt. Es gibt keine Stadtviertel, die sich in ihrer Bevölkerung unterscheiden. Es gibt nicht einmal ein jüdisches Viertel. Odessa ist mehr als international, es ist anational, eine Esperanto-Stadt![22]

Das Odessaer Esperanto hatte allerdings nichts mit der Kunstsprache gleichen Namens zu tun. Besser als der Vergleich von Concetto Pettinato trifft es daher eine Charakterisierung des Journalisten Wlas Doroschewitsch. Das Odessaer Idiom, schreibt Doroschewitsch 1895, ist »eine Wurst, gefüllt mit den Sprachen der ganzen Welt, gekocht auf griechische Art und serviert mit polnischer Soße.«[23]

Der Hauptbestandteil dieser Wurst ist Russisch, und wer Russisch spricht, kommt in Odessa immer gut durch, obwohl die Stadt offiziell ja am Südrand der Ukraine liegt. Doch das Odessaer Russisch, das ist etwas Besonderes. Da werden grundlegende Grammatikregeln gebrochen, wie's beliebt, da gibt es jiddische Vokabeln, ukrainische Präpositionen und polnische Redewendungen, und wenn ein alter Odessit auf dem Markt eine Kundin anspricht, dann kann man, angeblich, sogar heute noch manchmal hören, wie er »Madame« zu ihr sagt. Nicht weil er mal in Paris war, sondern weil Paris mal in Odessa war. Natürlich sprechen gebildete Odessiten bei Bedarf einwandfreies Russisch oder Ukrainisch, heute wie vor hundert Jahren. Aber zumindest die Odessaer Sprachmelodie verrät jedem Russen zwischen Brest und Wladiwostok sofort, dass er es mit einem Odessiten zu tun hat. Wie aber kommt es, dass sogar Russen, die garantiert nie selbst einen Odessiten kannten oder trafen, genau wissen, wie das Odessaer Russisch klingt? Wie kommt es, dass bis heute kein Russe mehr als fünf Sekunden braucht, um einen Odessaer Sänger oder ein Odessaer Chanson zu erkennen? Nun, das liegt daran, dass Odessa seit seiner Gründung nicht nur eine Stadt des Handels und der Glücksritter war, sondern auch eine Stadt der Künste und der Musik, die über zwei Jahrhunderte eine unüberschaubare Menge berühmter Schauspieler, Musiker, Sänger und Entertainer hervorgebracht hat, von den Odessaer Witzen und den Odessaer Chansons ganz zu schweigen.

Es war nicht ganz einfach, Oleg Gubar aufzuspüren, aber irgendwann klappt es doch. Einen ganzen Vormittag verbringe ich damit, die Redaktionen von Zeitungen und Zeitschriften abzutelefonieren, für die Gubar in den letzten beiden Jahrzehnten über das alte Odessa geschrieben hat. Die Zahl seiner Texte ist Legion, jeder, der sich für Odessa interessiert und Russisch liest, stößt früher oder später auf den Namen des gelernten Geologen und nebenberuflichen Historikers und Stadtarchäologen. Eher früher.

Schließlich habe ich Glück, und eine Redakteurin des Magazins *Passage* gibt mir Gubars Privatnummer.

»Pasteurstraße 46, im Hof«, sagt die freundliche Stimme in der knarzenden Leitung und erklärt mir geduldig den Weg. Noch am selben Nachmittag sitze ich dem vollbärtigen Schlaks in seinem Arbeitszimmer gegenüber. Gubar, ein vollendeter Gastgeber sowjetischer Schule, hat mir Hausschuhe gegeben und Tee gekocht. Ein junger Hund galoppiert durch die Wohnung, irgendwo laufen Trickfilme auf einem alten Fernseher, ab und zu schaut ein kleines Kind vorbei, um den auswärtigen Gast zu inspizieren. Gubars Wohnung ist erkennbar frei von jener postsozialistischen Hektik und Betriebsamkeit, die in Moskau und Petersburg die alte sowjetische Gemütlichkeit schon lange vertrieben haben. In den beiden russischen Metropolen hat seit dem Ende der Sowjetunion jedermann zwei oder drei Jobs und ebenso viele Telefone. Oleg Gubar hat Zeit. Schwer zu sagen, wie alt er ist. Ende vierzig, Mitte fünfzig? Das Zimmer liegt im Schatten, nur an einer Wand kriecht die Sonne über die prall gefüllten dunkelbraunen Regale. Hunderte Bücher, alte Postkarten, Kisten und Kästchen, eine ganze Batterie seltsam unregelmäßig schimmernder alter Flaschen. Oleg Gubar ist ein Sammler, und er hat meinen bewundernden Blick bemerkt.

»Mich interessieren die Abfälle unseres Lebens, verstehen

Sie? Die Details, aus denen das tägliche Leben besteht. Das Aufstehen, das Zähneputzen. Alte Gegenstände faszinieren mich viel mehr als große Ereignisse und wichtige Männer. Das da sind zum Beispiel Wodkaflaschen aus zwei Jahrhunderten!«

Ich erzähle, was mich nach Odessa bringt. Der Mythos des freien, wilden Lebens in Odessa, die Chansons, die Gaunerlegenden, »S odesskogo kitschmana«, Utjosow.

»Ach, Utjosow«, sagt Gubar. »Utjosow war sicher der größte Propagandist des Odessaer Slangs und des Odessaer Lebens, den es je gab. Aber dieses Bild von Odessa als Gaunermetropole: *Odessa-Mama*. Ich weiß nicht. Das ist Parasitentum, das ist zu einfach. Es gibt so viele andere kulturelle Schichten in der Stadt«.

Gubar lächelt.

Ich schweige betreten.

Dann erzählt Oleg Gubar mir die Geschichte Odessas und seiner Musik als Alltagsgeschichte, von Anfang an.

»Die ersten Odessiten waren Leute, die aus dem Mittelmeerraum stammten, aus der Levante. Sie haben das Odessaer Leben geschaffen, sie haben für sich eine Stadt erbaut, wie sie sie kannten. Odessa hat ja auch ein ähnliches Klima. Sie haben alle Institutionen genauso eingerichtet, wie sie sie aus Süditalien oder Frankreich, aus Griechenland und aus der Türkei kannten. Warum wurde in Odessa nicht Tee, sondern Kaffee getrunken? Warum wurde in Odessa auf der Straße geraucht, während man in Petersburg dafür bestraft wurde? In Odessa aß man anders, trank anders, das ganze Leben war anders. Einfach ein anderer Kulturtyp. Die Häuser, wie sahen die denn aus? Wie wurde die Stadt erbaut? Wie eine antike Stadt: mit großen Marktplätzen, kleine Häuser mit Höfen und Zisternen. Weinkeller. Kaffeehäuser. Das war alles funktional. Warum gab es in Odessa immer eine wunderbare Oper? Weil diese Leute daran gewöhnt waren! Weil sie sie brauchten!«

In den 1840er Jahren sollen dreißigtausend Italiener in der Stadt gelebt haben. Alle wichtigen Künstler der frühen Jahre waren Italiener. Graveure, Lithografen, Steinmetze, Maler, die Architekten, Opernsänger. Und das färbte ab.

»Die Odessaer Droschkenkutscher sangen italienische Opern! Die Zentrale der Kutscher befand sich am Theaterplatz. Da saßen die Kutscher und hörten den Proben zu, stundenlang. Das war unausrottbar, dabei waren die Kutscher ja keine Italiener, sondern Russen oder Ukrainer!«

Gubar kramt in seinen Unterlagen, zeigt mir alte Postkarten, blättert in Büchern, gerät beim Reden immer mehr in Begeisterung. Seine Augen blitzen, er gestikuliert, wir sind bei seinem Lebensthema. Er könnte stundenlang reden, ich könnte stundenlang zuhören.

»Diese Musik breitete sich aus, aus der Oper in die deutschen Bierhallen, die bald schon an der Peripherie der Stadt auftauchten. So entstand die Odessaer Liedkultur, all diese mit dem Volk und der Gaunerwelt verbundenen Schlager. Das begann in dem Moment, als erlaubt wurde, in den Kneipen Orchestrione aufzustellen (mechanische Instrumente, die ein ganzes Orchester imitieren konnten – Anm. d. A.). Die Klavierfabriken der Stadt stellten die her. Zur selben Zeit erlaubte man auch, dass Orchester in den Kneipen spielen. Am Anfang waren die Musiker meist Ausländer. Es gab berühmte Orchester, aus Tirol zum Beispiel. Die spielten viele europäische Melodien, mischten das aber mit russischen Liedern für das örtliche Publikum. So ergab sich eine seltsame, unbegreifliche Symbiose der Kulturen. In den Kneipen und Bierhallen der Stadt hat sich diese Musik etabliert und durchgesetzt. Auch in den Biergärten spielten die Orchester. Opernmelodien im Biergarten! Mitte des 19. Jahrhunderts war das die musikalische Massenkultur. Opern, Operetten, *Wilhelm Tell*, Rossini. Was Sie wollen. Überall spielten Orchester, einfach überall. Das sind die Wurzeln der Odessaer

Liedkultur. Ich habe Ankündigungen für Konzerte aus Zeitungen jener Jahre. Da steht ganz genau, was gespielt wird, Stück für Stück. Wenn man sich das anschaut! Eine Polka, als Nächstes eine Oper, ein Militärmarsch, ein Stück des Kapellmeisters. Nach einer Weile gab es dann mehr lokale Musiker. Das war billiger, und die Musik änderte sich. Die spielten natürlich mehr ukrainische und jüdische Volkslieder, obwohl sie auch die europäische Klassik kannten. Ich stelle mir oft vor, wie ein unfassbares Gewirr von Melodien aus der Bierbar an der Ecke ertönt. Volkslieder, Opern, alles!« Die exzellenten Verbindungen in die ganze Welt, die Odessa als Hafenstadt hat, befördern die musikalische Verschmelzung zusätzlich. Schon lange vor der Erfindung der Schallplatte schicken Musikagenten die Noten aktueller Hits aus London, Buenos Aires oder Marseille per Schiff nach Odessa. Die Stadt ist voll von professionellen Orchestern und Musikern, die Konkurrenz ist riesengroß, das Publikum schreit nach neuem Material. In den 1890er Jahren erreicht der Tango Odessa und wird bald zum beliebtesten Tanz, kurz vor dem Ersten Weltkrieg kommt der Foxtrott, 1915 folgt der Cakewalk. Als 1918 die erste in den USA produzierte Jazzplatte in Odessa auftaucht, beschleunigt sich die musikalische Entwicklung noch einmal. Dabei herrscht über einen Punkt nie der geringste Zweifel: Odessa ist keine Drittweltstadt, die die musikalischen Produkte der Ersten Welt konsumiert, sondern gleichberechtigter, kreativer Bestandteil des beinahe schon weltweiten musikalischen Austauschs. Mit gesundem Selbstbewusstsein und einer guten Portion Frechheit kochen die Bands und Orchester der Stadt aus den im Überfluss vorhandenen ausländischen Quellen ihr ganz eigenes Kompott, wie es in einer typischen Odessaer Formulierung heißt.[24]

Doch bei aller Vielfalt der Stile: Zu Beginn des 20. Jahrhunderts mag die Odessaer Folklore italienische, argentinische und amerikanische Spurenelemente enthalten, stärker als jeder andere ist nun jedoch der jüdische Einfluss. Der Sound der Stadt spiegelt die Veränderungen in ihrer Bevölkerungsstruktur akkurat wider. 1840 war ein Drittel der Odessiten Italiener. Bei der Volkszählung von 1897 geben 139 000 Menschen als Muttersprache Jiddisch an, etwa ein Drittel der Bevölkerung. Dazu kommen getaufte und russischsprachige Juden. 1910 leben schon mehr als 200 000 Juden in Odessa, und 1916 gießt das zweiundzwanzigjährige jüdische Junggenie Isaak Babel das in folgende, mittlerweile klassischen Sätze:

Odessa ist eine abscheuliche Stadt. Das weiß jedermann: Statt »das ist ein großer Unterschied« sagt man dort »das sind zwei große Unterschiede«, und auch sonst sagt man vieles anders. Ich glaube aber, man kann auch vieles Gute über diese bedeutende und bezaubernde Stadt des Russischen Reiches berichten. Wohlgemerkt, es ist eine Stadt, in der es sich leicht und hell leben lässt. Die Hälfte seiner Bewohner sind Juden, und die Juden sind ein Volk, das ein paar sehr einfache Dinge sehr schön geprägt hat. Sie heiraten, um nicht einsam zu sein, sie lieben, um die Jahrhunderte zu überleben, sie sparen Geld, um Häuser zu haben und ihren Frauen Persianerjacken zu schenken, sie sind liebevolle Väter, weil es sehr schön und sehr notwendig ist, dass man seine Kinder liebt. Gouverneure und Zirkulare schaffen den armen Juden aus Odessa viel Unannehmlichkeit, aber sie aus ihrer Position zu verdrängen ist nicht leicht, denn ihre Position ist uralt. Man verdrängt sie nicht und guckt ihnen vieles ab. Ihren Bemühungen ist es in bedeutendem Maße zu danken, dass um Odessa eine Atmosphäre von Helle und Leichtigkeit entstanden ist.[25]

Man könnte hinzufügen: Zu dieser Atmosphäre der Helle und Leichtigkeit haben nicht zuletzt die jüdischen Musiker entscheidend beigetragen. Der dominante Sound der Odessaer Folklore um 1910 ist nicht mehr der Sound italienischer Opernarien, sondern der Sound des Klezmer, der jüdischen Hochzeitsmusik, die von Migranten aus den Schtetln des jüdischen Ansiedlungsgebietes nach Odessa gebracht wurde. Odessa mischt der ursprünglich ländlichen, uralten Musik Zutaten aus aller Welt bei und schafft so einen international anschlussfähigen Sound für das beginnende 20. Jahrhundert. Odessa Klezmer Jazz. Urbane jüdische Musik.

In seinen Memoiren beschrieb Leonid Utjosow die Entstehung dieser Musik und zog erstaunliche Parallelen:

> Besonders gern spielte ich (bei Auftritten in Moskau – Anm. d. A.) die kleine Szene »Wie in Odessa Orchester auf Hochzeiten spielen«. In der Realität war das so: Ein Kunde kommt zur Musikerbörse und bittet darum, dass man ihm ein preisgünstiges Orchester zusammenstellt. Also spielen ein paar Musiker, sogenannte »Gehör-Musiker«, die die Melodien kennen, aber keine Noten lesen können und darum auch keine Partitur brauchen, zu absolut erschwinglichen Preisen auf einer Hochzeit. Weil die Musiker solcher Orchester keine Noten lesen konnten, waren sie gezwungen, harmonische Figuren zu improvisieren, wobei jeder von ihnen die Melodie spielte und sie dabei entsprechend seinem musikalischen Geschmack leicht abwandelte. So entstanden Orchesterwerke in einem originellen, frei improvisierten Stil. Ich denke, dass es solche kleinen Amateurorchester wahrscheinlich in jedem Land gab. Auch in den USA. Dort spielten die Neger, genau wie die armen Odessaer Musiker, ohne Noten und variierten die Themen bekannter Melodien

frei und inspiriert. Besonders viele solcher Orchester gab es in New Orleans. Der einzige Unterschied zwischen den Orchestern in New Orleans und Odessa liegt in der instrumentalen Besetzung der Orchester. In New Orleans spielte man das Nationalinstrument Banjo, dazu Saxofon, Trompete, Tuba und andere Instrumente. Wahrscheinlich spielten volkstümliche Amateurorchester in der Vergangenheit immer in dieser frei improvisierten Weise, weil es mehr auf die Liebe zur Musik und Fantasie ankam als auf musikalische Bildung. In den USA verbreiteten sich diese Orchester schnell im ganzen Land und prägten schließlich die Bezeichnung New Orleans Jazz. In Russland erhielten die Orchester nur aus einem Grund nicht den Zusatz »aus Odessa«: Die Estrada entwickelte sich in eine andere Richtung. Als wir später zu dieser frei improvisierten Musik zurückkehrten, wurde sie unter der ausländischen Bezeichnung Dixieland bekannt.[26]

Und noch etwas passiert in den Kneipen und Biergärten Odessas. Der ursprünglich instrumentalen Tanzmusik Klezmer werden nun häufiger Texte hinzugefügt, die meist in einer seltsamen Mischung aus Odessaer Russisch und Jiddisch formuliert sind. Sprachreinheitsapostel in der russischen und jüdischen Intelligenz raufen sich die Haare angesichts der Sprachverstümmelungen. Aber das beeindruckt die Autoren naturgemäß nicht. Odessa textet, wie es spricht, aus Tänzen werden Lieder. Wovon diese Lieder handeln, diktiert das städtische Leben. Das aber ist zu Beginn des 20. Jahrhunderts schon lange nicht mehr so idyllisch wie einhundert Jahre zuvor. Ältere jiddische Lieder über Odessa beschränkten sich oft darauf, die Schönheit der Stadt in starken, keinen Widerspruch duldenden Worten zu beschwören:

Vos mir Wien en vos Parizh,
blote, choysik, kein fargleich.
Nor Ades hat dortn ir
a gan-eidn, sog ich euch.

Was soll ich mit Wien oder Paris,
das ist gar nichts, ein Quatsch, kein Vergleich.
Aber Odessa, ich sag es euch,
ist das Paradies.[27]

Seit Gründung der Stadt gab es natürlich auch jene, die vor den Versuchungen der freizügigen Hafenstadt Odessa warnten: »Tsen mayl arum / hinter Ades brent der genem«, drohte ein alter jiddischer Lehrsatz. In modernem Deutsch bedeutet das nicht weniger, als dass im Umkreis von zehn Meilen um Odessa herum die Höllenfeuer brennen. Dieser Ausspruch geht, so der Historiker Steven Zipperstein, auf das Jahr 1826 zurück.[28] Besonders ältere Juden in den Schtetln des Ansiedlungsgebietes waren auch achtzig Jahre später überzeugt davon, dass in Odessa Teufelswerk getrieben wurde, und eben leider nicht nur von den Un- und Andersgläubigen, sondern auch von Juden selbst. Odessa galt als gefährlicher Ort, dessen materielle Versuchungen einen ehrlichen Mann vom rechten Wege abbringen konnten: freizügig, oberflächlich, gewinn- und vergnügungssüchtig. Doch für die allermeisten Juden und besonders für die jungen unter ihnen war Odessa lange Zeit nichts anderes als das Paradies selbst. Eine wunderschöne, prosperierende Stadt mit mildem Klima, deren ökonomische Dynamik und Freizügigkeit im ganzen Russischen Reich ihresgleichen suchte.

Doch die Zeiten änderten sich und mit ihnen die Lieder.

Zwischen 1880 und 1910 hat sich die Gesamtbevölkerung der Stadt fast verdreifacht, die Zahl der Juden stieg im selben Zeitraum sogar auf das Vierfache an. Zwar ist Odessa nach wie vor wirtschaftlich stark, doch am Reichtum der Stadt partizipieren längst nicht mehr alle Bürger. Auch nicht alle Juden. Zu groß der Bevölkerungsdruck, zu rasant die Entwicklung. Durch die Stadt ziehen sich tiefe ökonomische Gräben, auch mitten durch die jüdische Gemeinde.

Oleg Gubar gehört weitere einhundert Jahre später zu den letzten Hinterbliebenen der einst riesigen jüdischen Gemeinde. Der Holocaust hat Zehntausende Odessaer Juden das Leben gekostet, viele der Überlebenden sind seit 1970 und verstärkt nach 1991 emigriert, darunter auch Gubars Verwandtschaft. Jahrelang haben sie ihn aufgefordert, auch in die USA zu kommen. Ein paar Wochen Papierkrieg hätten genügt. Doch Gubar ist geblieben, in seiner Stadt, ohne die er nicht leben mag: »Anfang des 20. Jahrhunderts war es ja so: Auf der einen Seite gab es die jüdische Aristokratie, Juden, die aus Österreich-Ungarn stammten. Die Brodskijs, Aschkenasis, Ephrussis. Die verachteten natürlich die armen Juden aus dem Gouvernement Odessa, aus dem russischen Polen und aus dem Baltikum. Die einen stellten die Handels- und Geisteselite, die anderen waren ungelernte Arbeiter oder bestenfalls Handwerker. Außerdem füllten diese Juden auch die Reihen der kriminellen Welt. Eine riesige Zahl von Juden war in dieser Sphäre aktiv!«

Das Gesicht Odessas zu Beginn des 20. Jahrhunderts spiegelt die wachsenden wirtschaftlichen Unterschiede innerhalb der jüdischen Gemeinde und allgemein zwischen Arm und Reich deutlich wider. Im Zentrum der Stadt kreuzen sich die schattigen Boulevards in einem regelmäßigen Schachbrettmuster, genau wie die Straßen in Manhattan. In der Katherina- und der Richelieustraße, am Primorskij-Boulevard und an der Deribasowskaja warten feine Hotels, Museen, die Oper und mondäne

Restaurants auf ihre zahlungsfähigen Gäste. In den umliegenden Bürgerhäusern lebt die jüdische und nichtjüdische Mittel- und Oberschicht. Hier befinden sich die weithin berühmten, reich ausgestatteten Synagogen der Stadt: die Hauptsynagoge in der Jewrejskaja, der Jüdischen Straße, und die Brodskij-Synagoge in der Zhukowskaja-Straße, wo der in ganz Europa berühmte Kantor Pinchas Minkowskij singt. In diesen Straßen wohnen am Ende des 19. Jahrhunderts auch jene Männer, die den Kampf der osteuropäischen Juden um Emanzipation intellektuell anführen. Odessa gilt nicht zufällig als Hauptstadt und Geburtsort des Zionismus. Meir Dizengoff, Gründer und erster Bürgermeister von Tel Aviv, wohnt in der Osipow-Straße 30. Leo Pinsker schreibt den berühmten Text »Autoemanzipation« in der Richelieustraße 40. Die Schriftsteller Scholem Alejchem und Mendele Moyher-Sforim schreiben in der Kanatnaja und der Degtjarnaja, und der zionistische Klub Kadima hat sein Hauptquartier in der Basarnaja. Einige Häuser weiter wohnt und arbeitet der Historiker Simon Dubnow.

Auf der anderen Seite der Stadt, nur ein paar Minuten entfernt vom mondänen Zentrum, sind Arbeitervororte mit Namen wie Peresyp oder Slobodka entstanden. Vor allem aber ist da die legendäre, von Isaak Babel und vielen anderen besungene Moldawanka. In den verwinkelten Gassen, den flachen, einfach gebauten Häusern und den unübersichtlichen Hinterhöfen der Moldawanka leben die Immigranten aus den ukrainischen und bessarabischen Dörfern dicht an dicht. Fuhrleute, Kleinhändler, Schneider, Handwerker und Arbeiter. Zum Mythos wurde die Moldawanka jedoch nur, weil da auch noch ihre Schattenseite war, die Halbwelt der kleinen und großen Gangster, Taschendiebe, Zuhälter, Nutten, Puffmütter und Glücksritter. In dieser Welt waren die heiteren jiddischen Hymnen auf die fortschrittliche Schönheit Odessas tendenziell eher fehl am Platz. Diese Welt brachte andere, härtere Lieder hervor, die nicht mehr im Jiddisch der Schtetl getextet wurden, sondern im modernen, allerdings mit jiddischen Ausdrücken durchsetzten Russisch der Großstadt.

Eines der ältesten, heute noch beliebten und oft gesungenen Odessaer Halbweltlieder hat der Schriftsteller Alexander Kuprin 1909 in seinem Roman *Das sündige Viertel* verewigt:

Doch plötzlich, zur allgemeinen Überraschung, brach die dicke, meist schweigsame Katka in Lachen aus. Sie war aus Odessa gebürtig. »Bitte, ich möchte auch ein Lied singen. Das singen bei uns in der Moldawanka und in Peressyp die Diebe und die Nutten in den Kneipen.« Und sie stimmte in fürchterlichem Bass, mit verrosteter Stimme, die ihr nicht gehorchte, ein Lied an, dabei vollführte sie die ungeschicktesten Gesten, ahmte aber offenbar eine drittrangige Chansonette nach, die sie irgendwo einmal erlebt hatte:

Ach, jetzt geh ich zum Krug hinein,
Setze mich zu Tisch,
Nehme ab meine Hütelein,
Werf es untern Tisch.

Und ich frage jetzt mein Lieb,
Was sie trinken will.
Doch sie mir die Antwort gibt:
Kopf tut weh, sei still!

Ach, ich hab dich nicht gefragt,
Was dir weh tut, Kind.
Was du trinken willst – so sag,
Sag es nun geschwind:
Klares Wasser, Bier oder Wein,
Oder darf es ein Giftbecher sein?

Alles wäre gut abgegangen, wenn nicht auf einmal die blonde Manka ins Zimmer gestürmt wäre, nur in Unterhemd und weißen Spitzenhöschen. Ein Kaufmann, der am Vorabend Veranstalter einer »paradiesischen Nacht« gewesen war, hatte mit ihr gezecht, und der unglückselige Benediktiner, der immer mit der Geschwindigkeit von Dynamit bei dem Mädchen wirkte, hatte sie in ihren üblichen Skandalzustand versetzt.[29]

Man sollte vielleicht dazu sagen, dass »Kak-to po prospektu s Mankoj ja guljal« (»Als ich einmal mit Manka spazieren ging«) im russischen Original absolut nichts von der balladenhaften Romantik hat, für die in der deutschen Übersetzung Worte wie »Hütelein«, »Krug«, »mein Lieb« und »geschwind« sorgen. Das Lied ist hart, ironisch und verwegen, ein grober Scherz über ein hartes Leben, zu dem man tanzen kann und soll.

Versorgt mit ein paar guten Tipps von Oleg Gubar, mache ich mich am nächsten Tag auf zu einem langen Spaziergang durch die Moldawanka. Odessa ist heute viel größer als vor hundert Jahren, und die Moldawanka ist keine Vorstadt mehr, sondern ein Stadtteil, der zwischen der historischen Altstadt und den Schlafstädten am Stadtrand liegt, die nach dem Zweiten Weltkrieg erbaut wurden.

Eine unglaubliche Ruhe liegt über den Straßen der Moldawanka. Es ist, als sei man in einem großen Dorf. Hunde und Katzen lungern herum, ein paar Mütter gehen mit ihren Kindern spazieren, dazwischen immer wieder offenbar beschäftigungslose Männer, die im Schatten vor sich hin dösen. Die kleinen Verkaufsstände, an denen Nüsse, Sonnenblumenkerne, Eis und kalte Getränke angeboten werden, werden ausnahmslos von Frauen betrieben. Die meisten von ihnen haben ihr kleines *Bisnes* an möglichst abgelegenen, besucherarmen Straßenecken errichtet. Wollen sie vielleicht einfach nur in Ruhe gelassen werden, um wenigstens bei der Arbeit ungestört ihren Gedanken nachzuhängen? Dabei sehen die meisten von ihnen bei näherer Betrachtung schon aus, als könnten sie Geld brauchen.

Ich schaue in einige alte Höfe hinein, biege von den großen Straßen in kleine Gassen ab und stoße plötzlich auf einen weitläufigen Straßenmarkt. Oleg Gubar hatte mir vom *Starokonnyj Rynok* erzählt, vom Alten Pferdemarkt. Dort habe, so Gubar, so manche Sammlung von Antiquitäten, Bildern, Postkarten oder Gebrauchsgegenständen aus dem alten Odessa ihren Anfang genommen, auch seine eigene. Mir kommt der Markt vor wie ein ganz normaler Flohmarkt in einer eher armen Stadt. Auf den Decken und Kartons im Schatten riesiger Bäume: alte, aber nicht antiquarische Bücher, noch älteres Werkzeug, Schrauben und Muttern, Handbohrer, Klempnerbedarf, Hosen und Kleider, ein paar CDs, Kassettenrekorder aus den 80er Jahren. Vielleicht komme ich zu spät, vielleicht haben Sammler wie Gubar die interessanten Stücke schon am frühen Morgen eingesackt, vielleicht fehlt mir einfach das Auge dafür?

Wie es sich für wahrhaft legendäre Viertel in den großen Städten dieser Welt gehört, hat auch die Moldawanka einige ganz große Berühmtheiten hervorgebracht. 1894 wird hier Isaak Babel geboren, 1895 Leonid Utjosow, 1916 Emil Gilels, einer der größten Pianisten des 20. Jahrhunderts. Im selben Jahr beginnt die große Zeit jenes Mannes, der in der Odessaer Mythologie auch hundert Jahre später mehr als irgendjemand sonst für die Moldawanka und das alte Odessa steht. Michail Winnizkij alias Mischa Japontschik (Mischa der Japaner) ist vielleicht der meistmythologisierte und -besungene Gangster in der Geschichte Russlands. Isaak Babel hat ihn als Benja Krik in seinen Odessaer Erzählungen unsterblich gemacht:

Warum gerade er? Sie wollen wissen, warum nicht die anderen? Also vergessen Sie für einen Augenblick, dass Sie auf der Nase eine Brille und in der Seele den Herbst tragen. Hören Sie auf, an Ihrem Schreibtisch zu randalieren, während Sie vor den Menschen verlegen stottern. Stellen Sie sich für einen Augenblick vor, Sie randalierten auf dem Stadtplatz und stotterten auf dem Papier, Sie wären ein Tiger, ein Löwe, eine Katze. Sie könnten mit einer russischen Frau schlafen, und die russische Frau würde mit Ihnen zufrieden sein. Sie wären fünfundzwanzig Jahre alt. Sie würden, wären am Himmel und an der Erde Ringe festgemacht, die Ringe ergreifen und den Himmel zur Erde herabziehen. Und Ihr Herr Vater wäre ein Lastkutscher und hieße Mendel Krik. Woran denkt ein solcher Vater? Er denkt daran, wo er ein Glas Schnaps trinken und wem er eins in die Fresse hauen könnte; an seine Pferde denkt er und sonst an nichts mehr. Sie wollen leben, er aber zwingt Sie, zwanzigmal am Tag zu sterben. Was hätten Sie anstelle von Benja Krik getan? Nichts hätten Sie getan. Er aber hat etwas getan. Deshalb ist er der König. Sie aber sind eine taube Nuss geblieben.[30]

Dann erzählt Babel, wie der junge Benja aus einem fehlgeschlagenen Überfall die Grundlage seines Ruhmes zimmert. Eine große Rolle spielen dabei die Oper *Bajazzo*, eine Doppelbeerdigung und Benjas Fähigkeit, Großherzigkeit und Unbarmherzigkeit zu einer unschlagbaren Doppelwaffe zu vereinen. In Babels Odessaer Erzählungen, die in den 20er Jahren entstanden, ist Benja Krik eine Mischung aus Robin Hood und Al Capone. Zwischen 1917 und 1919, in den Wirren des russischen Bürgerkriegs, in dessen Verlauf Odessa mehrfach den Herrn wechselte und für kurze Zeit sogar in französische Hand geriet, war der echte Benja Krik – Mischa Japontschik – so etwas wie der heimliche König der Stadt. Davon zeugen die Erinnerungen von Zeitgenossen, davon zeugt vor allem sein Status in der städtischen Folklore. Obwohl seine große Zeit nur drei Jahre umfasste, wurde Mischa Japontschik zum Inbegriff der jüdisch dominierten Odessaer Unterwelt, die in ganz Russland mit dem Begriff Odessa-Mama assoziiert wird. Der Begriff legt nahe, dass Odessa als Stadt immer eine gute Adresse für Gauner und Gangster aller Art war, eine barmherzige Mama, die Unterschlupf auf der Flucht vor dem Gesetz bot. Es gibt Hinweise darauf, dass in der Hafenstadt Odessa tatsächlich sehr viel mehr Gangster aktiv waren als in anderen russischen Städten. In den Jahren vor den Revolutionen von 1917 sollen zehntausend Kriminelle in der Stadt polizeilich registriert gewesen sein.[31] Im alltäglichen Leben dürfte das unangenehme Folgen gehabt haben. Trotzdem behauptet die städtische Folklore standhaft, diese Unterwelt habe nicht aus brutalen Verbrechern bestanden, sondern aus charmanten Abenteurern: immer auf der anderen Seite des Gesetzes, immer ein Lied auf den Lippen, jederzeit willens und in der Lage, der grauen Trostlosigkeit des Lebens etwas Außergewöhnliches, ganz und gar Irrsinniges entgegenzusetzen – den Himmel zur Erde hinabzuziehen zum Beispiel. Oder so mit einer russischen Frau schlafen, dass es ihr sogar gefällt.

Viele der Straßen und Gassen, in denen Benja Krik und seine Bande vor achtzig Jahren ihr Unwesen trieben, in denen Utjosow, Babel und Gilels aufwuchsen, liegen nahezu unverändert im Sonnenlicht des südlichen Frühlings. Und doch kann ich den Genius Loci nur erahnen. Mir fliegen keine Kugeln um den Kopf, und wenn irgendwo Musik aus den Wohnungen und Höfen dringt, dann ist es aktueller russischer oder ukrainischer Disco-Pop. Das Viertel wirkt pittoresk. Mehr nicht. Gubar hatte mir erzählt, es gebe Überlegungen, ganze Straßenzüge abzureißen.

Ein paar Straßen weiter, im Jüdischen Museum, das in einer Wohnung am Rande der Altstadt untergebracht ist und komplett privat finanziert wird, lässt sich der Geist des alten Odessas dagegen mit Händen greifen. Hier hat man die heilige Odessaer Einheit aus charmantem Gangstertum, großer Literatur, Musik, Revolution und Bürgerkrieg in eine Installation gegossen. An einem mit Wachstuch bespannten Küchentisch sitzen drei Männer zusammen: Semjon Budjonnyj, Reitergeneral der Roten Armee, Mischa Japontschik, Gangstergeneral, und Isaak Babel, Schriftsteller. Ihm verdankt nicht nur Mischa Japontschik seinen Platz in der Ewigkeit, sondern auch Budjonnyj. Babel machte Budjonnyj in seinem zweiten Hauptwerk, dem Erzählungszyklus *Reiterarmee,* unsterblich.

Budjonnyj trägt hohe schwarze Stiefel und eine braune Felduniform mit roten Epauletten. In der Hand hält er einen schwarzen Revolver. Ein buschiger schwarzer Schnurrbart verdeckt ein Drittel des zerfurchten Gesichts. Neben ihm thront Babel, der Schriftsteller, in dunkel karierter Hose, weißem Hemd und Weste. Die Augen leuchten hinter der runden Nickelbrille hervor, die hohe Stirn glänzt, die Arme sind ausgebreitet, als wollte er anheben zu einer der fantastischen Erzählungen über jenen Mann, der rechts neben ihm sitzt: Mischa Japontschik. Aber warum schaut der große Gangster so betrübt? Über einer braunen Weste trägt Japontschik ein elegantes beigefarbenes Jackett, dazu einen dünnen grauen Schnurrbart. In der Hand hält er einen hölzernen Gehstock mit goldenem Knauf, ein schwerer Siegelring schmückt den Mittelfinger der rechten Hand, im Mundwinkel klemmt eine halb gerauchte Zigarre. Mischa Japontschik alias Benja Krik sieht aus, als könnte man ihn vom Fleck weg für einen amerikanischen Gangsterfilm casten. Meyer Lansky und all die anderen jüdischen Gangster aus dem New York der 30er, 40er und 50er Jahre dürften gewusst haben, wer Mischa Japontschik war und wie er sich kleidete.

Den entscheidenden – Odessaer – Dreh bekommt die Installation durch eine vierte Figur.

Hoch über Budjonnyj, Babel und Mischa dem Japaner, hoch über General, Schriftsteller und Gangster schwebt ein grauhaariger alter Geiger mit Schlips und Kragen: Der Mann ist in der Odessaer Folklore als »Sascha der Geiger« bekannt, hat jahrzehntelang in der 1883 eröffneten Bierkneipe *Gambrinus* an der Deribasowskaja gespielt und symbolisiert nichts anderes als den Odessaer Folk: Klezmer-Sounds, Fiddler, Tangos, frühe Jazzelemente, verstimmte Schifferklaviere, Bläsersätze. Und dazu: freche Texte über Gauner und Nutten, Brüche und Puffs, Hochzeiten und Gefängnisse, den Hafen und die Schifferkneipen, den Ärger mit der Polizei, das tägliche Brot. Straßenlieder. Gaunerchansons. Blat-Lieder.

Mir fällt eine Geschichte ein, die Oleg Gubar beim Tee erzählt hatte. »Es gibt viele apokryphe Anekdoten über Mischa Japontschik«, hatte Gubar gesagt, »und in einigen werden explizit Verbindungen zur Odessaer Musikwelt hergestellt. Gut möglich, dass das Mythen sind, aber wenn, dann sind sie gut ausgedacht. Sie entsprechen den historischen Umständen, verstehen Sie? Sie könnten genauso gut wahr sein. Während des Bürgerkriegs lebten ja viele Flüchtlinge in Odessa, die darauf hofften, über das Schwarze Meer emigrieren zu können. Darunter auch viele Künstler. Die Leute hungerten, es gab keine Arbeit. In dieser Situation sollen Utjosow, die Schauspielerin Wera Cholodnaja und ein paar andere eine Art Benefizveranstaltung organisiert haben. Doch die Eintrittskarten gingen schlecht. Das Publikum hatte Angst, nachts durch die dunkle Stadt zu laufen. Ständig wurde geschossen, und Japontschiks Banditen hatten das Sagen. Also traf sich Utjosow mit Japontschik. Das Ergebnis der Verhandlungen wurde den Bürgern am nächsten Tag auf Litfaßsäulen mitgeteilt: ›Freies Geleit durch die Stadt bis 6 Uhr morgens‹.«

Leonid Utjosow wurde am 21. März 1895 als Lasar Waisbein in Odessa geboren, und er war zeitlebens stolz darauf. In seiner Autobiografie heißt es gleich zu Beginn: »Ich wurde in Odessa geboren. Sie glauben, ich gebe an? Aber es stimmt. Viele Leute wären gern in Odessa geboren, aber nicht jeder schafft es!« Als Kind besucht Utjosow eine selbst für Odessaer Verhältnisse seltsame Bildungseinrichtung, die Handelsschule von Heinrich Feig. Anders als an den meisten Schulen, wo die Zahl der jüdischen Schüler auf 5 Prozent quotiert war, durfte an Feigs Schule die Hälfte der Schüler jüdisch sein. Dass an eine derart von Juden überrannte Schule sonst niemand wollte, war nur auf den ersten Blick ein Problem. Auf den zweiten ergab sich daraus die Gelegenheit für ein typisches Odessaer Geschäftsarrangement: Jeder jüdische Vater bezahlte die Ausbildung nicht nur für seinen Sohn, sondern auch noch für einen anderen, meist russischen oder ukrainischen Jungen. In Odessa, wo Anfang des 20. Jahrhunderts fast 40 Prozent der Bevölkerung jüdisch waren, war die Schule ein Glücksgriff. Waisbein nutzte die Gelegenheit auf seine Weise und wurde der einzige Schüler, der jemals aus Heinrich Feigs Handelsschule ausgeschlossen wurde. Er hatte gemeinsam mit Freunden einen Lehrer verprügelt. In seinen Memoiren scherzte Utjosow Jahrzehnte später, er verfüge sehr wohl über Schulbildung, und zwar über eine abgebrochene Grundschulbildung. Dass man Talente im Überfluss haben kann, obwohl man von der Schule geflogen ist, zeigte sich bald. Schon als Teenager spielt Lasar Waisbein in verschiedenen Orchestern, er singt zur Gitarre als Straßenmusiker und tritt sogar als Trapezkünstler im Zirkus auf. Als 1914 der Erste Weltkrieg beginnt, hat Waisbein schon überall in Südrussland auf den Bühnen von Variétés, Tanzschuppen, Kneipen gestanden, ist im Zirkus aufgetreten und hat eine wilde Mischung aus diversen ethnischen Musikstilen, mündlichen Folktraditionen und Liedern aller Art in sich aufgesogen. Städtische Romanzen, jiddische Lieder, Soldatenlieder, Seemannslieder, aber eben auch die Straßen- und Gaunerlieder der Moldawanka. Utjosow kennt sie alle. Von dieser Schule wird er sein ganzes Leben lang zehren, aus diesem Material wird er seine Karriere zimmern. Doch zunächst, wir schreiben das Jahr 1915, legt sich der junge Artist jenen Bühnennamen zu, unter dem ihn zwanzig Jahre später die ganze Sowjetunion inklusive Josef Stalin kennen wird:

> Ich beschloss, mir einen Namen zuzulegen, den es noch nie gegeben hatte, das heißt, ich wollte einen neuen Namen erfinden. Meine Gedanken drehten sich natürlich alle um hohe Dinge. Was gibt es denn auf der Welt Hohes?, fragte ich mich am Strand von Langeron und blickte auf eine Felsenklippe, auf der eine Fischerhütte stand. Mein Gott, na sicher: Felsenklippen! *Utjosy!* So entstand der Name Utjosow.[32]

Das Pseudonym klang neu, herausfordernd, ambitioniert. Und es klang russisch. Zwar wusste jeder, der es wissen wollte, dass Leonid Utjosow Jude war, aber unwichtig war der Namenswechsel deshalb noch lange nicht. Für junge Juden aus Utjosows Generation repräsentierten Russland und vor allem die russische Kultur den Fortschritt, den Weg aus dem mittelalterlichen Schtetl in eine verheißungsvolle Moderne und eine glorreiche Zukunft. Russe zu sein hieß, aufgeklärt, jung und gebildet zu sein. Russisch statt Jiddisch zu sprechen war 1915 ein Gebot der Coolness. Nicht weil Russland ein besonders fortschrittliches Land war, sondern wegen Puschkin, Gogol und Dostojewski. Dass der neue Name es außerdem erlaubte, die ethnische Herkunft zumindest auf dem Papier zu verbergen, war ein weiterer Vorteil. Schließlich hatte Waisbein-Utjosow Ambitionen, die über Odessa und Südrussland weit hinausreichten.

Auf paradoxe Weise sind es dann die Revolutionen von

1917, der folgende Bürgerkrieg und die Errichtung der Sowjetmacht, die Utjosow den Sprung aus der südrussischen Provinz auf die Bühnen der russischen Metropolen und die ganz große Karriere ermöglichen. Die Februarrevolution hatte die Ansiedlungs-, Studien- und Arbeitsbeschränkungen hinweggefegt, die den Juden im zaristischen Russland das Leben erschwerten. Schon im Frühjahr 1917 erhält Utjosow eine erste Einladung zu Auftritten in Moskau. Dann kommt die Oktoberrevolution. Die Ereignisse überschlagen sich. Auch musikalisch.

Odessaer Jahrhundertchansons: »Murka«, »Bublitschki«, »Gop-so-smykom«

Zur Zeit der Revolution lebte auch der junge Journalist und Schriftsteller Konstantin Paustowskij in Odessa. Die Stadt trug in jenen Jahren nicht zufällig den Ehrentitel »Literarische Hauptstadt des revolutionären Russland«. In seinen Erinnerungen beschreibt Paustowskij den Hunger in der Stadt, das Chaos des hin- und herwogenden Bürgerkriegs, den abwechselnden Einmarsch roter und weißer Truppen in der Stadt, Tod und Verwüstung. Und doch tragen Paustowskijs Erinnerungen an die Bürgerkriegsjahre in Odessa den Titel *Die Zeit der großen Erwartungen*. Paustowskij war der Sohn eines ukrainischen Bauern, er war zur Zeit der Revolution gerade Mitte zwanzig, und er hatte ein Ohr für die Musik seiner Zeit. *Die Zeit der großen Erwartungen* enthält die vielleicht ausführlichsten Erinnerungen eines Augen- und Ohrenzeugen an die Odessaer Lieder jener Jahre:

Die Schlagermode wechselte in Odessa sehr rasch. Nicht nur jedes Jahr, jeder Monat hatte manchmal sein Lieblingsliedchen. Die ganze Stadt summte es mit. Wenn man all diese

Liedchen wüsste, könnte man mit ihrer Hilfe die Chronologie der Odessaer Ereignisse ziemlich genau wiederherstellen. So sang man zum Beispiel im Jahr 1918 das Liedchen »Die Rostislaw und die Almas sind für die Republik, die Kampfdevise lautet: Nieder mit dem Sieg!«, während man 1920, als Denikins Sache bereits verloren war, das Liedchen sang: »Geh ich aus dem Hause auf die Straße, zeig ich rasch die rote Fahne vor, denn Budjonnyj kommt, wie ich schon ahne, dem Denikin eine Kleinigkeit zuvor.«

Manche Couplets kamen ohne Zusammenhang mit den Ereignissen aus, waren indessen ebenfalls an den Tag gebunden. Ich erinnere mich noch an die Zeiten, als ganz Odessa den »Leutnant zur See Johns« summte, dann »Ach, du mein trüber, herbstlicher Alltag«, das »Küken«, »Aus dem Odessaer Kittchen entwichen zwei Flittchen« (»S odesskogo kitschmana«! – Anm. d. A.), das »Töchterchen Bronja« und »Manja tritt ein in den Saal«.

Danach kamen die schon wesentlich jüngeren Liedchen auf, so etwa das berühmt gewordene Banditenlied:

Die Krimi des Gouvernements versendet Telegramme:
Ganz Charkow gehe unter im Verbrecherschlamme!
Es trete ein der kritische Moment,
Da man sich ausgeliefert findet diesem Element.[33]

Viele dieser lokalen Schlager wurden von heute unbekannten Odessaer Musikern und Dichtern geschrieben, die meisten vergaß man ebenso schnell, wie sie populär geworden waren. Zur selben Zeit aber und am selben Ort, im Odessa der frühen 20er Jahre, entstanden einige der berühmtesten russischen Chansons des 20. Jahrhunderts. Dank Konstantin Paustowskij wissen wir heute, wer sie geschrieben hatte:

> Im Morjak gab es zwei Feuilletonisten: den einfallsreichen Odessaer Poeten Jakow Jadow (Bootsmann Jakow) und den Prosaiker Wassilij Reginin. Jadow schrieb seine komischen Liedchen gleich in der Redaktion, rasch, auf der äußersten Kante des Stuhles sitzend und ohne erst lange zu korrigieren.

Wie Bob Dylan, der seine Lieder ja gelegentlich in Taxis geschrieben haben soll.

> Schon am nächsten Tag kannte sie ganz Odessa, und ein oder zwei Monate später erreichten sie manchmal sogar Moskau.[34]

Vielleicht hatte Paustowskij tatsächlich keinerlei Vorstellung von der wirklichen Bedeutung der »komischen Liedchen« des Jakow Jadow. Vielleicht war es aber auch aus Zensurgründen nötig, die Passagen über Jadow in einem leicht herablassenden, wegwerfenden Tonfall zu schreiben. Paustowskij veröffentlichte seine Memoiren in den späten 50er Jahren, zu einer Zeit, als es nahezu unmöglich war, Schlager aus der NEP-Ära und Odessaer Gaunerlieder öffentlich zu erwähnen. Der Name von Jakow Jadow, der 1884 in der Nähe von Kiew geboren wurde und 1940 in Moskau starb, war nach dem Zweiten Weltkrieg in Vergessenheit geraten. Konstantin Paustowskij bewahrte ihn für die Ewigkeit.[35]

> Jadow war an und für sich nachgiebig und verwundbar. Er hätte es schwer gehabt im Leben, wäre ihm seiner Liedchen wegen nicht die Liebe des ganzen Hafenviertels und der Odessaer Vorstädte zugeflogen. Er war dank dieser Popularität bei den Zeitungsredakteuren, den Direktoren verschiedener Kabaretts und bei den Estradensängern sehr geschätzt. Willig schrieb er Liedchen für sie nieder – buchstäblich für ein paar Rubel. Er unterschied sich auch äußerlich kaum von

einem Hafenarbeiter. Stets ging er in einem verschossenen blauen Arbeitskittel und ohne Mütze umher, die Taschen der weiten Hose mit losem Machorka vollgestopft. Und nur sein äußerst bewegliches und schwermütig-heiteres Gesicht erinnerte an einen Komiker oder vielleicht sogar an einen Clown.[36]

Wie viele Lieder, Couplets, Sketche und Szenen der schwermütig-heitere Clown Jakow Jadow für Cabarets, Sänger, Theater und Komiker in Kiew, Odessa, Leningrad und Moskau geschrieben hat, wird sich nie mehr klären lassen. Es dürften Hunderte gewesen sein. In jedem Fall haben russische Forscher in den letzten Jahren hinreichend sicher belegen können, dass eine ganze Reihe absolut legendärer, über die Jahrzehnte von zahllosen Interpreten im In- und Ausland eingesungener Lieder, die noch bis vor kurzem als Volkslieder galten, in Wahrheit von Jadow stammen. Das erinnert an das Schicksal des Bluesgitarristen Robert Johnson, dessen Songs aus den 30er Jahren nach seinem Tod in Vergessenheit gerieten. In den 60er und 70er Jahren wurden sie von Bands wie den Rolling Stones als Traditionals eingespielt, obwohl zweifelsfrei geklärt war, dass sie einen Autor hatten und wer das war.

Mindestens drei der berühmtesten russischen Chansons des 20. Jahrhunderts werden heute Jakow Jadow zugeschrieben: »Bublitschki« erzählt die Geschichte eines sechzehnjährigen Mädchens, das in den nächtlichen Straßen Odessas Brezeln verkauft, um zu überleben. »Murka« ist die dramatische Geschichte einer Gangsterbraut, die ihre Gefährten an die Geheimpolizei verrät. »Gop-so-smykom« schließlich ist die turbulente Autobiografie eines heiteren Gewohnheitsverbrechers.

Für »Bublitschki« steht die Autorschaft Jadows außer Zweifel, für »Murka« scheint sie überaus wahrscheinlich, im Falle von »Gop-so-smykom« herrscht keine Einigkeit unter den Blat-Forschern.

Alle drei Lieder stammen aus Odessa, alle drei wurden in den 20er Jahren berühmt und werden bis heute von Musikern verschiedenster Stilrichtungen gecovert: Es gibt Rap- und Punkversionen von »Murka«, es gibt zu Tode arrangierte Schlagerversionen von »Bublitschki«, es gibt jazzige und soulige Interpretationen, es gibt Giora Feidmann, den König des seichten Klezmer, der »Bublitschki« zu seiner Erkennungsmelodie gemacht hat. Es gibt die Aufnahmen von Arkadij Sewernyj aus den 70er Jahren. Und es gibt Leonid Utjosow, für den Jadow schon vor der Revolution Szenen, Couplets und Lieder verfasst hatte. Utjosow machte alle drei Lieder berühmt, obwohl keines von ihnen explizit für ihn geschrieben wurde. In den 20er Jahren sang der Meister aus Odessa alle drei Lieder auf der Bühne, 1932 war »Gop-so-smykom« das zweite Lied auf der 78er-Scheibe mit »S odesskogo kitschmana«, 1937 – mittlerweile war es unmöglich, »Murka« für eine sowjetische Schallplatte einzusingen – nahm Utjosow das Lied mit einem anderen Text auf, wohl wissend, dass sämtliche Zuhörer den Originaltext auswendig kannten.

Zweifellos von Jadow stammt der russische Jahrhunderthit »Bublitschki« (»Brezeln«). Das Lied führt uns auf den Höhepunkt der NEP-Ära in die Mitte der 20er Jahre. Die Unterschiede zwischen Arm und Reich sind groß. Ein sechzehnjähriges Mädchen kämpft im gerade wieder erlaubten privaten Einzelhandel ums Überleben. Ihre Wangen sind eingefallen, ihre Lippen blass, die Augen müde. Doch das Mädchen selbst singt das Lied, und man ahnt, dass die ganze Tragik auch eine geschickte Verkaufspose sein könnte. Sehr perfekt kommt ihre Geschichte von Armut und Elend daher, zu gut sitzen die

Tricks und Griffe des moralischen Judos, mit dem das Mädchen die sparsamen Kunden zum Kauf zu bewegen sucht, zu triumphierend stürzt sie sich in den Refrain, der die Passanten buchstäblich anherrscht, die Rubel nun aber wirklich rüberwachsen zu lassen. Aufs schönste reimen sich zu diesem Zweck die russischen Worte *rubliki,* *bubliki* und *respubliki* für Rubel, Brezeln und Republik.

Kupite bubliki
Dlja wsej respubliki
Goniti rubliki
Wy poskorej!

Kauft recht viele Brezeln ein,
Die Republik soll wohl gedeihn.
Her mit dem Rubelschein!
So macht schon, macht![37]

Aber wie gesagt, wir sind hier nicht in Dostojewskis christlichem Endzeit-Petersburg des Jahres 1875, sondern im Odessa der 20er Jahre. Es ist nicht die Strafe eines zornigen Gottes für Sünden und Verfehlungen, die aus der einen Schwester eine Brezelverkäuferin und aus der anderen eine Prostituierte gemacht hat, sondern nur eine kleine Laune des Schicksals. Es hätte auch umgekehrt laufen können, die Unterschiede im Berufsleben sind ohnehin nicht grundsätzlich, sondern graduell. »Bublitschki« ist keine tragische Ballade, sondern eine fröhliche Hymne auf eine ebenso verzweifelte wie verwegene junge Frau und auf ofenfrische Grundnahrungsmittel. Eine Hymne, die allerdings mit beiden Beinen in den ökonomischen und sozialen Realitäten der NEP-Ära steht. Die Urversion enthält eine harsche sozialkritische Strophe über den ausbeuterischen jüdischen Geschäftsmann, dem die junge Heldin ausgeliefert ist. Die Strophe wurde aber später von den meisten Interpreten des Liedes ausgelassen.

»Bublitschki« galt jahrzehntelang als Volkslied. Erst 1973 erzählte der betagte Cabaretsänger Grigorij Krasawin die Entstehungsgeschichte bei einem Konzert zu Ehren seines sechzigjährigen Bühnenjubiläums:

Ich hatte die Angewohnheit, Melodien für alle Fälle zu sammeln. Wenn ich in irgendeinem Café oder Restaurant etwas hörte, das für die Bühne taugte, ging ich zum Pianisten und bat um die Noten. Eine dieser Melodien benutzte ich 1926. Ich lebte damals in Charkow, und dort besuchten mich die bekannten Konzertadministratoren Arkadij Wolskij und Boris Reif. Sie luden mich zur Saisoneröffnung nach Odessa ein, ins Theater der Miniaturen in der Langeron-Straße. Im Gespräch versuchte ich herauszufinden, was in Odessa gerade wichtig und angesagt war, und sie erzählten, dass an jeder Ecke von morgens bis abends und von abends bis morgens heiße Brezeln verkauft werden. Man höre überall nur: »Kauft Brezeln, heiße Brezeln!« Darüber solle man ein Lied machen, meinten sie. Wer aber konnte so etwas gut und schnell? Nur einer: Jakow Petrowitsch Jadow! Ein paar Stunden später waren wir in Jadows Wohnung in der Sumsker Straße. Ihm gefiel die Musik sofort. Er war direkt begeistert: »Eine wunderbare Idee! Wir müssen in dem Lied ein unglückliches, arbeitsloses Mädchen zeigen, das für ein Stück Brot auf der Straße fast erfriert, das fast stirbt, damit sich ein NEP-Mann bereichern kann. Eine der Grimassen der NEP sozusagen!« Er dachte nach und sagte: »Gehen Sie ins Wohnzimmer Tee trinken, ich backe solange die Brezeln!« Wir saßen mit seiner Familie beisammen und tranken Tee, im Nachbarzimmer klapperte die Schreibmaschine. Und es verging keine halbe Stunde, da las uns Jadow vor, was ich jetzt vortragen werde. Eine Woche später sang ich »Bublitschki« in Odessa, am nächsten Morgen sang es die ganze Stadt. Einige Zeit später kam ich nach Leningrad und traf Utjosow. Und Utjosow sagte:

»Grischa, ich singe deine ›Bublitschki‹ – ist das okay?«
Und ich sagte:
»Lass sie dir schmecken!«[38]

Das Lied hatte aber nicht nur die sowjetischen Großstädte erreicht, sondern eroberte buchstäblich jeden Winkel des Landes: Der legendäre Leningrader Literaturwissenschaftler Dmitrij Lichatschow erinnerte sich in seinen Memoiren daran, dass im Theater des ersten Gulag-Lagers auf den Solowki-Inseln im Weißen Meer zu »Bublitschki« Stepp getanzt wurde und dass die Gauner vor Begeisterung heulten.

Später sangen die Enkelinnen eines jüdischen Kiewer Bäckermeisters in New York eine amerikanische Version des Liedes ein. Die Barry Sisters (Clara und Minnie Bagelman) machten aus einem verwegenen Odessaer Straßenlied Kitsch, aus Bublitschki Bagels und aus dem gepeinigten, aber munteren Odessaer Mädchen eine verlorene Seele. Das Lied wurde ein Welthit, die Melodie von Oskar Strok (1892–1976) war unzerstörbar.

Die endgültige Kanonisierung des Liedes besorgte 1966 Dmitrij Schostakowitsch, der das »Bublitschki«-Motiv für das Finale seines Zweiten Cellokonzerts verwendete.[39]

Auch einen zweiten russischen Jahrhunderthit hat Jadow höchstwahrscheinlich geschrieben: »Murka« erzählt aus der unklaren Position des kollektiven Wir einer Gangsterbande die Geschichte der Bandenchefin Murka. Die ist eine, wie man annehmen muss, fabelhaft schöne und ebenso verschlagene Frau, die ihre Freunde an einen Agenten der Geheimpolizei verrät. Dabei hätte im Grunde schon ihr Name jedem wachen Gauner eine Warnung sein sollen. Zu katzenhaft verschlagen kommt da in der Mitte des Wortes das gerollte russische R mit dem K zusammen, als dass man der Dame über den Weg hätte trauen sollen. Murka ist ein ungewöhnlicher Name, der im Russischen eher für Katzen als für Mädchen verwendet wird. Wie es der Zufall will, verbirgt sich hinter dem Namen auch die Abkürzung für die Moskauer Kriminalpolizei: Moskowskij Ugolownyj Rosysk – MUR.[40]

Ob Murka von Anfang an eine Agentin der Geheimpolizei war oder erst später die Fronten gewechselt hat, lässt das Lied offen. Dafür wird die Rache der Gangster in aller Ausführlichkeit geschildert. Das Drama gipfelt in einer der bekanntesten Szenen der russischen Populärkultur und in ihrem berühmtesten Refrain: Der Höchstrangige der noch nicht verhafteten Gangster – Murkas ehemaliger Liebhaber – stellt die Verräterin in einem Restaurant, um sich für immer von ihr zu verabschieden.

> Sdrawstwuj, moja Murka,
> Murka dorogaja
> sdrawstwuj, moja Murka, i proschtschaj.
> Ty saschucherila
> wsju nashu malinu,
> a teper maslinu poluchaj.

> Grüß dich, meine Murka,
> Murka meine Teure.
> Grüß dich meine Murka, und verzeih.
> Du hast uns verpfiffen,
> unsere ganze Bande,
> darum nimm die Kugel und bye-bye.[41]

Naturgemäß lässt meine deutsche Übersetzung die Schönheit des russischen Originals nur erahnen. Alles ist perfekt gereimt und getimt, der Text ist gespickt mit unübersetzbarem jiddisch-russischen Gangsterslang, und schließlich verfügt das Russische mit *proschtschaj* auch noch über ein Wort, das zugleich Abschied und Vergeben impliziert.

Viele textliche Eigenheiten deuten darauf hin, dass Jadow auch dieses Lied in 30 oder 45 genialisch inspirierten Minuten an irgendeinem Redaktionstisch verfasst hat. Danach trat »Murka« umgehend seinen Siegeszug durch die ganze Sowjetunion an, ohne dass es eine Tonaufnahme gegeben hätte. Unterwegs wurde der stets mündlich weitergegebene Text unaufhörlich bearbeitet, verändert und abgeschliffen. »›Murka‹ war die Königin aller Undergroundlieder und -figuren«, erinnerte sich der Schriftsteller Zygmunt Frankel Jahre später. »Manchmal fragten wir uns, ob das Lied eine reale Murka zum Vorbild hatte. Wir zogen es vor, das zu glauben, und schwankten für den Ort der Handlung zwischen Leningrad und Odessa, wobei Odessa exotischer und wärmer war. Wenn man verliebt sein kann in jemanden, der entweder nie existiert hat oder schon lange tot ist, dann waren wir, denke ich, alle ein bisschen in Murka verliebt. Da es keine Polizeiakten und Fotos gab, war jeder von uns frei, sich Murka selbst nach Belieben auszumalen. Meine eigene Murka war eine Mischung aus Soja Speranskaja und Ada Korsakowitsch; in High Heels fast so groß wie ich, blond, mit einem etwas plumpen, sexy Körper und einer melodischen, tiefen Stimme. Meistens cool und kontrolliert und eine gute Revolverschützin, würde sie weich und atemlos werden, wenn ich sie eng umschlungen hielt.«[42]

Russische Forscher haben mittlerweile Dutzende Textversionen für »Murka« rekonstruiert, welche davon die ursprüngliche ist, bleibt unklar. Viele Details aus der Ganovenwelt wurden wohl erst in späteren Textvarianten hinzugefügt, und einiges deutet darauf hin, dass die Heldin des Liedes ursprünglich nicht Murka, sondern Mascha oder Ljubka hieß, wie zum Beispiel Paustowskij in seinen Erinnerungen schreibt. Im Zweiten Weltkrieg sangen die Soldaten der aus Häftlingen zusammengestellten Strafbataillone »Murka« auf dem Weg in die Schlacht. Nach dem Krieg veröffentlichten Leningrader Plattenfirmen entschärfte Versionen des Liedes auf 78er-Platten. 1979 wurde die Tangomelodie von »Murka« für den legendären sowjetischen Krimi *Mesto wstretschi ismenit nelsja* (Der Treffpunkt kann nicht verändert werden) verwendet. Zum Jahreswechsel 2000 eröffnete einer der Superstars des sowjetischen und postsowjetischen Showbusiness, der Sänger Walerij Leontjew, eine Sendung des Fernsehsenders NTV über die populärsten Lieder des 20. Jahrhunderts mit »Murka«.

Das dritte legendäre Gaunerlied aus dem Odessa der 20er Jahre, das einige Forscher Jakow Jadow zuschreiben, trägt den seltsamen Titel »Gop-so-smykom«: »Ein Gop mit Smyk«. Die Worte *Gop* und *Smyk* entstammen dem Gangster-Argot und haben mehrere Bedeutungen. Unter *Gop* versteht man einerseits ein Nachtlager oder Diebesquartier, andererseits eine Gruppe von Dieben, einen geheimen Verkaufspunkt für Schnaps oder sogar die Kette, an der eine Taschenuhr befestigt ist.[43] Im modernen Russisch ist *Gopnik* ein Allround-Schimpfwort für einen ebenso ungebildeten wie ungewaschenen und antriebslosen Charakter. *Gop-Stop* wiederum ist ein Slangbegriff für einen Überfall. Ein *Smyk* kann ein Einbrecherwerkzeug sein, das Wort bezeichnet aber auch die gegenseitige Hilfe von Dieben.

Der Blat-Experte Fima Schiganez behauptet, der Begriff *Gop-so-smykom* bezeichne die rasche Tat und das ebenso schnelle Verschwinden des Gangsters. Beides sei sowohl bei Straßenüberfällen wichtig wie auch bei spontanen Wohnungseinbrüchen.[44] Wie auch immer: Der Gop-so-smykom, der uns hier seine Lebensgeschichte erzählt, ist ein nicht übermäßig qualifizierter Gewohnheitsdieb, der entweder auf offener Straße zuschlägt oder Wohnungen ausräumt. Kein Meisterdieb, sondern eher eine simple Seele, die kein großes Gewese um ihr Gewerbe macht und die Zeit zwischen den nicht zuletzt wegen mangelnder Vorbereitung häufig scheiternden Brüchen ohne zu murren im Knast zubringt. Denn im Knast, da kann man singen!

Gop-so-smykom eto budu ja
Slushajte wnimatelno, drusja
Remeslom ja wybral krazhu
Is tjurmy ja ne wylazhu
I tjurma skutschaet bes menja.

No v kakoj tjurme by ne sidel
Ne bylo minuty tschtob ne pel
Salozhu ja ruki w brjuki
I chozhu, poju so skuki
Tschto zhe budesch delat' kol sasel?

Der Gop-so-smykom, also das bin ich,
Freunde, hört mir zu.
Klauen, das ist mein Geschäft,
im Knast bin ich zu Hause,
bin ich einmal lange weg, vermisst mich meine Zelle.

Wo ich auch gesessen hab,
gesungen hab ich immer,
die Hände in die Taschen und dann direkt ein Lied,
was bleibt denn sonst schon groß zu tun,
mit Gittern rundherum?[45]

Klauen ist für unseren Helden keine Kunst, sondern ein selbstverständlicher Vorgang, der regelmäßig erledigt werden muss, wie Atmen und Essen. Was aber nicht heißt, dass der Mann ein routinierter Langweiler wäre. Ganz im Gegenteil: Der Gopso-smykom ist ein gut gelaunter, humorvoller Typ, der Sinn für Ironie hat, auch Selbstironie. Vor allem aber hat er viel erlebt und ist weit herumgekommen, bei seinen Brüchen, im Knast und: postum! Als der Gop stirbt, begibt er sich schnurstracks in die Hölle, wo er Judas Ischariot beklaut und einen Aufstand veranstaltet, weil es nichts zu trinken gibt. Dann reist er weiter ins Paradies, wo es nicht sonderlich paradiesisch und wenig heilig zugeht, bevor er schließlich wieder auf der sündigen Erde landet, wo ein zweiter Tod überstanden werden muss. In einigen Versionen des Liedes macht der Gop zwischendurch sogar noch einen Abstecher zum Mond.

Mehr als fünfzig Varianten des Liedes aus verschiedenen Gebieten der Sowjetunion sind schriftlich fixiert, die längsten umfassen bis zu achtundzwanzig Strophen. Nicht ohne Grund reden einige Folkloreforscher daher nicht von einem Blat-Lied, sondern von einer Ballade.

Der für den Erfolg des Songs entscheidende Moment kam 1932, als Leonid Utjosow »Gop-so-smykom« für eine Schallplatte einsang. Utjosows Version war extrem einflussreich, obwohl die Platte rar und Grammofone zu Beginn der 30er Jahre noch nicht besonders weit verbreitet waren. Trotzdem setzte Utjosows Aufnahme eine gewissermaßen kanonische

Version des Textes durch. Wie populär Utjosows Version war, zeigen zahllose kleine Bemerkungen in Memoiren über die 30er und 40er Jahre. Das Lied wurde im Umerziehungslager auf den Solowki-Inseln ebenso gesungen wie an den Fronten des Zweiten Weltkriegs. Obwohl den Sängern die eigentliche Aufnahme von 1932 oft unbekannt war, wurde sie bis in die kleinsten Details des theatralischen Auftakts kopiert. Wie frei das Volk und die Soldaten in der Bearbeitung populärer Hits andererseits waren, zeigt eine Version von »Gop-so-smykom« aus der Zeit des Zweiten Weltkriegs, die die Berliner Nazi-Führung als Gangstersyndikat darstellt.[46]

Leonid Utjosow erobert Leningrad und Moskau

Als Jakow Jadow »Bublitschki«, »Murka« und, wahrscheinlich, »Gop-so-smykom« in Odessa schrieb, war Leonid Utjosow bereits zum wichtigsten Botschafter Odessas in den beiden russischen Metropolen Leningrad und Moskau geworden. Utjosow hatte getan, was früher oder später jeder Odessaer Künstler tat, der es zu etwas bringen wollte. Utjosow wechselte wie Emil Gilels, Isaak Babel, Swjatoslaw Richter, Walentin Katajew, Ilja Ilf, Eduard Bagritzkij und viele andere vor und nach ihm aus der südrussischen Metropole am Rande des Imperiums mitten hinein in dessen Zentrum. Vor 1917 repräsentierte Sankt Petersburg dieses Zentrum. Nachdem die Hauptstadt 1918 zurück nach Moskau verlegt worden war, konkurrierten die beiden Städte noch für eine Weile um die Vorherrschaft. Seit dem Ende der 20er Jahre war Moskau das unangefochtene Gravitationszentrum des sowjetischen Kulturbetriebes.

Seinen ersten großen Erfolg landete Utjosow 1923 in Leningrad mit dem synthetischen Abendspektakel »Von der Tragödie zum Trapez«. Die Vorstellungen begannen abends um

20 Uhr und dauerten bis 2 Uhr morgens. Szenen aus Dostojewskis *Verbrechen und Strafe* wechselten sich ab mit Episoden aus Jacques Offenbachs *Die schöne Helena*, Utjosow trug Gedichte und komische Geschichten vor, er spielte Geige und tanzte, er sang Romanzen und Scherzlieder, begleitete sich selbst auf der Gitarre und führte sogar Zirkusnummern vor: als Clown und Jongleur. Zu guter Letzt schwang Utjosow sich aufs Trapez – so wie er es Jahre vorher im Zirkus Borodanow auf den Jahrmärkten der südrussischen Provinz gelernt hatte.

Mitte der 20er Jahre setzte Utjosow seine 1919 begonnene Filmkarriere mit der Gaunerkomödie *Die Karriere des Spirka Schpandyr* fort. Utjosow war nicht eben stolz auf den Film und widmete ihm in seiner Autobiografie nur wenige Zeilen: »Einige Jahre später spielte ich in zwei Kinofilmen, die keine Filmkunstwerke waren und mich nicht dazu bewegen konnten, zur stummen Kunst überzuwechseln: Sie verstehen sicher, es ist leichter, mich in eine Leiche zu verwandeln, als in einen Stummen!«[47] Vielleicht lag der Film aber auch einfach zu weit zurück und Utjosow konnte sich an Details nicht mehr erinnern. Jedenfalls war *Spirka Schpandyr* eine Slapstick-Komödie, in der Utjosow einen kleinkriminellen Ganoven spielte, der, wie es schon im Vorspann des Filmes heißt, Ehrengast des Odessaer Untersuchungsgefängnisses ist. Es war das Jahr 1926. Zehn Jahre später hätte sich niemand mehr solche Scherze erlaubt. Utjosow beklaut Priester, Boxfans und Zirkusbesucher, und er tut das genau so, wie es auch Charlie Chaplin getan hätte: leichtfüßig, voller Elan, frech und immer mit Pointe. Utjosow schneidet Grimassen, Utjosow legt selbst auf der Flucht immer noch einen Tanzschritt ein, Utjosow weiß immer einen Ausweg, selbst wenn die Pistolen der Polizei schon groß im Bild sind. Auf der Straße bedroht er seine Opfer mit einer Pistole, die sich später als Gurke erweist und umgehend aufgegessen wird. Später gerät Utjosow ins Ausland, spielt abwechselnd ein

Opfer der Sowjetdiktatur und einen blutrünstigen roten Kommissar und bleibt doch immer der positive Held des Geschehens. Sehen kann man das heute nur noch im Russischen Filmarchiv oder auf YouTube. Hier allerdings ist etwas Erstaunliches passiert. Der eineinhalb Minuten lange Ausschnitt aus dem Stummfilm wurde ausgewählt, um einen von Utjosows Jahrhunderthits zu illustrieren, ein Lied, das 1926 zwar noch gar nicht aufgenommen war, das aber perfekt passt zur Rolle des Tausendsassas Spirka Schpandyr: »Gop-so-smykom«.

Utjosow war eine Rampensau, er liebte die Bühne und konnte den Saal beherrschen wie wenige vor und nach ihm. 1927 bewies er das in dem Stück *Die Republik auf Rädern*, für das »S odesskogo kitschmana« geschrieben wurde, 1929 folgte die Gründung des Theater-Jazz-Orchesters. Utjosow hatte die ideale Form für seine Art von Unterhaltungskunst gefunden. Sein Orchester war ein Experimentalprojekt, geboren aus dem Geist der 20er Jahre. Dass die Goldenen Zwanziger 1929 nicht nur kalendarisch dem Ende entgegengingen, sondern auch kulturell, focht Utjosow offenbar nicht an. Alle avantgardistische, experimentelle Kunst kommt zwischen 1928 und 1932 unter rabiaten Beschuss durch proletarische Literatur-, Musik- und Kunstideologen. Utjosows Thea-Jazz produziert unbeeindruckt moderne szenische Gesamtkunstwerke: Der Bandleader ist auch Conférencier und Sänger, die Musiker sind gleichzeitig Schauspieler, und zur revolutionär neuen Musik wird Theater geboten.

Utjosow hatte in Paris und Berlin Jazzbands gesehen, aber auch in Moskau und Leningrad. Ende der 20er Jahre tourten diverse Big Bands durch das Land der Roten Kommissare, darunter das Orchester des Amerikaners Ted Lewis und das des Engländers Jack Hylton.[48] Besonders Lewis imponierte Utjosow mit seiner Mischung aus Instrumentaljazz,

Vaudeville, Liedern, Tanz und Stand-up-Comedy. Wie Lewis meisterte auch Utjosow den Übergang von komödiantischen Sketchen und Szenen zu schmalztriefenden Romanzen mit müheloser Leichtigkeit. Die Zeiten waren offenbar so, und das Publikum liebte diese abrupten Wechsel, in den USA genauso wie in Stalins Sowjetunion. Zum Programm des Thea-Jazz gehören Jazzsuiten auf Motive ukrainischer und jüdischer Volkslieder, zum Programm des Thea-Jazz gehören aber auch die Odessaer Gaunerhits: »S odesskogo kitschmana«, »Gop-so-smykom«, »Bublitschki« und andere. Der Erfolg ist überwältigend. Die Kritiker bezeichnen die verdächtigen Lieder je nach Stimmungslage als Straßenlieder oder als städtische Folklore. Das sind mal freundliche, mal unfreundliche Euphemismen. Jeder weiß, was der bessere Begriff wäre: *blatnyje pesni*, Gaunerlieder.

Als die Kulturkämpfe 1932 für einen kurzen Moment abebben, nutzt Utjosow die Gunst der Stunde und nimmt »Gop-so-smykom« und »S odesskogo kitschmana« für den staatlichen Schallplattenkonzern Gramplasttrest (Schallplatten-Trust) auf. Über die genauen Umstände dieser Aufnahmen und über die Gründe für Utjosows Songauswahl ist wenig bekannt. Wahrscheinlich sang er schlicht und einfach die Lieder ein, die am populärsten waren. Utjosow hatte sein Leben lang ein untrügliches Gespür für den Geschmack der Massen. Welche Folgen die Aufnahme der beiden Lieder auf Schallplatte hatte, ist in jedem Fall offensichtlich: Utjosow wurde einer der ersten und kurz darauf auch der größte Unterhaltungsstar eines neuen Zeitalters. Neue Techniken der Vervielfältigung und Verbreitung von Musik, das Radio, die Schallplatte und der Tonfilm sorgen dafür, dass bestimmte Lieder und Genres für alle Zeiten kanonisiert, andere aber vergessen werden. Die Verwendung eines Liedes in einem Film, seine Ausstrahlung im Radio oder seine Veröffentlichung auf Schallplatte kann es für immer zu einem nationalen Klassiker machen. Und genau das geschieht. Noch ist es etwas Besonderes, wenn ein Lied aufgenommen wird. Regelmäßige Schallplattenaufnahmen beginnen erst 1937. Wäre Utjosow 1932 nicht ins Studio gegangen, um »Gop-so-smykom« und »S odesskogo kitschmana« aufzunehmen, hätten die beiden Lieder niemals die ikonische Bedeutung erlangt, die sie heute haben. Irgendwer würde sie vielleicht noch singen, weil wahrhaft populäre Lieder natürlich auch mündlich überliefert werden, von einer Generation zur nächsten. Es gäbe die Erinnerungen von Utjosows Zeitgenossen an den Erfolg der Lieder beim Publikum. Mehr nicht. Zu russischen Jahrhundertchansons konnten die Lieder aber nur werden, weil Utjosow im rechten Moment am rechten Ort war und die richtige Entscheidung traf. Es ist ein historischer Zufall, dem wir diese Aufnahmen verdanken. Fünf Jahre zuvor war Utjosow noch nicht berühmt genug, fünf Jahre später durften Lieder wie diese in der Sowjetunion nicht mehr aufgenommen werden. Die NEP war vorbei, ihre Hymnen verboten. Bis zum Ende der Sowjetunion blieben die südlichen Lieder aus der offiziellen Kultur der Sowjetunion verbannt, obwohl jeder wusste, dass das Volk sie liebte und sang. Sie wurden nicht auf Schallplatten aufgenommen, nicht im Radio gespielt und nicht bei öffentlichen Konzerten gesungen.

Doch auch ohne Gaunerchansons steigt der Schauspieler, Orchesterleiter und Sänger Leonid Utjosow in den folgenden Jahren und Jahrzehnten zum populärsten sowjetischen Entertainer auf. Inmitten der abrupten und radikalen Wendungen, die die sowjetische Innen- und Kulturpolitik immer wieder nimmt, sind es die Odessaer Gewandtheit und Schlagfertigkeit, Glück und sicher auch eine gesunde Portion Pragmatismus, die Utjosows Karriere auf Kurs halten. 1934 spielt er die Hauptrolle in einem der Lieblingsfilme Stalins und wird zum Superstar. *Wesjolyje Rebjata* (Lustige Burschen) ist eine turbulente

Verwechslungskomödie, die davon erzählt, wie der südrussische Schäfer Potechin die sowjetische Entertainmentindustrie im Sturm erobert. Der Film gipfelt in einem Jazzkonzert im Moskauer Bolschoitheater, bei dem die Band, Utjosow und seine Partnerin – die blonde Sexbombe Ljubow Orlowa – frenetisch gefeiert werden.

Vor *Wesjolyje Rebjata* war Utjosow ein erfolgreicher Sänger und Entertainer, danach ist er ein Superstar. Nun schreiben die besten Dichter und Songschreiber des Landes für den Mann aus Odessa. Wenn Staatsempfänge für Langstreckenflieger anstehen, spielt Utjosow. Ende der 30er Jahre wird aus dem Thea-Jazz das Staatliche Jazzorchester der Russischen Sowjetrepublik. Utjosow eilt von Erfolg zu Erfolg, Tag für Tag gehen Berge von Fanpost bei ihm ein, wo immer er auftritt, ist das Volk in Ekstase. Dann kommt der Krieg und mit ihm völlig überraschend die Möglichkeit, zum alten Blat-Repertoire zurückzukehren: nicht auf Schallplatte, dafür aber bei Hunderten Konzerten in den ausgezehrten Städten, vor den Arbeitern der Rüstungsindustrie und vor allem an der Front. Wie praktisch alle berühmten sowjetischen Entertainer tourt Utjosows Band zwischen 1941 und 1945 nahezu pausenlos. Fotos zeigen die jederzeit akkurat gekleideten Musiker inmitten schwer bewaffneter Soldaten. Mit Mitteln, die Utjosow und seine Musiker aufbringen, wird ein Kampfflugzeug gebaut, das auf Wunsch der Musiker *Wesjolyje Rebjata* getauft wird. Die Legende will, dass Stalin persönlich sein Einverständnis gab. Am 9. Mai 1945 gibt Utjosow vor Zehntausenden glückseligen Zuschauern ein Siegeskonzert auf dem Swerdlowplatz in Moskau.

Was Utjosow den Soldaten an der Front vorsang, interessierte Moskauer Zensoren wenig. Vieles deutet darauf hin, dass Utjosow auf Wunsch der Soldaten auch die alten, inzwischen verbotenen Hits spielte. Nebenbei entstanden neue Aufnahmen: Zur Melodie des jiddischen Hits »Bei mir bistu shein« aus einem Musical von 1932 nimmt Utjosow »Baron von der Pschik« auf, ein Lied, das in Melodie und Geist deutlich von Blat-Liedern geprägt ist. Die Andrews Sisters hatten »Bei mir bistu shein« 1937 zu einem Welthit gemacht, der bis heute unaufhörlich gecovert wird. Utjosow nutzte die Melodie für eine slapstickartige antifaschistische Komödie, in der der deutsche Baron von der Pschik auszieht, um russischen Speck *(Schpig)* zu essen, stattdessen aber auf Bajonette *(Schtyk)* trifft und dabei nicht nur seinen Chic verliert, sondern sich auch selbst in deutschen Speck verwandelt. Das Stück endet mit der genialen Zeile: »Kaput? Otschen choroscho! Kaputt? Sehr gut!«

Aber auch der Klassiker »Nach Berlin!«, in dem Utjosow den Weg der Roten Armee von Moskau nach Berlin anhand der großen Landstraßen abhandelt, auf denen die Truppen marschierten, war vom ganzen Gestus her sehr viel näher an »Gop-so-smykom« als an der fantastisch pathetischen Hymne »Swjaschtschennaja Wojna« (»Heiliger Krieg«), die bis heute in jeder deutschen Fernsehdokumentation über die Schlachten von Stalingrad oder Kursk eingespielt wird. »Nach Berlin!« ist ein exzentrisches, delirierendes, euphorisches Meisterwerk von einem Kriegslied, das von dem auf Deutsch hinausgegrölten Schlachtruf »Nach Berlin!« gekrönt wird. Es ist ein Lied, wie es wohl nur ein Odessit wie Utjosow überzeugend präsentieren konnte. Kein anderer sowjetischer Sänger der Zeit hatte Vergleichbares im Programm.

Aus den verwegenen, lustigen, pikaresken Odessaer Gaunern, Kleinkriminellen, Zuhältern und Nutten der 20er Jahre wurden im Zweiten Weltkrieg verwegene, lustige, pikareske Odessaer Soldaten, Offiziere und Krankenschwestern. Romantische und patriotische Helden, wie sie sich kein Hollywood-Regisseur besser hätte ausdenken können. Dass das auch die sowjetischen Propagandaexperten verstanden, zeigt der Film

Konzert für die Front von 1942. *Konzert für die Front* ist von der ersten bis zur letzten Minute gespickt mit Stars der sowjetischen Unterhaltungsindustrie. Das große Finale aber gehört Leonid Utjosow. Er und seine Musiker nutzen die Gelegenheit zu einer phänomenalen zehnminütigen Performance, in der heißer Jazz, Odessaer Mythen und das, was Amerikaner den *war effort* nennen, in sensationeller Perfektion verschmolzen sind. Zunächst sehen wir nur einen Schlagzeuger in schwarzer Hose und weißem Jackett, der allein im Zentrum der Bühne sitzt und zu einem rasenden Swingbeat ansetzt. Nach drei Schlägen stimmt ein Klavier ein, das auf einer Hebebühne rechts vom Schlagzeuger langsam aus der Versenkung auftaucht. Als das Klavier auf der Bühne angekommen ist, erhebt sich plötzlich das Schlagzeug in die Luft.

Unter dem Schlagzeug taucht langsam ein großes, weißes O auf. Plötzlich endet die Musik, ein Spotlight wird eingeschaltet, und jetzt zeichnet sich die Silhouette eines Mannes in diesem weißen Rund ab. Der Mann trägt einen feinen Maßanzug, der auch Duke Ellington, Count Basie oder Meyer Lansky gut gekleidet hätte. Er schaut nach links, er schaut nach rechts, er sucht einen Ausgang aus dem O. Der Mann stellt ein Bein seitwärts an die Wand, klopft oben und ruft:

»Kolja!«

»Was los?«

»Wie komm ich denn raus aus diesem Bunker?

»Hau die Wand ein!«

Genau das geschieht mit Getöse, und heraus tritt: Leonid Utjosow.

Es folgt ein Schwenk auf zwei Matrosen, die das seltsame Geschehen begeistert verfolgen. Utjosow geht ein paar Stufen hinab auf die Kamera zu, verbeugt sich kurz, lächelt und beginnt zu dirigieren. Der tosende Applaus endet, Swingmusik setzt wieder ein, und jetzt fährt Utjosows Orchester wie auf einem unsichtbaren Fließband an ihm vorbei. Die Männer tragen alle weiße Dinnerjackets, weiße Hemden, schwarze Fliege und schwarze Hosen und sind perfekt frisiert: sechs Saxofonisten, zwei Geiger, drei Trompeter, drei Posaunisten, ein Akkordeonist, ein Gitarrist, ein Bassist und zum Schluss ein Tubist. Als der letzte Musiker an Utjosow vorbeigefahren ist, springt dieser auf das Band auf und winkt dem Publikum zu. Wer dieses Publikum ist, sieht man im nächsten Bild erneut: junge Matrosen und Soldaten, die in Felduniform aus weiter Ferne zusehen. Sie sitzen ganz offensichtlich nicht im Zuschauerraum, sondern sind direkt von der Front zugeschaltet.

Und dann kommt Utjosow zurück und verbreitet in seinem unnachahmlichen Odessaer Russisch schlechte Nachrichten:

»Liebe Genossen, entschuldigen Sie mich bitte. Ich werde heute nicht singen! Warum? Lassen sie mich Ihnen sagen, dass ich keine Stimme habe. Es reicht. Überhaupt hatte ich noch nie eine Stimme, ehrlich gesagt. Ich hab auch früher nicht gesungen, wir hatten da einen jungen Kerl, Ljonka – ein wilder Bursche! Aber er ist an die Front gegangen. Wo er ist, weiß ich nicht, es heißt, er sei Matrose geworden.«

Von hinten nähern sich unterdessen die Musiker. Sie haben offenbar irgendetwas Interessantes entdeckt. Utjosow fährt fort:

»Wir suchen ihn die ganze Zeit, aber: kein Glück. Und der konnte singen – ach!«

Jetzt wird Utjosow von einem Saxofonisten unterbrochen, der Stan Laurel wie aus dem Gesicht geschnitten ist: »Da ist er!« Und die anderen Musiker, die inzwischen alle rund um Utjosow am Bühnenrand stehen, fallen ein: »Ja, da ist er: Ljonka!«

Umschnitt auf einen schüchtern wirkenden jungen Matrosen, der sich ziert, verschämt lächelt. Plötzlich zieht die Kamera auf, und wir sehen, dass die ganze Szene sich in einem Kino abspielt. Vierzig Jahre vor Woody Allens *Purple Rose of Cairo* rufen Utjosow und seine Musiker den schüchternen Ljonka aus dem Publikum zu sich hinauf auf, die Leinwand. Und dann steht er da, der Matrose. Nur hat er sich – ein weiteres Wunder – in Leonid Utjosow verwandelt und singt los. Und was singt er? Er singt »Mischka – Odessit«, ein Odessaer Seemannslied.

Damit ist das Thema Liebe zur Heimat abgehandelt, und Utjosow kann seinen Millionen Zuschauern an der Front noch mitgeben, worauf es in den nächsten Tagen dringend ankommt, Odessit oder nicht:

Seid gesund, lebt reich,
und jagt die verfluchten Faschisten vom Hof.
Jagt die Banditen, schlagt sie, wo immer ihr könnt,
und spart nicht an Bomben und Munition.

Den Kämpfern der Kampf nach allen Regeln.
Jeder Einzelne soll mindestens ein Dutzend Fritze erlegen.
Und wenn einer noch mehr Faschisten vernichtet,
kein Mensch an ihn Urteil oder Frage richtet.[49]

Im Jahr 1946 war der Spaß vorbei. Der Krieg war gewonnen, die Anti-Hitler-Koalition zerbrochen, der Kalte Krieg begann. Und der wurde in erster Linie auf dem Feld der Kultur geführt. In den USA begibt sich Joe McCarthy auf die Jagd nach Kommunisten und ihren Sympathisanten, in der Sowjetunion beginnen erbarmungslose Kampagnen gegen Künstler, die verdächtig sind, mit dem Westen und der bürgerlichen Kultur zu sympathisieren. Die Dichter Anna Achmatowa und Michail Soschtschenko, der Komponist Dmitrij Schostakowitsch und viele andere werden als wurzellose Kosmopoliten beschimpft und sanktioniert. Die Gefängnisse und Lager sind bis zu Stalins Tod 1953 prall gefüllt. Auch unter den Stars der Unterhaltungskunst herrscht Panik. 1944 war Wadim Kosin, einer der strahlenden Bühnenkönige der 30er und frühen 40er Jahre, verhaftet und zu zehn Jahren Lager verurteilt worden. 1945 ereilte es den vor den Nazis geflohenen jüdischen Ausnahmetrompeter Eddi Rosner, der mit seinem Staatlichen Weißrussischen Jazzorchester zwischen 1939 und 1945 von Erfolg zu Erfolg geeilt war. Kosin fiel dem Homosexuellenparagrafen des sowjetischen Strafgesetzbuchs zum Opfer, Rosner hatte versucht, ohne Pass nach Polen auszureisen. Als 1948 sogar die legendäre Lidia Ruslanowa verhaftet wurde, die im Mai 1945 noch auserwählt worden war, um vor dem Deutschen Reichstag zu singen, war klar: Alles ist möglich, keiner ist sicher.

Leonid Utjosow nimmt 1947 seine letzte Jazzplatte auf. Kurz danach verwandelt sich das Jazzorchester der Russischen Sowjetrepublik auf Befehl von oben in ein Estrada-Lied-Kollektiv.[50] Der Jazz ist nicht mehr die Musik der amerikanischen Verbündeten, sondern wieder eine »abartige, heulende, wie eine Bohrmaschine kreischende, grobe bourgeoise« Musik, die dem sowjetischen Menschen und der sowjetischen Kunst zutiefst fremd ist. Der Jazz ist wieder die »Musik der Dicken«, als die ihn Maxim Gorki schon zwanzig Jahre zuvor gegeißelt hatte.[51]

Gleichzeitig ist die vom Krieg völlig verwüstete Sowjetunion der späten 40er und frühen 50er Jahre weit davon entfernt, ein perfekt funktionierender Überwachungsstaat zu sein. So rabiat die Rhetorik und so real die Bedrohung auch waren, das kulturelle Leben des Landes war weniger durchorganisiert und kontrolliert, als man vermuten könnte. Die zentralen Kunst- und Kulturtempel des Landes, die Museen, Philharmonien, Opern und Theater in Moskau, Leningrad und Kiew wurden streng überwacht. An den Rändern des Kulturbetriebs, zu denen die wenig ernst genommene Unterhaltungskunst gehörte, war die Lage unübersichtlicher.

Die Schallplattenproduktion der Sowjetunion wurde zum Beispiel erst 1964 im Staatskonzern Melodija gebündelt. In den späten 40er und 50er Jahren existieren in vielen Städten des Landes kleine Label, die ohne zentrale Lenkung und Kontrolle 78er-Schellackscheiben produzieren. Russische Musikfreunde sprechen von der »goldenen Ära der 78er«. Die Label unterstehen nicht dem Kulturministerium, sondern diversen Industrieministerien. Die Produktion von Schallplatten wird als wirtschaftlicher Vorgang betrachtet, nicht als kultureller. Zwar müssen die Label ihre Produktion sogenannten Repertoirekommissionen vorlegen, doch sind das keine unfehlbaren Terrormaschinen, sondern regional unterschiedlich streng justierte Apparate. Mit der Leningrader Kommission beispielsweise konnte man offenbar reden. Andernfalls hätte sich die Plattenfirma Artel Plastmass in der Sowjetunion der 40er und 50er Jahre nicht den Ruf erwerben können, die beste des Landes zu sein. Die 78er-Scheiben von Plastmass lieferten keine grundsätzlich andere Musik als die anderer Labels. Plastmass war nicht das erste oder einzige Rock'n'Roll-, Soul- oder Jazzlabel des Landes. Die populäre Musik der 40er bis frühen 60er Jahre kannte im Wesentlichen zwei Formen: Instrumentalplatten mit orchestraler Tanzmusik (Tango, Rumba, Samba, Foxtrott) und Chansons. Die Unterschiede lagen im Detail. Im Leningrader Studio von Plastmass durfte die große Isabella Jurjewa aufnehmen, obwohl ihr Genre, die Zigeunerromanzen, 1948 als bürgerliche Musik verurteilt worden war. Ebenfalls 1948 riskierte das Label mehr als nur Schwierigkeiten, als es Chansons des als Nazikollaborateur abgestempelten Vorkriegsstars Petr Leschtschenko neu einsingen ließ. Auch wenn neue Texte zu Leschtschenkos Melodien geschrieben wurden, war 1948 ein gefährliches Jahr für solche Scherze. Doch das Artel Plastmass kam ungeschoren durch die späten Stalin-Jahre. Zahlreiche Moskauer Stars nutzten Gastspiele in Leningrad, um im Studio am Kalaschnikow-Ufer vorbeizuschauen und neue Lieder einzuspielen, darunter auch Leonid Utjosow.

Was aber trieb die Manager von Plastmass an? Warum nahmen sie das Risiko in Kauf, mit den Zensurbehörden des Landes in Konflikt zu geraten oder sogar hinter Gitter zu wandern? Die Antwort in einem Wort: Geld. Plastmass war ein halb privates Unternehmen, und die Gewinne, die das Label dank einer mutigen Veröffentlichungspolitik und eines funktionierenden Vertriebsnetzes einfuhr, blieben in den Taschen des Managements hängen. Darum war es nur folgerichtig, dass das Fallbeil Plastmass Ende der 50er Jahre nicht in Form der Zensur ereilte, sondern in Form der Steuerbehörden.[52]

Was aber war aus den seit Mitte der 30er Jahre von den Bühnen verschwundenen Gaunerchansons geworden? An Aufnahmen von Utjosows Klassikern »S odesskogo kitschmana«, »Gop-so-smykom« und »Bublitschki« wagte sich selbst das furchtlose Management von Plastmass nicht heran. Dabei hätte man mit solchen Platten sehr viel Geld verdienen können.

Aber auch wenn die offiziell agierenden Plattenfirmen der Sowjetunion keine Blat-Platten produzierten, so hieß das noch lange nicht, dass die Gaunerchansons in Vergessenheit gerieten. Ganz im Gegenteil. Wie populär die verbotenen Lieder waren, darüber gibt zunächst wieder einmal die Literatur am besten Auskunft:

> Eines schönen Sommerabends im Jahre 1946 legte sich ein Urka-Häftling vom Lager an der Kaluga-Einfahrt bäuchlings auf das Fensterbrett im zweiten Stock und begann, mit kräftiger Stimme ein Gaunerlied nach dem anderen zu singen. Die Lieder schallten über die Wachstube und den Sta-

cheldraht hinweg, auf den Gehsteigen der Großen-Kaluga-Straße waren sie zu hören, an der Omnibushaltestelle dort und in einem Teil des angrenzenden Neskutschnyj-Parks. Loblieder waren es auf das »leichte Leben«, auf Mord und Raub und Einbruch. Aber von den Aufsehern, Erziehern und Wachposten sprang nicht nur keiner hin, ihn vom »Podium« herunterzuholen – auch ihn einfach zur Ordnung zu rufen kam niemandem in den Sinn. Woraus zu entnehmen war, dass die Propaganda unterweltlerischen Gedankenguts unserer Lebensordnung nicht widersprach, keine Bedrohung für sie darstellte. Ich saß in der Zone und malte mir aus, was denn geschehen würde, wenn ich in den zweiten Stock hinaufkletterte und vom selben Fenster aus mit ebenso lauter Stimme über das Schicksal der Kriegsgefangenen zu singen begänne, etwa jenes »Wo, sag, bist du verschollen?«, das ich in der Frontabwehr zu hören bekam, oder ein Lied über das Schicksal eines erniedrigten, geschundenen Frontsoldaten improvisieren würde. Ach, was gäbe das für einen Aufruhr! Das brächte sie gleich auf die Beine. Eiligst würden sie die Feuerwehrleiter ausfahren, höher, höher, grad zu mir hin, nicht erst den Umweg übers Treppenhaus machen. Den Mund würden sie mir stopfen, die Hände fesseln, eine neue Frist mir aufbrummen! Der Unterweltler aber singt, die freien Moskauer hören zu, und jeder nimmt's, als wär es ganz in Ordnung …[53]

Alexander Solschenizyn ist bestürzt über den Verfall von Sitte und Moral und klingt dabei wie ein Vater, der die Welt nicht mehr versteht, weil sein Teenagersohn statt BAP und U2 lieber Punkrock hört. Dass die »Propaganda unterweltlerischen Gedankenguts unserer Lebensordnung« widersprechen kann, ohne dass die Aufseher es merken – es kommt ihm nicht in den Sinn.

Warlam Schalamow, der Solschenizyn gern vorwarf, er kenne den wahren Gulag nicht, weil er nicht in den ostsibirischen Lagern an der Kolyma, sondern nur in einer Art Gulag *light* gesessen habe, hat für die russischen Verbrecher genauso wenig Sympathie wie Solschenizyn. Trotzdem zählen Schalamows *Erzählungen aus Kolyma* bis heute zu den besten Quellen über eben diese russischen Verbrecher, auch über ihr Verhältnis zur Kunst. Der Bedeutung der Blat-Chansons im Leben inhaftierter Ganoven und Verbrecher widmete Schalamow, der Jahrzehnte im Gulag verbrachte und die Welt der russischen Verbrecher aus nächster Nähe studieren konnte, die Erzählung *Apoll unter den Ganoven*. Dort schreibt Schalamow mit der typischen Herablassung des sowjetischen Intellektuellen und aus der Erfahrung des Lagers:

> Natürlich hat auch der Ganove, wie wenig Menschliches an ihm auch sei, ein ästhetisches Bedürfnis. Es wird befriedigt durch die Gefängnislieder – diese Lieder sind sehr zahlreich. Es gibt epische Lieder wie das schon verschwindende »Satz- und-Ratz« oder die Stanzen zu Ehren des berühmten Gorbatschewskij und anderer analoger Stars der Verbrecherwelt, oder das Lied »Die Insel Solowki«. Es gibt lyrische Lieder, in denen sich das Gefühl des Ganoven ausdrückt, sie sind auf ganz besondere Art gefärbt, und man unterscheidet sie sofort vom gewöhnlichen Lied – in ihrer Intonation wie in ihrer Thematik und ihrem Weltempfinden. Das lyrische Gefängnislied ist gewöhnlich äußerst sentimental, klagend und rührend. Das Gefängnislied hat trotz einer großen Zahl von orthoepischen Fehlern immer innigen Charakter. Dazu trägt auch die Melodie bei, die oft sehr eigentümlich ist. Bei all ihrer Primitivität verstärkt die Darbietung den Eindruck des Gehörten enorm – denn der Darbietende ist kein Schauspieler, sondern handelnde Person im wirklichen Leben.[54]

Mit »Satz-und-Ratz« ist hier Leonid Utjosows »Gop-so-smy-kom« gemeint. Mit seiner Vorhersage, das Lied sei im Verschwinden begriffen, lag Schalamow falsch. Als Schalamow 1959 *Apoll unter den Ganoven* schrieb, hatte sich Utjosows alter Hit längst einen Weg aus den Lagern des Gulags zu ganz neuen Bevölkerungsschichten gebahnt. »Gop-so-smykom« blieb ein Hit, auch ohne neue Schallplattenaufnahmen und Präsenz im Radio. Aber abgesehen von der falschen Prognose und trotz des zuweilen unangenehm abschätzigen Tonfalls des Highbrow-Intellektuellen gegenüber jeder Art von Folkkultur versammelt Schalamows Text doch viele unschätzbare Details und genaue Beobachtungen:

> Das Singen der Ganoven ist ausschließlich Sologesang, irgendwo an einem vergitterten Fenster sitzend oder auf der Pritsche liegend, die Hände unter dem Kopf verschränkt. Der Ganove singt niemals auf Einladung, auf Bitten, sondern jedes Mal sozusagen unerwartet, aus eigenem Verlangen. Wenn er ein guter Sänger ist, verstummen die Stimmen in der Zelle, alle lauschen dem Sänger. Und der Sänger singt, leise, die Worte sorgfältig artikulierend, ein Lied nach dem anderen – natürlich ohne jede Begleitung. Das Fehlen der Begleitung verstärkt sozusagen die Ausdruckskraft des Liedes und ist keineswegs ein Mangel. Im Lager gibt es Orchester, Blas- und Streichorchester, aber all das ist »vom Teufel« – die Ganoven treten extrem selten als Orchestermusiker auf, obwohl das Ganovengesetz eine solche Tätigkeit auch nicht direkt verbietet.[55]

Der Gulag war der Ort, an dem die alten Lieder gesungen wurden. Der Gulag war aber auch ein Ort, an dem eine riesige Zahl neuer Lieder produziert wurde. Man sang im Gulag, und man sang über den Gulag. Gleichzeitig waren die Lager ein Thema, mit dem große Teile der Bevölkerung des Landes auf die eine oder andere Weise konfrontiert waren, weil aus fast jeder Familie irgendjemand im Lager saß oder gesessen hatte. Als die Häftlinge nach Stalins Tod 1953 dann zu Hunderttausenden heimkehrten, brachten sie den Gulag mit: seine moralischen Normen, seinen Alltag, seine Umgangsformen, seine Sprache, seine Lieder.

Leonid Utjosow war zu dieser Zeit längst so etwas wie der Elder Statesman des sowjetischen Showgeschäfts. Am 23. April 1965 zeichnete die Kulturministerin Jekaterina Furzewa ihn mit dem Titel »Volkskünstler der UdSSR« aus. Die Auszeichnung war in der Sowjetunion genauso begehrt wie heute Echos, Oscars oder MTV Awards. Sie bedeutete Anerkennung, Prestige und Bargeld. Für Utjosow, der seit Jahrzehnten der berühmteste Entertainer des Landes war, steckte aber noch etwas anderes hinter der unerwarteten Ehrung. Mit ihm wurde ein ganzes Genre geehrt, sein Genre, die leichte Muße, die Estrada. Utjosow war der erste Estrada-Künstler der Sowjetunion, der zum Volkskünstler ernannt wurde. Die Ovationen an diesem Abend sollen schier endlos gewesen sein. Aber »S odesskogo kitschmana« durfte der Meister nicht singen.

1982 starb Utjosow im Alter von siebenundachtzig Jahren in Moskau. Seinen erbarmungslosen, jede Autorität verachtenden Odessaer Humor hatte er sich, glaubt man einer apokryphen Legende, die im russischen Internet kursiert, bis zuletzt bewahrt. Im März 1982 reiste Utjosow in ein Sanatorium nach Archangelsk im russischen Norden. Beim Spazierengehen lernte er einen alten General der Roten Armee kennen, dem er, so die Legende, seinen Lieblingswitz erzählte:

Während des Ersten Weltkriegs reist Zar Nikolaus II. an die Front. Eine feindliche Granate fliegt herüber, landet vor den Füßen des Zaren – noch eine Sekunde …
Ein Soldat ergreift die Granate und schleudert sie ins Gebüsch, wo sie explodiert. Der Zar fragt:
– Name?
– Nikiforow, Eure Hoheit!
– Verheiratet?
– Junggeselle, Eure Hoheit!
Darauf der Zar:
– Rufen Sie den Fürsten Golizyn!
Der Fürst erscheint. Der Zar:
– Fürst, Oberst Nikiforow hält um die Hand Ihrer Tochter an!
Der Fürst druckst herum.
– Verstehe, Fürst. Also gut: General Nikiforow hält um die Hand Ihrer Tochter an!
– Eure Hoheit, es gibt viele Generäle …
– Also gut, Fürst: Mein guter Freund bittet um die Hand Ihrer Tochter!
Der Fürst will schon wieder antworten, da haut der ehemalige Soldat Nikiforow dem Zaren auf die Schulter und sagt:
– Kolja, mein Freund, soll er uns doch am Arsch lecken! Weiber finden wir doch wohl auch ohne ihn, oder?[56]

Jakow Jadow hat das alles nicht mehr erlebt. Als die NEP 1928/29 endete und der erste Fünfjahresplan ausgerufen wurde, zog Jadow erst nach Leningrad, dann nach Moskau. Während seine Lieder in ganz Russland und bald auch im Ausland gesungen wurden und diverse Interpreten bis heute reich und berühmt machten, kämpfte Jadow schon bald ums Überleben. Kaum jemand wusste, dass er der Autor einiger der größten Hits der Epoche war. Wer es wusste, behielt es für sich, und auch Jadow hütete sich, davon zu erzählen. Die Zeiten hatten sich geändert.

In einem Bittbrief an Generalstaatsanwalt Andrej Wyschinskij vom Frühjahr 1940 schilderte der sterbende Jadow noch die ermüdenden und erniedrigenden Kämpfe gegen die Propagandisten einer proletarischen Kultur und die Bürokratie des Kulturbetriebs. Ein paar Monate später war einer der größten Songschreiber, die Russland im 20. Jahrhundert hatte, tot.

Konstantin Paustowskij und Jakow Jadow waren sich im georgischen Batumi ein letztes Mal begegnet:

> Eines Tages traf ich auf dem Strandboulevard unvermutet auf Jadow. Er saß allein, geduckt, den alten Strohhut in die Stirn geschoben, auf einer Bank und kritzelte irgendetwas mit dem Spazierstock in den Sand. Ich trat auf ihn zu. Wir freuten uns über das Wiedersehen und gingen ins Restaurant *Miramare*, um gemeinsam zu Mittag zu essen. Dort war viel Volk, es roch nach Schaschlik und dem violetten Wein Isabella. Das Estradenorchester (es gab damals noch keinen Jazz und kaum einen Menschen, der etwas von einem Saxofon gehört hätte) spielte ein Operettenpotpourri, dann Jadows berühmt gewordenes Liedchen:
>
> Kauft recht viele Brezeln ein,
> Die Republik soll wohl gedeihn.
> Her mit dem Rubelschein!
> So macht schon, macht!
>
> Jakow starrte spöttisch auf das weinfleckige Tischtuch vor sich hin. Ich ging zur Kapelle und teilte dem Dirigenten mit, dass der Autor dieses Liedchens, der Odessaer Dichter Jakow Jadow, im Saale anwesend war.

Die Mitglieder der Kapelle sprangen auf und kamen an unseren Tisch. Der Dirigent hob den Taktstock, und die übermütige Melodie rauschte aufs Neue unter dem rauchigen Deckengewölbe des Restaurants dahin.

Jadow stand auf. Auch die übrigen Gäste erhoben sich und klatschten ihm Beifall. Jadow ließ eine Lage Wein für die Musiker kommen. Sie tranken auf sein Wohl und brachten fantastische Trinksprüche auf ihn aus.

Jadow war gerührt und bedankte sich, flüsterte mir jedoch zu, er würde sich freuen, wenn wir so rasch wie möglich aus diesem Restaurant hinauskämen.

Wir traten ins Freie. Er fasste mich unter, und wir gingen hinab zum Meer. Sein Gang war schwerfällig und ein wenig lähmend. Die Dämmerung brach an. Die Sonne sank. Drüben über der anatolischen Küste lag violetter Rauch, während weiter oben ein feuerfarbiger Wolkenstreifen verglomm. Ein festlicher Duft von Mimosen durchzog die Straßen. »Meine Lieder, das alles ist längst durchdacht und hundertmal überlegt. Ich verzweifle nicht. Ich habe mein Talent an habgierige und schamlose Geschäftemacher von Unternehmern und Zeitungsverlegern verschenkt. Hätte ich den heutigen Tag erlebt, ohne mich verzettelt zu haben, ich hätte vielleicht eine neue ›Marseillaise‹ geschrieben.«[57]

Rund dreißig Jahre nach Jadows Tod begannen in Leningrad seltsame junge Männer, *südliche Lieder* auf Tonband aufzunehmen. Für Arkadij Sewernyj, Rudik Fuks, Sergej Maklakow, Nikolaj Resanow und viele andere war eines klar: Jakow Jadow hatte eine »Marseillaise« geschrieben. Vielleicht sogar mehrere.

2
Arkadij Sewernyj, König der Blat-Lieder

November im Kalten Krieg

Der November 1972 war ein ganz normaler Monat aus einer der entspannteren Phasen des Kalten Krieges. Die gute Wirtschaftslage und die Aussicht auf ein Ende des Vietnamkrieges bescherten dem Amtsinhaber Richard Nixon einen Wahlsieg mit großem Vorsprung. Am selben Tag feierte die Sowjetunion den 55. Jahrestag der Oktoberrevolution. Knapp zwei Wochen später, am 19. November, gewannen die SPD und Willy Brandt die vorgezogene Bundestagswahl. Schlimmere Probleme hatte die Sowjetunion: Eine Dürrekatastrophe bescherte dem Land eine Missernte, dreißig Millionen Tonnen Getreide würden im Winter fehlen. In Bonn paraphiert man unterdessen den Grundlagenvertrag zwischen der DDR und der BRD, eine direkte Telefonleitung zwischen Berlin und Bonn wird freigeschaltet. Israel verteidigt sich auf den syrischen Golanhöhen gegen den »arabischen Terrorismus«, in Paris verhandelt der vietnamesische Emissär Le Duc Tho mit Henry Kissinger über ein Friedensabkommen, in Genf reden die USA und die Sowjetunion über Raketen.

Unnormal war allenfalls, was sich Mitte des Monats abspielte. Am 14. November kommen im sowjetischen Leningrad zwei nicht mehr ganz junge Männer in der Ropschinsker Straße des Stadtteils Petrograder Seite zusammen, um ein paar Lieder auf Tonband aufzunehmen. Die Aufnahmen dieses Tages werden unter dem Namen *Musykalnyj Feuilleton* –

Programm dlja Goskonzerta (Musikalisches Feuilleton – Programm für die Staatliche Konzertagentur) in die Geschichte eingehen. Die real existierende Staatliche Konzertagentur hat von der Aufzeichnung dieses *Musikalischen Feuilletons* naturgemäß nicht die geringste Ahnung. Aber das macht gar nichts.

Einer der beiden Männer heißt Arkadij Swesdin, ist dreiunddreißig Jahre alt und verheiratet. Swesdin ist Vater einer einjährigen Tochter und arbeitet tagsüber im Holzexport. Abgesehen von ein paar Freunden und Bekannten weiß niemand, wer Swesdin ist. Vor allem aber wissen nur wenige, dass Swesdin ein begnadeter Sänger ist. Einer dieser wenigen heißt Rudolf Fuks. Er ist zwei Jahre älter als Swesdin, arbeitet als Ingenieur im Lenprojekt-Institut und gilt seit Mitte der 50er Jahre als führender Kopf der Leningrader Underground-Musikszene. Die beiden Männer hatten sich 1963 kennengelernt, Mitte der 60er Jahre verloren sie sich wieder aus den Augen. Doch als Swesdin irgendwann Anfang der 70er Jahre bei Fuks anruft, erinnert der sich sofort an den schmächtigen Mann mit der erstaunlichen Stimme. Mehr noch: Fuks ahnt, dass Swesdin genau der Starsänger sein könnte, nach dem er seit Jahren sucht. Und er wird recht behalten: Am 14. November 1972 beginnt in Rudolf Israiljewitsch Fuks' Wohnung die Karriere des für viele größten russischen Chansonniers des späten 20. Jahrhunderts. Das Pseudonym, unter dem Arkadij Swesdin berühmt werden wird, gibt es schon seit 1963. Damals hatte Swesdin, ein junger Student an der Leningrader Forstakademie, ein paar freche Lieder für Fuks auf Tonband gesungen. Ein Pseudonym musste her. Nach einigen Flaschen Wodka hatte ein Bekannter von Fuks und Swesdin die Idee: Arkadij Swesdin würde fortan Arkadij Sewernyj heißen. Sewernyj – der Nördliche.

Zur Erinnerung, für Georgij Petrowitsch Tolmatschow, am 14. November 1972. Arkadij Sewernyj! Musikalisches Feuilleton! Ihr wollt Lieder – ich hab welche! Ein Programm für Goskonzert.

Mit diesen auch für russische Ohren des Jahres 1972 reichlich obskuren Worten beginnt das *Musikalische Feuilleton* von Arkadij Sewernyj und Rudolf Fuks. Georgij Tolmatschow? Arkadij Sewernyj? Kein Mensch kennt diese Namen. Die grammatischen Grobheiten, die Sewernyj in den Satz »Ihr wollt Lieder – ich hab welche!« einbaut, wissen sowjetische Hörer hingegen einzuordnen. Nur ein Ort in Russland hat diese Art fehlerhaftes Russisch zur Kunst erhoben: Odessa. Dass es allerdings nicht um die Museen der Hafenstadt am Schwarzen Meer gehen wird oder um die berühmte Treppe aus Eisensteins Revolutionsepos *Panzerkreuzer Potemkin*, macht dann Sewernyjs erstes Lied klar. »Aljoscha-Scha« ist bevölkert von Taschendieben, Straßenmädchen und Gangstern, der Refrain und das ganze Lied enden jeweils mit der Zeile »Bleib mir vom Hals und hör auf, immerzu an Odessa-Mama zu denken«. Kaum ist das Lied verklungen, schickt Sewernyj dem ein vierfaches bestürztes »Nein!« hinterher und verkündet seinen Zuhörern: »Kommt näher! Wir wollen uns an Odessa erinnern!«

Dem Odessaer Milieu Odessa-Mama entstammt auch Tante Besja, in deren Rolle Sewernyj für die Dauer des *Feuilletons* schlüpft. Besja ist eine alte Dame mit losem Mundwerk und glamouröser Vergangenheit als leichtes Mädchen und Puffmutter. Zwischen den Liedern schwadroniert sie munter drauflos, ohne Punkt und Komma und manchmal auch ohne Sinn und Verstand. Der Autor ihrer Monologe, Rudolf Fuks, hat offensichtlich keinen gesteigerten Wert auf Logik oder Zusammenhang gelegt. Entscheidend ist die Atmosphäre, die durch den Odessaer Tonfall entsteht, durch Besjas haarsträubende Geschichten und deren Personal. Zunächst führt Besja uns ins frühe 20. Jahrhundert: Die erste russische Revolution von 1905 und die Französische Revolution sind vorbei, wie Besja sagt, die Emanzipation der Frauen ebenso. Dass eine zweite Revolution bevorsteht, ahnt noch niemand. Es riecht noch nicht mal nach dem Jahr 1917! Inzwischen sitzt Besja mit einem jungen Mann, dessen Namen sie nicht verraten will (»damit das Stöhnen nicht schon wieder losgeht!«), auf dem Boulevard, schimpft ein bisschen auf das neugierige Publikum (»Was glotzt ihr mich an wie Trotzki die Bourgeoisie!«) und lässt sich Lieder vorsingen.

Später wandert Tante Besja in die 20er Jahre, die NEP-Zeit, erzählt von der naturgemäß unglücklichen Liebe zu schweren Jungs, die ihr Leben gewohnheitsmäßig auf Gefängnismatratzen aushauchen, von kokainabhängigen Mädchen, deren Seelen schon tausend Jahre alt sind, und, mit einer unmissverständlichen Dosis Schadenfreude, von einem »gebratenen Hühnchen«, das auf offener Straße von der Polizei aufgegriffen wird. Als »gebratene Hühnchen« bezeichnete man in der NEP-Zeit reiche Spekulanten, während das Wort »Spekulant«, wie Arkadij Sewernyj alias Tante Besja uns informiert, damals für Spione reserviert war.

Es folgt die umwerfende Geschichte über Onkel Monja, dem die Ehefrau nur 5 Rubel vom Lohn gelassen hat, der aber trotzdem Spaß haben will in Tante Besjas Bordell in der Deribasowskaja. Tante Besja zeigt ihm den Katalog, aus dem Monja erfährt, dass die Schwarze 20 Rubel kostet, die Amerikanerin 15 und die Polin 10. Für 5 Rubel kann Besja nur sich selbst anbieten! Monja ist einverstanden. Dann kommt die Revolution von 1917, der Bürgerkrieg, die NEP. Und wieder steht Onkel Monja in der Deribasowskaja. Wo früher der Puff war, ist heute eine Schneiderei, in der Tante Besja lange Unterhosen für die Rote

Armee schneidert. Besja erinnert sich noch gut an Monja und stellt ihm seinen Sohn vor. Der heißt ebenfalls Monja, fällt umgehend über den Vater her und zerschlägt ihm die Brille. Erst nach zwanzig Minuten kann der Vater das undankbare Blag zur Vernunft bringen: »Hör mal, Monja! Was bist du denn für ein Dussel! (Sewernyj verwendet hier das jiddische Wort *Potz*, das so viel wie Penis oder Schwanz bedeutet – Anm. d. A.) Wenn ich damals 20 Rubel gehabt hätte, wärst du jetzt ein Neger!«

So wichtig Tante Besjas Monologe für das *Musikalische Feuilleton* sind, so klar bleibt jederzeit, dass die Lieder das Entscheidende sind. Sewernyj singt in den 67 Minuten so etwas wie die Top Ten der klassischen Odessaer Gaunerchansons, von »Aljoscha-Scha« über »S odesskogo kitschmana« bis hin zu »Murka«. Von »S odesskogo kitschmana« sogar zwei Versionen: Vor dem Krieg, erklärt Tante Besja dem Publikum, sang man das Lied so, nach dem Krieg dafür so. Zum Schluss gibt Sewernyj dann noch den Klassiker von der »Bierbar auf der Deribasowskaja«, und dann ist das *Feuilleton* vorbei. Genau 67 Minuten hat es gedauert, und diese 67 Minuten stellen die russische populäre Musik auf den Kopf. Im Grunde tun Arkadij Sewernyj und Rudolf Fuks an diesem Tag etwas ganz Selbstverständliches: Fuks hatte Sewernyj in seine Wohnung in der Ropschinsker Straße eingeladen, um ein paar alte Lieder zur Gitarre zu singen. Das waren Lieder, die viele Leute in der Sowjetunion damals sangen, so wie sie sie immer gesungen hatten, quer durchs 20. Jahrhundert, zum Teil sogar früher. Dass die Lieder nicht mehr auf öffentlichen Bühnen oder im Radio gesungen wurden, seit Stalin sie Mitte der 30er Jahre ein letztes Mal im Kreml hatte hören wollen, änderte daran gar nichts. Auch die komischen Miniaturen, die Sewernyj als Tante Besja vorträgt, basierten wenigstens zum Teil auf Witzen und Anekdoten, die in der russischen Volkskultur seit langer Zeit kursierten.

Das Rohmaterial, aus dem Rudolf Fuks sein Radiofeuilleton geschneidert hatte, war also weithin bekannt. Sänger wie Alik Oschmjanskij in Odessa und Wladimir Wyssozkij in Moskau hatten einige der Lieder schon in den 60er Jahren aufgenommen. Trotzdem blieb das, was Fuks und Sewernyj an diesem 14. November 1972 taten, verrückt und revolutionär, und das hatte mehrere Gründe. Für Rudolf Fuks war die Aufnahme, die er an diesem Tag mit Sewernyj machte, weit mehr als ein privater Scherz unter Musikfreunden. *Das Musikalische Feuilleton* wurde aufgenommen, um danach kopiert und unter die Leute gebracht zu werden. Es war, anders als Wyssozkijs und Oschmjanskijs Aufnahme, keine Privataufnahme, die sich eher zufällig verbreitete, sondern ein vergleichsweise professionelles Produkt, das von einem professionellen Musikproduzenten konzipiert und produziert worden war, um auf den Markt geworfen zu werden. Fuks, der seit den 50er Jahren Erfahrungen gesammelt hatte im Musikgeschäft, wusste, dass man mit ein paar verbotenen Liedern allein keinen Eindruck würde machen können. Die Soundqualität der Aufnahmen von Wyssozkij (1962) und Oschmjanskij (1967) war noch schlechter als die von Utjosows ohnehin kaum verfügbaren Schellackaufnahmen aus dem Jahr 1932. Fuks' Homerecording klang im Vergleich dazu brillant. Fuks besaß mehrere State-of-the-Art-Tonbandgeräte und wusste, wie diese zu bedienen waren. Aber so wichtig die dramatisch verbesserte Aufzeichnungsqualität auch war, es ging um mehr als das. Fuks' und Sewernyjs *Musikalisches Feuilleton* war viel mehr als eine Ansammlung von ein paar uralten verbotenen Liedern. Es lieferte einen kompletten, elegant verpackten und unheimlich attraktiven Mythos, der die Begriffe Odessa und Blat in eins setzte und nebenher wie selbstverständlich voraussetzte, dass der Mythos von der wilden, freien Stadt Odessa ein jüdischer Mythos aus einer jüdischen Stadt war. Die Gleichung Blat = Odessa = Jüdisch entsprach zwar nur teilweise der historischen Wahrheit, aber sie weckte die erwünschten Assoziationen von Isaak Babel bis Leonid Utjosow und rief ein ganzes Set von Ideen, Träumen, Geschichten, Figuren und Lügen auf. Genau darauf zielte Fuks ab.

Mit der lockeren Verbindung von Liedern und Geschichten zu einem eleganten Radiofeuilleton hatte Fuks zudem eine Form gefunden, die den alten Odessa-Mythos um ein weiteres Geheimnis anreicherte. Dass das sowjetische Radio ein solches Feuilleton nicht senden würde, war jedem Bürger des Landes klar. Trotzdem klang der Begriff *Musikalisches Feuilleton* geheimnisvoll: Hatte ein ausländischer Sender das Programm produziert? Oder einer der Radio-Hooligans genannten Piraten, die in den 70er Jahren in der Sowjetunion auf Sendung waren? War das alles nur ein Fake, oder wurde hier vielleicht doch direkt aus einem Schuppen im legendären Odessaer Gangster-Stadtteil Moldawanka gesendet? Wer steckte hinter diesem *Feuilleton*?

Fuks' und Sewernyjs *Musikalisches Feuilleton* war gut in allem, worin die offizielle sowjetische Kultur schlecht war: Es war wild, irrsinnig, versponnen, verwegen, witzig, ein bisschen kaputt, improvisiert, spontan und ziemlich cool. Fuks und Sewernyj feierten Dinge, die es in der Sowjetunion von 1972 gab und immer gegeben hatte, von denen aber aus einer ebenso rätselhaften wie lähmenden Mischung von bornierter Dummheit, heiligem Hochkulturernst und kalter Angst offiziell nie die Rede sein durfte: Drogen und Musik, Glücksspiel, krumme Biografien, das Gefängnis, gebrochene Gesetze, dumme Polizisten, leichte Mädchen, schwere Jungs, Korruption, Diebstahl, Gaunerslang, gemischte Beziehungen (Juden!), kleine Schweinigeleien, feine Anzüglichkeiten und Sex. Reichlich Sex.

Und dann war da noch etwas, das Entscheidende: Arkadij Sewernyjs Stimme.

Bei Fuks

Sankt Petersburg ist eine der schönsten Städte der Welt. Es kann auch eine der finstersten, farblosesten und feuchtesten Städte sein, jedenfalls für den Reisenden, der sich außerhalb des kurzen Sommers an die Newa wagt. Wie ich. Ein dichter Schleier aus kaltem Dunst liegt über dem Fluss und den vielen Kanälen, als ich Ende Oktober in der Stadt ankomme. Ich bin auf der Suche nach jenem Mann, den man in den 60er und 70er Jahren den »König des Blatnjak« nannte: den Underground-Musikproduzenten Rudolf – »Rudik« – Fuks. Eher zufällig hatte ich erfahren, dass Fuks 2002 nach dreiundzwanzig Jahren amerikanischen Exils in die Heimat zurückgekehrt war. Eher zufällig kam ich dann auch an seine Telefonnummer, und so machte ich mich an einem dieser Petersburger Herbsttage auf den Weg von meiner Pension nahe des Newskij-Prospekts im Zentrum hinüber auf die Petrograder Seite, wo Fuks heute wie vor vierzig Jahren wohnt.

Am Telefon hatte Fuks vorsichtig, aber auch interessiert geklungen:

»Sie sind aus Deutschland? Wer hat Ihnen meine Nummer gegeben? Ach so …«

Eine Empfehlung von der richtigen Person ist in Russland Gold wert.

Die Metro bringt mich vom Newskij hinüber zur Gorkowskaja – der Gorki-Station. Ich habe noch etwas Zeit bis zu meinem Besuch bei Fuks und beschließe nachzusehen, ob die CD- und Kassettenhändler noch da sind, bei denen ich seit den frühen 90ern immer mal wieder eingekauft habe. Die Gorkowskaja liegt am Eingang zu einem kleinen Park, an dessen anderen Ende die Peter-und-Paul-Festung liegt. Und richtig, da sind sie alle, als wären nicht drei Jahre, sondern drei Tage seit meinem letzten Besuch vergangen: die Profis, die in ihren beheizten Holzkiosken die übliche Mischung aus sowjetischem Pop, postsowjetischer Discomusik, Blatnjak und Beatles verkaufen. Und die Fans – verfrorene Punks, die an Klapptischen CDs der sibirischen Punkrevolutionäre Jegor Letow und Janka unter die Leute bringen, und verschlafene Rastafari in grüngelb-roten Mützen, die ihr Glück mit globalen Helden wie Bob Marley und lokalen Hipstern wie Karibasy versuchen. Auch die müden Verkaufsdialoge sind die gleichen wie vor Jahren.

»Chto-to podskasat?«, fragt der Mann hinter dem Guckloch des Kiosks, als ich die mit dem Rücken zum Käufer gestapelten CDs scanne. »Soll ich was empfehlen?«

Ich kaufe zwei CDs des sowjetischen Komponisten Mikael Tarewerdijew, der in den 60er und 70er Jahren so etwas wie ein sowjetischer Ennio Morricone war, und mache mich auf den Weg zu Fuks.

Die Petrograder Seite ist einer der ältesten Stadtteile von Sankt Petersburg und besteht aus mehreren Inseln, die durch Brücken miteinander verbunden sind. Im 19. Jahrhundert siedelten sich hier große Fabriken an, deren Arbeiter in den Revolutionen von 1905 und 1917 mehr als nur ein Wörtchen mitzureden hatten. Über den Kamenoostrowskij und den Großen Prospekt, breite, mehrspurige Straßen mit unzähligen Geschäften und Restaurants, gelange ich in die Leninstraße, eine kleine Seitenstraße, in der Fuks wohnt, seit er aus dem Exil zurückgekehrt ist. Den Eingang zu Fuks' Wohnung zu finden ist allerdings schwieriger als gedacht. Die Hausnummer, die er mir am Telefon genannt hat, scheint gar nicht zu existieren. Aus russischen Neubauvierteln bin ich das gewohnt: Gebäude 6, Haus Nr. 2, Eingang 5, Wohnung 56 am Prospekt der Kosmonauten zu finden kann dauern. Aber hier stehe ich auf einer ganz normalen Straße, ein Haus steht fein säuberlich neben dem nächsten, und die Nummerierung scheint ganz regelmäßig zu sein. Dann entdecke ich eine fensterlose Eisentür, die in eine Art

Bunker zwischen zwei Wohnhäusern zu führen scheint. Und richtig, da ist eine Klingel. Nach ein paar bangen Sekunden öffnet ein freundlicher älterer Herr in Holzfällerhemd und Weste. Fuks bedeutet mir, einzutreten, den Mantel auszuziehen und etwas Geduld zu haben.

»Ich muss schnell noch eine Sache regeln!«, meint Fuks knapp, zwinkert mir verschwörerisch zu und verschwindet in einem Nebenzimmer, um eine gerade unterbrochene, lebhafte Diskussion mit einem ebenfalls betagten Musikfreund fortzusetzen. Die beiden hantieren mit Schallplatten, natürlich.

Ich habe Zeit, mich ein wenig umzusehen. Die fensterlose, räuberhöhlenartige Behausung macht auf den ersten Blick klar, womit Fuks sein Leben verbracht hat. Die Wände der Wohnung sind über und über bedeckt mit Musikpostern, Fotos, Zeichnungen, Wandbehängen. Elvis, der junge John Lennon, diverse Bilder aus Fuks' Jugend. Eine riesige, offenbar unsortierte Schallplattensammlung kriecht die Wände hoch bis unter die Decke. Auf dem Sofa lehnen Gitarren, weitere hängen an der Wand. Auf einem Regal steht ein alter Plattenspieler, daneben eine Unzahl von Ordnern, die, wie ich später begreife, gefüllt sind mit Zeitungsartikeln, Briefen und Texten aus einer fünfzigjährigen Melomanen-Karriere. Dazwischen: Aschenbecher, Flaschen, Tassen, Teller, Souvenirs, musikalischer Nippes aller Art und noch mehr Schallplatten.

»Ich habe immer Platten gesammelt, seit der Schulzeit«, erzählt Fuks später, als er seinen Geschäftspartner schließlich verabschiedet hat. Wir haben uns in die Küche an einen Tisch mit einer alten Wachstuchdecke gesetzt. Angenehme Erinnerungen an meine Großmutter steigen in mir hoch. Fuks hantiert mit einem Wasserkessel, der aussieht, als sei er kaum jünger als sein Besitzer. Tee wird gekocht. »Am Anfang waren das 78er-Platten. Wir bekamen durch unsere Eltern Musik aus der Vorkriegszeit. Aber neue Sachen erschienen in der Sowjetunion Ende der 40er, Anfang der 50er Jahre praktisch gar nicht. Da war ein Vakuum – es kam einfach nichts Neues raus, was dem Stand des musikalischen Lebens der Welt entsprochen hätte. Der Eiserne Vorhang: zu. Darum haben wir die Musik unserer Väter gehört. Wenn wir das Radio anmachten, Radio Luxemburg und andere Sender – das war eine Offenbarung für uns. Gleichzeitig mochten wir die alten, inzwischen verbotenen Sänger: Petr Leschtschenko, Alexander Wertinskij, Wadim Kosin. Aber das waren alles alte Sachen.

Als Sammler von Musik und Tonbandaufnahmen fühlte ich den Mangel deutlich. Es gab die offizielle Kultur, und da gab es auch ein paar gute Sänger und Bands, die wir hörten. Aber trotzdem, das konnte uns nicht befriedigen. Wir hörten ja Radio, lasen in den Zeitungen. Wir wollten ungewöhnliche Sachen hören, die es in den Läden nicht gab, die keiner zu Hause hatte. Und die mussten wir einfach selbst machen!«

Rudolf Fuks wird am 13. August 1937 in einer Kleinstadt unweit von Leningrad geboren. Als Stalin 1953 stirbt, ist er fünfzehn und erlebt, wie schnell sich das Land entspannt und die Schockstarre der Diktatur abwirft. Fuks gehört zu einer Generation, die die poststalinistische Sowjetunion prägen wird. Irgendwann wird für diese Generation der Name *Schestidesjatniki* geprägt, was analog zu den westeuropäischen 68ern »die 60er« heißt. Damit ist allerdings nicht das Jahr 1960 gemeint, sondern das Jahrzehnt. Doch noch ist es nicht so weit. Wir befinden uns in den späten 50er Jahren. In einem autobiografischen Text schreibt Fuks später über diese Zeit:

Statt sich dem einheitlichen kommunistischen Aufbauethos hinzugeben, begeistert Fuks sich in diesen Jahren, wie die gesamte progressive Jugend in Piter, für die bürgerliche Kultur. Er beginnt Rock 'n' Roll-Aufnahmen zu sammeln und alles, was mit dieser skandalösen und in der Sowjetunion verbotenen Musik zu tun hat.[58]

Das klingt allerdings einfacher, als es ist. Tonbänder und Magnetkassetten sind Mitte der 50er Jahre noch Begriffe aus einer fernen Hightech-Zukunft. Es gibt vorerst keinerlei Möglichkeit, Schallplatten zu überspielen. Kaufen kann man die raren Vorkriegsplatten und die noch rareren Importplatten, die von Seeleuten, Künstlern und Diplomaten aus dem Ausland in die Sowjetunion geschmuggelt werden, aber auch nicht. Die Preise sind hoch, die verfügbaren Stückzahlen sehr gering.

Aber das kann Rudik Fuks nicht abschrecken. Fuks ist nicht nur ein fanatischer Fan, sondern auch ein cleverer Geschäftsmann. Außerdem hat er Mut. Und so dauert es nicht lange, bis er mit jenen verwegenen Gestalten in Kontakt kommt, die in Leningrad – oder wie Fuks sagen würde: in *Piter* – seit 1946 illegal Schallplatten herstellen.

Schallplatten auf Rippen

Ende des Jahres 1946 eröffnete ein junger Mann namens Stanislaw Filon an Leningrads Pracht- und Flaniermeile, dem Newskij-Prospekt, ein Geschäft – genau da, wo sich seit 1967 die Metro-Station Majakowskaja befindet. Die seltsame Inschrift über dem neuen Laden im Haus Nr. 75 verkündete *Zwukowyje Pisma* – Tonbriefe. Neugierig gewordene Kunden, die den Laden betraten, um herauszufinden, was sich hinter dem neuartigen Angebot verbarg, erfuhren, dass man hier Grußbotschaften und sogar kurze Lieder aufzeichnen, auf kleine, weiche, runde Plastikscheiben pressen und quer durch die Sowjetunion versenden konnte. Die technische Basis für seinen Laden, eine Maschine der Firma Telefunken, hatte der künftige Unternehmer Filon als findiger Soldat im von der Roten Armee befreiten Polen abgestaubt.

Allerdings wusste Filon, der offenbar nicht nur ein begabter Geschäftsmann, sondern auch ein talentierter Ingenieur war, dass seine Telefunken-Maschine sich auch für höhere Aufgaben eignete. Mit ihrer Hilfe konnte man nicht nur Grußbotschaften auf Vinyl bannen, man konnte existierende Tonaufnahmen kopieren und vervielfältigen. Das war nicht nur interessanter, damit ließ sich auch Geld verdienen, viel Geld. Schallplatten waren seit 1945 in der Sowjetunion mehr denn je gefragt. Zehntausende Soldaten hatten aus Westeuropa nicht nur Schellackplatten, sondern auch Grammofone mitgebracht, die man in der Sowjetunion Patefone nannte. Filon wusste das, er hatte es gesehen, er war dabei gewesen.[59]

Nun konnte der Betreiber eines Audiopostkarten-Studios in der vom Weltkrieg verwüsteten Sowjetunion aber nicht einfach zum Telefonhörer greifen und beim nächsten Chemiekombinat eine Lkw-Ladung Schellackrohlinge bestellen. Selbst das Rohmaterial für die weichen Audiopostkarten konnte nur mit Mühe beschafft werden. Die Lösung fand Filon in den Polikliniken der Stadt. Als in deren radiologischen Abteilungen plötzlich junge Leute auftauchten, die darum baten, alte Röntgenaufnahmen mitnehmen zu dürfen, konnten die Ärzte und Techniker ihr Glück kaum fassen. Bis dahin hatten sie die nutzlosen Bilder regelmäßig mühsam entsorgen müssen. Nun wurden sie abgeholt. Die »Musik auf Rippen« war geboren – das Medium, mit dem eine ganze Generation musikalisch sozialisiert wurde. »Rippen« deshalb, weil die Mehrzahl aller Röntgenaufnahmen damals wie heute Thoraxaufnahmen sind.

Nach Ladenschluss beginnt die eigentliche Arbeit im Newskij-Prospekt 75. Nacht für Nacht kopieren Filon und seine Freunde 78er-Schallplatten aus dem In- und Ausland: populären amerikanischen Jazz, Tango, Foxtrott und Romanzen, die von russischen Emigranten in Paris eingesungen worden waren, Zigeunerlieder, sowjetischer Vorkriegsjazz der Bands von Alexandr Zfasman und Eddi Rosner. Alexander Wertinskij, Wadim Kosin, Petr Leschtschenko, Isabella Jurjewa, Jurij Morfessij und natürlich auch die Gaunerlieder des jungen Leonid Utjosow: »Gop-so-smykom«, »S odesskogo kitschmana«, »Bublitschki«. Gegen Morgen holen Händler die Produktion der Nachtschicht ab und bringen die heiße Ware unter die Leute.

Als Vorlage dienten Filon ausländische Platten, die Soldaten aus dem Krieg mitgebracht hatten, Matrizen des lettischen Plattenstudios Bel Akkord Elektro, Platten aus den Torgsin-Läden der 30er Jahre und Vorkriegsplatten aus Privatbesitz. Gelegentlich machte Filon sogar eigene Aufnahmen. Er engagierte lokale Crooner wie Nikolaj Nikitskij, die sich bei Auftritten in den Kinos der Stadt einen Namen gemacht hatten, um berühmte Lieder von Emigranten einzusingen, die dann nicht selten unter dem Namen der ursprünglichen Sänger verkauft wurden.

Das Geschäft von Filon läuft gut, das bemerken auch zwei junge Männer, die sich im Frühjahr 1947 oft am Newskij herumdrücken, sich die begehrten Rippen-Platten aber einfach nicht leisten können. Ruslan Bogoslowskij und Boris Taigin sind im Sommer 1947 neunzehn Jahre alt, sie teilen die Liebe zur Musik, sind unternehmungslustig, begabt und haben den Mut, ohne den Entscheidungen nicht getroffen werden. Die simple Entscheidung, die Taigin und Bogoslowskij in diesem Frühjahr treffen, lautet: Wenn wir uns die Rippen-Platten von Filon nicht leisten können, müssen wir unsere eigenen Platten machen. Und genau das geschieht. Im Landhaus seines Vaters, eines Ingenieurs und Stalinpreisträgers, zeichnet Bogoslowskij im Sommer 1947 Pläne für eine eigene Vinyl-Schneidemaschine. Die entscheidenden Details hat er sich bei Filons Telefunken abgeschaut. Ein begabter Werkzeugmacher ist schnell gefunden, die benötigten Saphire kauft man auf einem Flohmarkt, und schon bald ist die Maschine fertig. Die Produktion kann beginnen. Taigin und Bogoslowskij nennen ihr Label *Solotaja Sobaka* – Der Goldene Hund. Wahrscheinlich haben sie dabei den berühmten EMI-Hund vor Augen. Vom Repertoire her unterscheidet sich die Produktion der jungen Herausforderer nicht von der Filons. Aber schnell zeigt sich, dass Bogoslowskij und sein Werkzeugmacher gute Arbeit geleistet haben. Die Platten mit dem kleinen Hund auf der Rückseite stehen schon bald weithin für beste und vor allem beständige Qualität. Beides ist wichtig, denn die Konkurrenz auf dem Leningrader Musikschwarzmarkt schläft nicht. Amateurstudios schießen aus dem Boden. Was aber macht ein Kunde, der die Qualität der Ware nicht vor Ort überprüfen kann? Worauf soll er sich verlassen? Die Röntgen-Schallplatten werden in Hauseingängen und Hinterhöfen, auf Flohmärkten und in Metro-Stationen gedealt. Für lange Verhandlungen ist selten Zeit, weil das alles natürlich völlig illegal ist. Zwar hat der Staat in den 40er und 50er Jahren noch kein Monopol auf die Produktion von Schallplatten, aber was Taigin, Bogoslowskij und Filon tun, ist unlizensiertes privates Unternehmertum und wird mit Gefängnis bestraft. Entsprechend klandestin muss der Vertrieb organisiert werden. Betrüger haben leichtes Spiel und verkaufen rund geschnittene Röntgenaufnahmen ohne jede Musik an nervöse Kunden, denen der Angstschweiß beim Einkauf den Rücken hinunterläuft. Taigin, Bogoslowskij und der junge Grafiker Jewgenij Sankow arbeiten unterdessen unablässig an der Verbesserung ihrer Platten. Die Soundqualität ist schon recht gut und kann ohne große Investitionen vorerst nicht weiter gesteigert werden. Die grafische Gestaltung der Platten jedoch ist unbefriedigend. Eines Tages hat Jewgenij Sankow eine geniale Idee. Er wäscht die in einer Emulsion enthaltenen Rippenaufnahmen ab und klebt die nun durchsichtige Platte stattdessen auf Fotos auf. Der Goldene Hund produziert jetzt Picture-Discs! Auf der einen Seite sind ein oder zwei Lieder in den ehemaligen Röntgenfilm geschnitten, auf der anderen prangen jetzt coole Schwarz-Weiß-Fotos von Jazzmusikern oder attraktiven Mädchen. Stalin lebt noch, wir schreiben die Jahre 1948, 1949. Nebenher verfasst Taigin Texte für Chansons, und schon bald werden diese auch aufgenommen.

Doch dann schlägt die Polizei zu. Anfang November 1950, kurz vor dem Jahrestag der Revolution von 1917, werden alle illegalen Tonstudios in Leningrad ausgehoben. Bei Haussuchungen beschlagnahmt die Polizei Schneidemaschinen und sämtliche Schallplatten. Die einzige Platte, die Taigin bleibt, ist eine, die er vor seinen Eltern in einem alten Eichentisch versteckt hat: Das Foto auf der Rückseite zeigt ein nacktes Mädchen.

Elf Monate zieht sich die Untersuchung hin, dann, im September 1951, werden Bogoslowskij, Taigin und Sankow angeklagt. Die Staatsanwaltschaft wirft den jungen Männern »die Herstellung und Verbreitung von Grammofonschallplatten auf Röntgenfilmmaterial mit Aufnahmen aus dem Repertoire der Weißen Emigration sowie das Verfassen, Singen und die Schallplattenaufzeichnung von Liedern aus dem Diebes- und Hooligan-Repertoire in Form von Blat-Liedern vor«[60]. Die Zeitungen begleiten den Prozess mit einer Serie von Artikeln, die Taigin, Sankow und Bogoslowskij vorwerfen, die Jugend zu verderben und pornografische Bilder zu vertreiben. Alles in allem ist das eine explosive Mischung aus ideologischen und wirtschaftlichen Vergehen und soll streng bestraft werden. Der Prozess allerdings ist öffentlich. Glaubt man Taigins Erinnerungen, so gelang es ihm, das Publikum in einer Mischung aus Todesmut und Leichtsinn auf seine Seite zu ziehen. Als Taigin verkündet, man werde nach der Entlassung aus dem Gefängnis sofort eine neue Schneidemaschine bauen und sich »etwas mehr vor Leuten wie Ihnen vorsehen«, ist das Publikum zunächst schockiert. Doch dann beginnt man im Saal zu lachen und applaudiert. Fotos aus den 50er Jahren zeigen, dass der junge Taigin ein freundliches, offenes Gesicht mit klaren, schönen Augen hatte. Man kann sich vorstellen, dass es dem Publikum sehr schwer gefallen sein muss, in dem bezaubernden Jungen einen gefährlichen Verbrecher zu erkennen. Die Richterin allerdings versteht keinen Spaß und verurteilt den zweiundzwanzigjährigen Provokateur zu fünf Jahren Haft. Taigins Freund Sankow erhält ebenfalls fünf Jahre, während Ruslan Bogoslowskij aus unerfindlichen Gründen mit drei Jahren davonkommt. Hat der Stalinpreis des Vaters Schlimmeres verhindert?

Nach monatelanger Untersuchungshaft werden die drei jungen Männer in Gefangenenlager verschickt, doch schon bald hat die Geschichte ein Einsehen. Im März 1953 stirbt Stalin, kurz darauf verkündet die neue Führung eine umfassende Amnestie. Hunderttausende kehren nach und nach aus den Lagern heim, die Gefängnisse leeren sich. Unter den Freigelassenen sind auch unsere drei Freunde. Zurück in Leningrad, setzen sie das Versprechen, das Taigin der Richterin gegeben hatte, umgehend in die Tat um. Besonders Bogoslowskij erweist sich als unbelehrbar. Im Sommer 1953 baut er seine zweite Schneidemaschine, und Der Goldene Hund nimmt die Produktion wieder auf, als wäre nichts geschehen. Die neue Maschine kann nun sogar 33er-LPs schneiden. Taigin hat im Lager angefangen, Blat-Chansons zu schreiben. Auch die werden jetzt aufgenommen.

1957 wird Bogoslowskij erneut verhaftet. Die Zeit im Lager nutzt er, um Spezialliteratur zur Herstellung von Schallplatten zu studieren. Als Bogoslowskij 1960 freikommt, verkündet er seinen verdutzten Freunden, nun auch hartes Vinyl produzieren zu wollen.

> Bei einem unserer Arbeitstreffen zeigte uns Ruslan zwei kleine Schallplatten mit riesigen Löchern in der Mitte. Solche 45er-Schallplatten werden in Musikautomaten benutzt, wie sie in vielen ausländischen Cafés stehen! Auf den Platten klebten keine Etiketten. Als er sie auflegte, hörten wir den unnachahmlichen Louis Armstrong, der »Dark Eyes« und »Mackie Messer« sang. Auf der anderen Platte waren Rock'n' Roll-Stücke des Jazzorchesters von Bill Haley. Die Platten waren wie aus der Fabrik, es fehlten nur die Label. »Seht ihr«, sagte Ruslan, »was man zu Hause schaffen kann, wenn man ein helles Köpfchen, goldene Hände, zuverlässige Leute und die richtige Technik hat: eine galvanische Wanne, eine mit der Presse verbundene Pumpe und natürlich das Original, von dem man die Matrize kopiert?«[61]

Bogoslowskij wird 1961 und 1965 ein drittes und ein viertes Mal verurteilt. Wieder wird er mit neuen Plänen und ungebrochener Moral zurückkehren. Was über den großen Lenin gesagt wird, scheint auch für den Goldenen Hund zu gelten: Er lebte, er lebt und er wird leben. Wobei der große Lenin und seine Partei zu Beginn der 60er Jahre tatsächlich nicht ganz unwichtig sind für das Geschäftsmodell des Goldenen Hundes: Als Rohmaterial für seine harten LPs und Singles soll Bogoslowskij zu dieser Zeit Platten mit Reden des Revolutionsführers und aktueller Parteigrößen verwendet haben, wie sie in den Schallplattengeschäften der Stadt zu Hunderten verstaubten. Die Platten der Parteiführer kosten Geld, anders als die benutzten Röntgenfilme aus den Polikliniken der Stadt. Aber wenn aus einer Lenin-Rede erst eine Elvis-Single geworden ist, ist die Platte leicht das Zehnfache wert!

Trotzdem geht die Ära der Musik auf Rippen Anfang der 60er Jahre nach fünfzehn Jahren permanenter Illegalität langsam zu Ende. Aber es sind nicht der Staat und seine Gefängnisse, die den Röntgenunternehmern den Todesstoß versetzen, es ist der technische Fortschritt in Form von Tonbändern. Schon 1947 kommt mit dem Dnepr das erste sowjetische Tonband auf den Markt. Das Gerät wiegt 29 Kilogramm und ist so teuer, dass es für Privathaushalte praktisch nicht in Frage kommt. Doch ab Ende der 50er Jahre setzen sich die Tonbänder allmählich auf breiter Front durch. Klotzige, schwere Geräte sind das zunächst noch, doch die Vorteile liegen auf der Hand. Die Tonqualität ist besser, die Aufnahmen haltbarer, die Vervielfältigung einfacher. Und, nicht zu vernachlässigen: Die Tonbandmaschinen kann man kaufen, man muss sie nicht selber bauen. Mit den Tonbandgeräten der späten 50er und 60er Jahre bekommen normale Bürger erstmals die Möglichkeit, selbst Musik aufzunehmen oder zu kopieren. Die Tonbänder sind, anders als die CD-Player von heute, keine reinen Abspielgeräte. Fast zu allen Tonbändern wird ein Mikrofon mitgeliefert. Zusammen ergibt das nichts anderes als eine Revolution. Überall im Lande beginnen um 1960 junge Sänger, seltener auch Sängerinnen, Lieder zur Gitarre aufzunehmen. Einige wenige werden berühmt, Hunderte, wenn nicht Tausende sind heute vergessen.

Auch Boris Taigin und Ruslan Bogoslowskij experimentieren seit 1958 mit Tonbändern. Gemeinsam mit einem befreundeten Toningenieur bauen sie ein MAG-8-Tonband um und beginnen, den jungen Tenor Serge Nikolskij aufzunehmen, der sich Ende der 50er Jahre bei Konzerten in Leningrader Studentenwohnheimen und Hochschulen mit einem riskanten Repertoire aus Zigeunerballaden und städtischen Romanzen aus der NEP-Zeit einen Namen macht.

Zur selben Zeit taucht im Umkreis des Goldenen Hundes unser Mann Rudolf Fuks auf. Fuks ist zehn Jahre jünger als Taigin und Bogoslowskij, aber auch er hat sich schon einen Namen als Plattensammler und Vervielfältiger von ausländischer, vergriffener und verbotener Musik gemacht. Die Zeitungen haben über ihn und einen anderen jungen Tunichtgut namens Sergej Maklakow berichtet: Die jungen Kerle, die am Newskij-Prospekt und rund um das Kaufhaus DLT in der Malaja-Konjuschennaja-Straße herumhängen, mit Platten dealen und die Jugend verderben, sind den guten Bürgern der Stadt ein Dorn im Auge. Doch Fuks will mehr. Viel mehr.

»Ich suchte einen Interpreten, der meinen Freunden und Bekannten gefallen könnte, der aber kein offizieller Sänger war. Manchmal konnte man solche Sänger am Strand hören, talentierte Gitarristen, die irgendwelche inoffiziellen Lieder sangen. So kam ich darauf, dass man unter all diesen Leuten einen ganz besonderen Interpreten finden könnte. Also hab ich oft das Tonband mit an den Strand genommen, Sachen aufgenommen. Ich fuhr sogar mit einem kleinen Philips-Tonband nach Odessa, um Lieder aufzunehmen. Später hab ich diese Aufnahmen in meiner Arbeit mit Sewernyj benutzt. Ich hab viele Odessaer Lieder aufgenommen, Blat-Lieder – in Odessa, am Strand, auf irgendwelchen Partys.«

Fuks' Augen leuchten, als er mir fast fünfzig Jahre später in seiner Leningrader Küche von diesen Jugendabenteuern berichtet. Er hat Tee gekocht, im Hintergrund läuft Musik, immer mal wieder schauen alte Freunde vorbei, bringen LPs oder CDs mit, schwärmen von irgendwelchen vergessenen Bands der 70er Jahre. Die meisten setzen sich kurz zu uns in die Küche, trinken einen Tee mit und hören zu. Gelegentlich unterbricht einer von ihnen Fuks' Monologe empört:

»Alter, das stimmt überhaupt nicht, was du erzählst. Das war viel später! Frühestens 1975!«

»Quatsch, Rudik, das war nicht Zhenja, das war Serjozha!« Dann zögert Fuks kurz, überlegt, zuckt mit den Achseln und meint, dass das ja alles schon sehr lange her ist und er die Jahreszahlen und einige Namen vielleicht wirklich ein wenig durcheinanderwirft. Ob Fuks schon 1960 ein transportables Philips-Tonband gehabt hat, ist zum Beispiel fraglich. Aber das ändert nichts an den entscheidenden Ereignissen seiner Geschichte.

Entscheidend ist, dass Rudolf Fuks im Sommer 1962 einfach nur Glück hat. Er findet seinen zukünftigen Starsänger. Nicht am Strand und schon gar nicht in Odessa, sondern zu Hause, in Leningrad. Eines Tages steht Arkadij Sewernyj einfach vor der Tür von Fuks' Wohnung und klingelt. Sewernyj ist ein dreiundzwanzigjähriger Student, Fuks ein Jahre älter und schon in der ganzen Stadt als *Farzowtschik*, als Schwarzhändler und Plattensammler, bekannt. »Arkadij Sewernyj wurde mir von Gott gesandt«, erzählt Fuks sichtlich gerührt. »Er war eigentlich ein ziemlich normaler Typ. In der Menge hätte man ihn nicht bemerkt. Obwohl mich sein Gesicht zunächst an den Schauspieler Nikulin erinnerte. Er interessierte sich damals für die Gedichte von Iwan Barkow. Der lebte kurz vor Puschkin und ist berühmt für seine unanständigen Verse. Sewernyj hieß damals noch Arkadij Swesdin, er studierte an der Forstakademie. Irgendwer hatte ihm meine Telefonnummer gegeben, weil er wusste, dass ich diese Sachen hatte, als Manuskript. Also rief er mich an und kam vorbei.«

Ein junger Mann aus der Provinz

Der Mann, der in den 70er Jahren unter dem Pseudonym Arkadij Sewernyj in die russische Musikgeschichte eingeht, bevor er am 12. April 1980 mit gerade einundvierzig Jahren als depressiver Alkoholiker stirbt, wird am 12. März 1939 als Arkadij Swesdin in Iwanowo geboren. Iwanowo ist eine alte Industriestadt nordöstlich von Moskau. Tiefe Provinz, wie fast alles in Russland, was nicht Moskau und Leningrad ist. Vater Dmitrij ist vor und nach dem Krieg ein hoher, offenbar gut verdienender Beamter. Zwischen 1941 und 1945 verteidigt er sein Land gegen die Deutschen, 1945 dient er, wie es heißt, noch ein Jahr in einer namenlosen ostdeutschen Kleinstadt als Stadtkommandant. Da der Vater gut verdient, kann Mutter Jelena es sich die meiste Zeit erlauben, zu Hause zu bleiben, um ihre fünf Kinder zu erziehen. Damit gehört die Familie für sowjetische Verhältnisse schon zu den eher wohlhabenden. Gelegentlich arbeitet die Mutter allerdings auch als Radiologin. Ob ihre Thoraxaufnahmen in den 50er Jahren auch auf den illegalen Plattenschneiden lokaler Undergroundproduzenten landeten, ist leider nicht überliefert. Arkadij Swesdin lernt gut und singt gern. Seine ältere Schwester schenkt ihm ein handgeschriebenes Liederbuch. Das war's – mehr ist nicht bekannt über die Jugend des Mannes, der zu Russlands größtem Undergroundchansonnier werden soll.[62]

Sicher ist nur eins: Als Arkadij Swesdin 1958 nach Leningrad kommt, um an der Forstwirtschaftlichen Akademie zu studieren, muss der Schock groß gewesen sein. Ungefähr so groß wie der des jungen Bob Dylan, der Ende der 50er, Anfang der 60er aus Minnesota nach New York kam. Stalin ist seit fünf Jahren tot, die Sowjetunion erlebt das, was nach einem Roman von Ilja Ehrenburg *Das Tauwetter* genannt wird. Das Eis der späten Stalin-Jahre ist gebrochen, eine neue Generation tritt an, um ein anderes Land zu bauen. Chruschtschow hat in einer aufsehenerregenden Rede die Verbrechen der Stalin-Zeit bekannt, die Lager leeren sich. Die Sowjetunion dieser Jahre ist ein modernes, junges Land im Aufbruch. Nirgends war das deutlicher zu spüren als in Moskau und Leningrad. Eine neue Generation von Künstlern, Schriftstellern und Filmemachern hatte nach Stalins Tod in kürzester Zeit großen Einfluss gewonnen. Dichter wie Jewgenij Jewtuschenko, Bella Achmadulina und Andrej Wosnessenskij repräsentierten das sowjetische Gegenstück zur amerikanischen Beatliteratur, Filmemacher wie Michail Karlik versuchten sich an einer sowjetischen Nouvelle Vague, der auf dem Höhepunkt des Kalten Krieges Anfang der 50er Jahre mit Hass und Macht bekämpfte Jazz ist zurück, und junge, fabelhaft gut aussehende, geheimnisvolle Sängerinnen wie Edita Pecha oder Maja Kristallinskaja verdrehen den Leuten die Köpfe. Zu all dem kommt nach 1961 die Euphorie über den ersten bemannten Flug ins All.

Der junge Arkadij Swesdin ist kein berühmter Dichter oder Regisseur. Aber er spürt den frischen Wind, der durch das Land weht – im Studentenwohnheim, auf den Partys an der Universität. Leningrad ist eine große Stadt, und die späten 50er Jahre sind eine wilde Epoche. Sewernyj liest ehemals verbotene Dichter, er singt bei jeder Gelegenheit, und er hört viel neue Musik, vor allem Jazz. Schwarzhändler wie Rudolf Fuks und Sergej Maklakow, die nach ihrem Schlachtruf »For sale!« auf Russisch *Farzowtschiki* genannt werden, versorgen die Studenten der Stadt mit der neuesten Musik. Und nicht nur in der Musik herrscht ein neuer Stil, auch in der Mode hat sich etwas getan. Einigen jungen Leuten reicht es nicht mehr, wenn Kleider praktisch sind und warm halten. Die Sowjetunion erlebt zum ersten Mal, wie eine eigenständige Jugendkultur entsteht: die *Stiljagi*. Die Stiljagi ragen mit ihren Klamotten, mit einer eigenen Sprache und eigenen Frisuren aus dem Meer der konformistischen Jugend heraus. Besondere Aufmerksamkeit erfährt die Jugendbewegung aber aus einem anderen Grund. Wie sich zeigt, sind die meisten Stiljagi Söhne und Töchter besser- und hochgestellter Bürger des Sowjetlandes. Das ist kein Zufall. Damals wie heute brauchte man Geld, um sich einer Mode hinzugeben: Geld für die geilen spitzen Schuhe, Geld für die anderen Hemden, Geld, um die Hosen enger nähen zu lassen. 1975 wird Arkadij Sewernyj ein Lied aufnehmen, in dem der Geist dieser Zeit heraufbeschworen wird:

Kazhdyj dolzhen byt' wysywajuschtsche odetym,
Tot plebej, kto ne nosit uskich brjuk!
A na mne pidzhak kanaretschnogo zweta,
I na podoschwe tolstyj kautschuk!

Jeder sollte mutig gekleidet sein,
Wer keine engen Hosen trägt, ist ein Plebejer!
Ich trage ein kanariengelbes Jackett
Und eine dicke Sohle aus Kautschuk.[63]

Sich von der Masse zu unterscheiden war damals leichter als heute, weil die Masse uniformer war. Gleichzeitig war es viel schwerer, weil nicht an jeder Straßenecke Läden dazu einluden, Klamotten zu kaufen, sich piercen zu lassen oder ein paar Strähnchen pink zu färben. Darum wurden die Hosen selber genäht oder zumindest enger gemacht. Darum bewahrte der Dichter und Plattenproduzent Boris Taigin vom Goldenen Hund einen silbrig glänzenden kanadischen Schlips, mit dem er in den 50er Jahren über den Leningrader Newskij-Prospekt spaziert war und der ihm mit Sicherheit viele Blicke begeisterter Mädchen und besorgter Erwachsener eingebracht hatte, bis an sein Lebensende auf. Auch die revolutionären Frisuren mit Tolle wurden meist zu Hause geschnitten. In ganz Leningrad gab es damals nur einen Friseursalon, der Stiljagi-Schnitte wagte. Aber einen Haarschnitt auf dem Majorow-Prospekt konnten sich ohnehin nur wenige leisten.[64]

Die Presse begann eine Kampagne gegen die Stiljagi, deren Tonlage, abgesehen von einigen typisch sowjetischen Elementen, jedem westlichen Teenager bekannt sein dürfte, der in den 50er und 60er Jahren aufwuchs und versuchte, seine Haare anders zu tragen. Jeder Staat macht sich Sorgen um den moralischen Verfall der Jugend. »Heute hört er Jazz, und morgen verrät er die Heimat« ist ein bekannter Slogan der Zeit, der, so seltsam es klingt, den Nagel voll auf den Kopf trifft. Nur aus den wenigsten der jungen Leute, die sich am Majorow-Prospekt Mod-Tollen frisieren ließen, um dann die Nächte im legendären Studentenklub des Kalinin-Instituts zu Jazz und Rock'n'Roll durchzutanzen, wurden noch vorbildliche sowjetische Staatsbürger, Parteisekretäre und Bestarbeiter.

Auch Arkadij Swesdin interessiert sich für neue westliche Musik, für Rock'n' Roll und besonders für Jazz. Aber er ist neu in der Stadt und verfügt noch nicht über die Kontakte, die sich Gleichaltrigen bieten, deren Familien seit Generationen in Leningrad etabliert sind. Es dauert, bis Swesdin den richtigen Zugang zu den falschen Leuten findet.

Im Sommer 1962 lernt Swesdin Rudolf Fuks kennen, in dessen Wohnung entscheidende Fäden zusammenzulaufen scheinen. Farzowtschik, Stiljaga, Rock'n'Roller, Student am Schiffbauinstitut, Schallplattensammler, Undergroundproduzent verbotener Musik: Rudolf Fuks ist im Sommer 1962 selbst erst fünfundzwanzig Jahre alt, aber er hat schon sehr viel mehr erlebt als Arkadij Swesdin. Die Zeitungen haben ihn ausgewählt, um die Jugend zu warnen vor allem, was offensichtlich Spaß macht, aber die Moral verdirbt. Die berühmte Literaturzeitung *Literaturnaja Gaseta* nennt Fuks und seinesgleichen »Zerstörer der Seelen« und »Pygmäen in Hauseingängen«. Offenbar sind die Herren Journalisten und Redakteure von eigenen Einkaufstouren gut darüber informiert, wo genau die Musik auf Rippen verkauft wird. Sogar den berühmten Cellisten Pablo Casals bringt man gegen Rudolf Fuks in Stellung: »Solange unvorbereitete und talentfreie Unterhalter für sich und ihre Plattenfirmen Millionen Dollar in einer Nacht verdienen können, werden sie die Neigungen der Jugend ausnutzen, die den Tand dem Gold vorzieht. ... Sie können von Leuten, die Millionen Schallplatten verkaufen, nicht erwarten, dass sie hohe moralische Ideale haben.«[65]

Ein Unsinn, der illustriert, wie groß die Angst war vor der neuen Musik, die Fuks in Umlauf brachte.

Dass Rudik, wie Fuks unter Freunden genannt wird, genau der richtige Mann ist, wenn man wie Arkadij Swesdin auf der Suche ist nach den verbotenen Schmuddelversen von Iwan Barschkow, versteht sich fast schon von selbst. Rudik ist ein Mann, der alles, was rar, verboten und beliebt ist, hat oder beschaffen kann.

Und so findet sich Arkadij Swesdin eines Tages auf Vermittlung eines gemeinsamen Freundes in Fuks' Wohnung in der Ropschinsker Straße ein. Fuks sitzt mit Freunden zusammen und feiert. Sewernyj, ganz schüchtern, nimmt im Nebenzimmer Platz und liest mit roten Ohren Barkows barocke Schweinigeleien. Plötzlich aber kommt es Fuks und seinen Freunden so vor, als hätte irgendwo jemand ein Tonband eingeschaltet. Irgendwer singt. Bloß wo? Doch die Stimme kommt nicht vom Tonband, sie kommt aus dem Nebenzimmer. Es ist der neue Bekannte, der da singt. Swesdin hat sich eine Gitarre gegriffen, die zufällig im Zimmer lag, und angefangen zu singen. Fuks hört kurz zu, holt sein Tonband und drückt auf Aufnahme. Knapp fünfzig Jahre später erinnert sich Fuks an das magische erste Mal:

»Ich merkte, dass er eine ungewöhnliche Stimme hatte. Er sang damals mit einer hohen Stimme, später bekam er einen Tenorbariton, weil er viel trank, die Stimme litt darunter. Aber damals sang er mit dieser hohen Zigeunerstimme. Ich nahm das sofort auf Tonband auf, um herauszufinden, wie seine Stimme auf Band klingt. Und es zeigte sich, dass sie dafür ideal geeignet war. So eine Stimme, die auf Band sogar noch besser klingt als in echt. Verstehen Sie?«

In den folgenden Wochen und Monaten nahm Fuks Swesdin mehrfach auf, und zumindest eine dieser Aufnahmen hat die Zeiten überdauert. Das Erstaunlichste ist, wie deutlich der Arkadij Swesdin von 1962 und 1963 sich von jenem Arkadij Sewernyj unterscheidet, der ab 1972 die Sowjetunion – zumindest inoffiziell – im Sturm erobern wird. Auf dem Band von 1963 singt Swesdin siebzehn Lieder. Lieder, die in der Sowjetunion jener Jahre extrem populär sind, obwohl sie nie im Radio gespielt oder auf Schallplatte gepresst wurden. Da ist das tragische »Djewuschka is Nagasaki« (»Mädchen aus Nagasaki«), in dem ein bekiffter Mann im Frack die große Liebe eines Marseiller Seemanns absticht, da ist ein irrwitziges Scherzlied über ein kaputtes Klo, und da ist der herrlich anzügliche Hit »Po allejam tenistogo parka« (»In den Alleen eines schattigen Parks«), in dem eine Witwe sich einem Jungpionier hingibt, weil, wie es heißt, »in unserem Land alle jung sind«. Zwischendurch gibt Swesdin einige Romanzen, ein paar Zoten und auch den Odessa-Klassiker »Istorija Rawina« (»Die Geschichte des Rabbiners«). Das alles sind gute Stücke, aber es fehlt die letzte Konzentration auf das Wesentliche. Es sind frühe Experimente. Fuks und Swesdin tasten nach dem richtigen Repertoire für diese Stimme und für diese Epoche. Die Auswahl wirkt noch zufällig, wenig durchdacht. Es ist, als habe Swesdin frei von der Leber weg die Lieder aufgenommen, die ihm gerade in den

Sinn kamen. Genau so, wie er es zuvor wahrscheinlich auf Dutzenden Partys in den Studentenwohnheimen der Stadt getan hat. Dass Swesdin singen kann, ist offensichtlich. Aber noch ist unklar, in welche Richtung er gehen wird.

Ein paar Monate später organisiert Rudik Fuks zusammen mit seinem Bekannten Boris Taigin zum ersten Mal eine Aufnahme mit Band. Man trifft sich in der Wohnung des Toningenieurs Wiktor Smirnow. Ohne Smirnow geht gar nichts, nicht nur, weil er als einziger der Beteiligten eine eigene Wohnung hat. Ein paar Lieder mit Gitarrenbegleitung aufzunehmen ist das eine. Dafür reichen ein handelsübliches Tonbandgerät und das mitgelieferte Mikrofon. Aber eine ganze Band? Smirnow arbeitet schon lange mit Ruslan Bogoslowskij zusammen, und er weiß, worauf es ankommt, wenn ein Klavier, mehrere Gitarren, ein Saxofon und ein Sänger aufgenommen werden sollen.

Einige der Teilnehmer haben Erinnerungen an den großen Tag veröffentlicht, die allerdings wenig aufschlussreich sind. Abgesehen davon, dass die Aufnahmen von morgens bis spät in die Nacht dauerten und enorme Mengen Wodka getrunken wurden, herrscht Einigkeit nur über zwei Dinge. Zum einen begann das fertig montierte Konzert mit Sewernyjs unsterblichen Worten: »Ech, ljublju blatnuju zhisn, da worowat bojus!« – »Ach, ich liebe das Blat-Leben, aber vor dem Klauen hab ich Angst!«[66] –, worauf Fuks ankündigte, es handele sich bei den folgenden Liedern um Volkslieder, deren Texte allerdings das NKWD verfasst habe, das Volkskommissariat des Inneren, wie das unter anderem auch für die Miliz zuständige Innenministerium bis 1946 hieß. Man amüsierte sich ganz offensichtlich prächtig.

Aber es gab noch etwas, woran sich Fuks, Taigin und die anderen auch viele Jahre später noch erinnern. Da die Aufnahmen zur Veröffentlichung bestimmt sind, muss ein Pseudonym gefunden werden. 1963 ist ein vergleichsweise liberales Jahr in der sowjetischen Geschichte. Im Jahr zuvor war Alexander Solschenizyns Gulag-Erzählung *Ein Tag im Leben des Iwan Denissowitsch* veröffentlicht worden, und mit dem Gulag sind auch die Blat-Chansons zu einem Thema geworden, das vorsichtig diskutiert wird. Der junge Dichter Jewgenij Jewtuschenko erregt sich über Teile der Intelligenzija, die Blat-Lieder singen. Er meint wahrscheinlich nicht zuletzt den etwa gleichaltrigen Schauspieler Wladimir Wyssozkij, der Blat-Lieder zur Gitarre eingesungen hat. Während die Gesellschaft über Lager und Blat diskutiert, ist das Leben weitgehend friedlich. In Leningrad soll es nach offiziellen Angaben 1963 ganze sechsundzwanzig Morde gegeben haben.[67]

Doch so entspannt die Atmosphäre auch sein mag, weder Arkadij Swesdin noch Fuks oder Taigin erscheint es ratsam, es auf eine Konfrontation mit der Leitung der Forstakademie ankommen zu lassen. Und eine solche hätte sich nicht vermeiden lassen, wenn bekannt geworden wäre, dass der zwar faule, aber ansonsten unscheinbare Student Swesdin in seiner Freizeit verbotene Lieder nicht nur singt, sondern auch aufnimmt und guten sowjetischen Bürgern zum Kauf anbietet. Nach kurzer Diskussion einigt man sich schließlich auf den Namen Arkadij Sewernyj – der Nördliche. Der Vorschlag kommt von Taigin, wahrscheinlich denkt er an den Begriff Nördliche Hauptstadt, ein verbreitetes Synonym für die zweite Stadt im Lande: Leningrad.

In den nächsten Tagen lässt Fuks die Aufnahmen des Tages von einem Freund, der beim Leningrader Radio arbeitet, schneiden. Aus der Menge des aufgenommenen Materials muss eine Auswahl getroffen werden, die genau auf die Länge der gängigen Tonbänder abgestimmt ist. Ein paar Tage später beginnt Fuks, Kopien für den Verkauf vorzubereiten. Taigin und Smirnow ziehen das gute alte Vinyl der neuen Magnetband-Technologie vor und pressen einzelne Lieder wie gehabt auf Rippen. Ruslan Bogoslowskij, der Kopf des Goldenen Hundes, sitzt gerade seine aktuelle Haftstrafe ab.

Und dann passiert etwas Seltsames: Die Zusammenarbeit zwischen dem frisch getauften Arkadij Sewernyj und Rudolf Fuks endet so schnell, wie sie begonnen hat. Haben sich die beiden zerstritten? War Sewernyj das Undergroundgeschäft zu heikel? Wollte er sein Studium nicht gefährden? Verkauften sich die Bänder schlecht? Verlor Fuks das Interesse? Wurde jemand krank? Hat man sich wegen irgendwelcher Liebschaften zerstritten? Antworten auf diese Fragen gibt es nicht. Ein seltsamer Schleier liegt über Swesdins Leben in den mittleren und späten 60er Jahren. Sicher ist nur, dass Arkadij Swesdin 1965, nach für sowjetische Verhältnisse unerklärlich langen sieben Jahren, sein Studium beendet und prompt einen prestigeträchtigen Job in einer Holzexportfirma erhält. Nicht irgendwo in den karelischen Wäldern, nicht in Sibirien, sondern im Leningrader Hafen!

Im selben Jahr wird Ruslan Bogoslowskij aus dem Gefängnis entlassen, nimmt die Zügel seines Imperiums wieder selbst in die Hand und beginnt, den Leningrader Markt mit illegalen Kopien von Beatles-LPs zu überschwemmen. Sein Platz im Gefängnis bleibt aber nicht lange frei. Mitte 1965 wird Rudolf Fuks verhaftet. Die Staatsanwaltschaft bemüht sich, ihm eine antisowjetische Verschwörung anzudichten, was zu einer sehr langen Haftstrafe hätte führen können. Aber Fuks hat doppeltes Glück im Unglück. Er wird zu nur fünf Jahren verurteilt, wegen Urkundenfälschung und Spekulantentum, und dann ist die Geschichte auf seiner Seite. 1967 wird der 50. Jahrestag der

Oktoberrevolution gefeiert. Fuks profitiert von der zu solchen Anlässen üblichen Amnestie, kehrt nach Leningrad zurück und nimmt seine Geschäfte umgehend wieder auf. Es scheint in seiner Generation eine phänomenale Menge von Leuten gegeben zu haben, die für ihre Ideen und Träume nicht nur größte Hindernisse, sondern auch wiederholt hohe Strafen zu erdulden bereit waren. Fuks, Taigin, Bogoslowskij, Maklakow und viele andere Akteure des musikalischen Undergrounds der 40er bis 80er Jahre haben Zeit in Lagern und Gefängnissen verbracht. Einige von ihnen sogar mehrfach. Keiner von ihnen scheint deshalb auch nur für eine Sekunde in Betracht gezogen zu haben, sein Leben zu ändern.

Als ich Fuks nach der Zeit im Gefängnis frage, winkt er ab, steht auf und setzt neues Teewasser auf. Hat er die Frage zu oft gehört?

In einem Dokumentarfilm, den das russische Fernsehen 2008 ausstrahlte, hatte Fuks mit einer Mischung aus geradezu jenseitiger Coolness und altersweiser Abgeklärtheit gelächelt und ruhig erklärt: »Echte Leute mit Charakter kann das Gefängnis nicht brechen. Der Charakter wird im Gefängnis gestärkt, wenn man ihn hat. Ich habe im Gefängnis gelernt, Gitarre zu spielen. Ich hatte gute Lehrer, ich hatte viel Zeit und lernte sehr viele Lieder. Ich bin nicht sauer. Die haben nur ihre Arbeit getan. Mal gut, mal schlecht, wie üblich. Und wir, wir haben zwar nichts direkt Politisches gemacht, aber es lief natürlich gegen sie. Wir haben die Gegenkultur geschaffen!«[68]

Man sollte wohl hinzufügen, dass die sowjetischen Gefängnisse der 60er, 70er und 80er zwar weit davon entfernt waren, Sanatorien zu sein, andererseits aber nur noch wenig gemein hatten mit den Lagern der Stalin-Zeit. Fuks verbüßte seine Strafe nicht bei minus 50 Grad in den Goldminen an der Kolyma, sondern in einem Lager nur wenige Kilometer entfernt von Leningrad.

Unterdessen hängt Arkadij Swesdin sein brandneues glamouröses Pseudonym Sewernyj an den Nagel. An der Akademie verteidigt er eine Diplomarbeit mit dem schönen Titel »Die Organisation des Transports von Export-Schnittholz aus dem Hafen von Igar und Maßnahmen zur Absenkung der Beschwerden ausländischer Käufer«. Zur Belohnung darf er sich jetzt »Ingenieur-Ökonom für die Ökonomie und Organisation der holzverarbeitenden und der Zellulose-Papierindustrie«[69] nennen. Ihm steht eine Karriere offen, die nach sowjetischen Maßstäben vielleicht nicht spektakulär, aber doch mehr als nur solide ist. Er ist Angestellter in einer Außenhandelsfirma, Aufstiegsmöglichkeiten zeichnen sich ab, ebenso interessante Dienstreisen, möglicherweise sogar ins sogenannte nichtsozialistische Ausland! Und für ein paar Jahre versucht Swesdin tatsächlich, das bürgerliche Leben eines sowjetischen Angestellten zu führen. Er geht regelmäßig arbeiten, verdient einigermaßen gut. 1968 wird er zum Wehrdienst einberufen. Zwei Jahre dient Swesdin als Offizier der Reserve nahe Leningrad.

Arkadij Swesdin hat also mehr Glück als Verstand. Er bekommt einen tollen Job, obwohl er ein lausiger Student war, er darf in Leningrad bleiben, obwohl die Holzwirtschaft eher in der Provinz blüht, und selbst den Wehrdienst verbringt er praktisch zu Hause, in Leningrad. Doch es interessiert ihn nicht. Später, seine sowjetische Ingenieurkarriere liegt schon lange in Trümmern, wird Sewernyj bei Konzertaufnahmen behaupten, er habe 1968/69 als Flieger im Vietnamkrieg gegen die Amerikaner gekämpft. Doch so schön die Geschichte auch ist, sie stimmt genauso wenig wie die von einer zweijährigen Gefängnisstrafe.

Am 12. Dezember 1969 heiratet Arkadij Swesdin. Bei der Hochzeit entsteht mit einer Super-8-Kamera die einzige erhaltene Filmaufnahme von ihm. Die verwaschenen Bilder zeigen einen sehr dünnen, offenbar schüchternen Mann mit kurzem Militärhaarschnitt in grauem Anzug und Mantel. Sewernyj sieht aus wie ein Geist, ein junger Untoter. Er steigt mit seiner Frau aus dem Auto, huscht durch das Bild, dreht sich, spreizt die Finger beim Trinken vom Glas ab, verbeugt sich in Richtung Kamera und lächelt.

Seine Frau Walentina ist Ärztin, er hat sie in einem Vorortzug kennengelernt. Jahre später wird sie in einem Dokumentarfilm des russischen Fernsehens sagen, Arkadij sei ein guter, schwacher Mensch gewesen, mit dem sie nicht habe leben können. Aber so weit ist es noch nicht. Im Juni 1971 wird eine Tochter geboren, Natascha. Aber damit ist das Familienglück auch schon so gut wie beendet. Irgendwann 1971 oder 1972 treffen zwei nicht mehr ganz so junge Männer, die sich zuerst 1962 begegnet waren, wieder aufeinander: Arkadij Swesdin und Rudolf Fuks. Fuks arbeitet seit seiner Entlassung aus dem Gefängnis als Ingenieur im Institut Lenprojekt. Nebenbei sammelt und vervielfältigt er wie zuvor Musik aus dem In- und Ausland. Seinen alten Traum, einen Sänger zu finden, den er als Produzent berühmt machen kann, hat er keineswegs aufgegeben. Im Gegenteil. Fuks träumt weiter von Ruhm und Ehre, vielleicht auch von Geld. Und er hat eine Idee. Swesdin alias Sewernyj würde Volkslieder singen, verbotene Volkslieder. Odessaer Chansons. Mit einem Clou.

»Ich dachte, es sei langweilig, wenn er einfach ein Lied nach dem anderen singt. Darum hab ich so eine Art Conférencier erfunden und Texte für ihn geschrieben. Ich hab die Hefte alle noch, die liegen hier irgendwo herum.«

So einfach, ja banal sie klingt, so genial war Fuks' Idee. Als ich Jahrzehnte später in seiner Küche sitze, wird mir klar, dass Fuks sich tatsächlich nicht lange den Kopf zerbrochen haben dürfte bei der Planung seines *Musikalischen Feuilletons*. Das Material lag in der Luft, alles, was fehlte, waren ein begnadeter neuer Sänger und ein besonderer Dreh. Sewernyj sollte mehr sein als der nächste sowjetische Undergroundsänger, der sich am Blat-Repertoire vergreift. Sewernyj war von Anfang an als Legende angelegt. Ein Sänger, der selbst direkt aus dem Bauch des Ungeheuers stammte, aus Odessa, der mythischen Stadt.

Also setzt Fuks sich hin, um seinem Sänger Geschichten auf den Leib zu schreiben, die eine Legende begründen könnten. Irgendwann ist das Manuskript für das *Musikalische Feuilleton* fertig, und Fuks ruft Swesdin an. Die beiden verabreden sich. Als Fuks Sewernyj die Blätter reicht, entscheidet sich vermutlich Sewernyjs Schicksal. Es gibt zwei Möglichkeiten: Entweder schüttelt er mit dem Kopf, nimmt seinen Mantel und kehrt zurück an seinen Schreibtisch im Leningrader Hafen, um Chef der ökonomischen Abteilung zu bleiben. Oder er nickt und stürzt sich erneut in den *Magnitisdat*, die Welt des musikalischen Undergrounds.[70] Wäre Swesdin-Sewernyj im Holzexport geblieben, würde er heute mit einiger Sicherheit noch leben. Aber das tat er nicht.

»Zunächst las er mit ziemlich grimmigem Gesicht. Aber irgendwann schwand die Anspannung, er begann zu lächeln, und dann lachte er laut. Die Sache wurde ja von der alten Odessaer Puffmutter Tante Besja vorgetragen, die sich an ihre aufregende vorrevolutionäre Jugend erinnert und die Geschichte immer wieder mit Liedern unterbricht. Im Laufe der Geschichte taucht dann ihr unehelicher Sohn Monja auf, ihre Nachbarin Tante Chaja, der gute alte Josel und andere Odessaer Figuren, die alle Arkascha spielen sollte, mit Liedern und Witzen und allem. Und Arkascha war, wie man so sagt, überwältigt. Er griff von selbst zur Gitarre, die einsam in der Ecke stand, und los ging's: »Arkadij Sewernyj. *Musikalisches Feuilleton*. Ihr wollt Lieder – ich hab welche! Ein Programm von Goskonzert.«[71]

Und damit beginnt sie, die Karriere von Arkadij Sewernyj. Oder in den ebenso koketten wie wahren Worten von Hildegard Knef: »Von nun an ging's bergab.« Am 14. November 1972 taten Arkadij Sewernyj und Rudolf Fuks den Schritt, der ihnen einen Platz im Olymp der russischen Liedkultur einbrachte, Sewernyj aber auch einen sehr frühen Tod. Acht Jahre blieben ihm. Acht Jahre, in denen er weit mehr als hundert Tonbandalben einsang und zum ungekrönten König des russischen Blatnjaks wurde. Acht Jahre, die ein einziger Schaffensrausch waren.

»Briefe sind eingegangen ...«

Es gibt, der Natur der Sache entsprechend, keinerlei Zahlen und Fakten, aus denen hervorginge, wie erfolgreiche das erste *Musikalische Feuilleton* von Arkadij Sewernyj war. Keine Charts, keine Rezensionen, keine Statistiken. Nichts. Was es gibt, sind die Erinnerungen von Zeitgenossen, die unisono bestätigen, dass Kopien des Bandes schnell überall in der Sowjetunion auftauchten. Im offiziellen Staatsradio kamen Sewernyjs Lieder nicht vor, doch die Piratensender, die Radio-Hooligans landauf und landab, schlossen den seltsamen neuen Sänger offenbar sofort in ihr Herz. Diese Radiosendungen wurden dann ihrerseits wieder auf Tonband mitgeschnitten und kopiert. Über die Tonqualität dieser x-ten Kopien muss man sich keine Illusionen machen. Sie war beschissen. Aber das spielte keine Rolle. Was zählte, war nicht der audiophile Klang, sondern der autonome Geist.

Den besten Beweis für den offensichtlich enormen Erfolg des *Musikalischen Feuilletons* lieferten Fuks und Sewernyj selbst. Im Winter 1972, kaum drei Monate nach der Aufnahme des ersten *Feuilletons*, kamen Fuks und Sewernyj wieder zusammen, um eine Fortsetzung einzuspielen, diesmal in der Wohnung von Fuks' Frau Marina in der Tipanowa-Straße 29. Und diese Fortsetzung hieß, wie Fortsetzungen heißen müssen: *Musikalisches Feuilleton, Teil 2*.

Fuks und Sewernyj spinnen die Radiogeschichte weiter. Wieder singt Sewernyj Odessaer Lieder, wieder hat Fuks ihm ein Szenarium aus Odessaer Geschichten dazugedichtet. Zunächst aber begrüßt Sewernyj seine Hörer wie ein freundlicher Radiomoderator vom Staatsradio und erzählt, dass nach der letzten Sendung haufenweise Briefe in der Redaktion eingegangen sind, in denen eine Fortsetzung verlangt wird. »Einige Leute aus Rostow am Don drohen uns sogar Prügel an, wenn wir nicht weitermachen, und schlagen als Titel für die Fortsetzung vor: ›Rostow-Papa grüßt Odessa-Mama‹.« Drohen lässt sich unser Odessaer Held natürlich nicht. Stattdessen beginnt er sein Programm mit genau dem Lied, mit dem das erste *Musikalische Feuilleton* geendet hatte. Bloß singt Sewernyj diesmal nicht die berühmte Version, die mit den Worten »Auf der Deribasowskaja« beginnt, sondern eine ältere Version, in der die *piwnaja*, die Bierbar, um die es in dem Lied geht, in einer anderen Straße eröffnet wird, der Bogatjanowskaja, wie Sewernyj singt. Wie es der Zufall will, stammt »Auf der Deribasowskaja« ursprünglich gar nicht aus Odessa, sondern tatsächlich aus Rostow am Don. Sewernyj und Fuks wussten das 1972 zwar nicht, jedenfalls erzählen sie es ihrem Publikum nicht, aber eine gewisse Ahnung müssen die beiden wohl gehabt haben, als sie auf die angeblichen Drohbriefe aus Rostow mit einem Rostower Lied antworteten. Die Odessaer Flaniermeile Deribasowskaja war in Wahrheit viel zu fein für eine Piwnaja. An der Bogatjanow-Straße in Rostow befand sich hingegen das weithin bekannte Untersuchungsgefängnis Nr. 1. Wobei man auf Russisch statt Gefängnis in diesem Fall vornehm *isolator* sagt! Wer aber den Isolator an der Bogatjanow-Straße kannte, als Insasse oder Besucher, der wusste auch, welche Piwnaja in dem gleichnamigen Chanson besungen wird, womit die Mädchen Tamara, Rita und Maja ihr Geld verdienen, und dass ihr Freund Stjopka-Schmarowos ein Zuhälter ist.

Die Musik zu »Auf der Deribasowskaja« hatten sich die Rostower Liederschreiber in Argentinien geborgt: Auch dieses Stück stammt wohl aus den 20er Jahren und basiert auf dem Tango »El Choclo« von Angel Villoldo, der derart populär war, dass er noch für ein zweites legendäres Odessaer Chanson herhalten musste, das Sewernyj gleich im Anschluss singt. Die Russen waren in ihrer Verehrung für Villoldos »El Choclo« übrigens nicht allein: Auch Louis Armstrong griff sich das Stück und machte daraus den Hit »Kiss of Fire«. Wie dem auch sei, »Istorija Kachowskogo Ravvina« (»Die Geschichte des Rabbis von Kachowsk«) ist ein fabelhaftes Beispiel dafür, wie in den Odessaer Gaunerchansons der Mythos des freien, heiteren, halb- oder vollkriminellen Lebens am Schwarzen Meer gefeiert wird. Das Lied handelt von einem Rabbi aus der Kleinstadt Kachowsk und von seiner wunderschönen, sanften Tochter, deren Haut so weiß ist wie neues Porzellan. Schlau ist die Gute auch, und zwar so schlau wie ein ganzer Band des Talmuds. Dann aber kommt die Revolution, und das schwungvolle Mädchen verliebt sich in einen Abgesandten der neuen Moskauer Macht, den Genossen Iwanow. Sie verlässt ihren Vater, den Rabbi, Hals über Kopf – und was tut der? Der Rabbi fällt vom Glauben ab, rasiert sich den Bart, gibt das koschere Essen auf, verlässt sein Haus und widmet sich fortan dem naturgemäß verbotenen Handel mit Brillanten. Wo? In Odessa! Außerhalb Odessas stieß diese Art jüdischer Humor übrigens nicht immer auf offene Ohren: Schon 1924 musste der jüdische Entertainer Wladimir Tschenkin in Moskau erfahren, dass auch Juden des Antisemitismus bezichtigt werden können.

Der Russe Sewernyj und der russische Jude Fuks haben 1972/73 jedenfalls keinerlei Berührungsängste und schöpfen mit beiden Händen aus dem riesigen Reservoir des zu großen Teilen jüdischen Odessaer Humors, der Odessaer Lieder und Odessaer Gangstermythen.

»Das Odessaer Lied ist ein Volkslied. Einige Lieder entstammen der Estrada der 20er Jahre, einige tatsächlich dem Gaunermilieu. Doch die meisten Autoren – ich kenne ja einige –, die meisten Autoren sind Intelligenzler wie ich«, sagt Fuks und schaut mich über seine große Brille hinweg an. Seine Freunde nicken bedächtig mit dem Kopf und prüfen mit einem kurzen Blick, ob ich die Tragweite der Informationen begreife, die mir hier zugespielt werden. Einer hat eine Flasche Rosé mitgebracht, die erst sachkundig betrachtet und dann geöffnet wird.

»Wenn das anders ist, merkt man das sofort. Die Lieder aus Odessa sind ja sehr scharfsinnig, da gibt es oft einen Subtext. Und sie wurden im Grunde im ganzen Land geschrieben. Odessa galt als eine Art freie Stadt, es war damals der Inbegriff der Gauner- und Diebesfreiheit. Ich hab mich mein ganzes Leben lang für diese Lieder interessiert. Und dann gab es einfach den Moment, als Sewernyj sie schon alle gesungen hatte. Da hab ich mich hingesetzt und versucht, selber welche zu schreiben, und es hat gut geklappt.«

Was Fuks nicht erzählt: Für sein *Musikalisches Feuilleton* hatte er erheblich in die klassischen Odessaer Chansons eingegriffen. Der Grund war ganz banal. Es gab keine Liederbücher, Textbeilagen zu CDs oder Internetseiten, wo man kanonische Versionen hätte nachschlagen können. All diese Lieder existierten, abgesehen von den Aufnahmen Utjosows, vor allem im kollektiven Gedächtnis des Volkes. Und selbst Utjosows Aufnahmen von 1932 fixierten, genau wie Sewernyjs in den 70ern, nichts anderes als einen bestimmten Moment in der fortlaufenden Entwicklung eines Liedes. An welchen Stellen und bei welchen Liedern Fuks Texte klassischer Chansons neu formuliert hat, kann vielleicht auch gar nicht mehr rekonstruiert werden. Schließlich ist unbekannt, auf welche Quellen er sich bei der Rekonstruktion der Texte von Liedern wie »Auf der Deribasowskaja« gestützt hat. Klar ist: Sewernyjs Versionen klassischer Odessa-Chansons gelten inzwischen als kanonisch. Wenn heute jemand irgendwo in Russland »Auf der Deribasowskaja« singt, singt er aller Wahrscheinlichkeit nach genau den Text, den Sewernyj Anfang der 70er sang. Und wenn einer nach »Auf der Deribasowskaja« vielleicht noch »Wernulsja taki ja w Odessu« (»Ich bin nach Odessa zurückgekehrt«) singt oder »Ech Odessa, Mat Odessa« (»Ach, Odessa, Mutter Odessa«), dann wird er im Zweifel nicht wissen, dass das erste Lied aus den 20er Jahren stammt, die anderen beiden aber aus den 70ern. Rudolf Fuks' Odessa-Chansons sind heute Volkslieder.

»Ich hab in der Kindheit ... nach dem Krieg ... also ich war ja kein Krimineller, aber in unseren Kreisen kannte man die Gaunersprache. Das ganze Land kannte die ja. Später hab ich dieses Wissen eingesetzt, als ich die Odessa-Lieder schrieb. Darum haben sogar die Odessiten gedacht, es seien Odessaer Lieder. Sie konnten nicht verstehen, woher diese Lieder kamen. Später gingen die Lieder dann genau wie Sewernyj selbst in die Odessaer Folklore ein. Wenn ich heute sage, dass dieses und jenes Lied von mir ist, dann glauben sie mir einfach nicht. Aber in den USA gibt's eine Gesellschaft der Odessiten – und die hat mich eingeladen!«

Im zweiten Teil des *Musikalischen Feuilletons* erzählt Sewernyj noch einmal die Geschichte über den unglücklichen Onkel Monja und seinen Besuch im Bordell von Tante Besja (beide sind natürlich Juden), stellt seinem Publikum Odessas berühmteste weibliche Gangsterkönigin, die legendäre Taschendiebin Sonja Goldhändchen, vor und erzählt von der langen Dienstreise des Gauners Aron in das gottvergessene Lager »Ebuldinskij Spez«. Auch vor Ausflügen in die Musikgeschichte schreckt Sewernyj nicht zurück. Er flunkert seinem Publikum eine weitgehend erfundene Geschichte über den berühmten jiddischen Hit »Bei mir bistu shein« vor, mit dem die Andrews Sisters 1937 berühmt wurden, und singt dann Fuks' geniale Übersetzung »Krasawiza moja, krasiwo kak swinja!« – »Du, meine Schöne, siehst aus wie ein Schwein!«.[72]

Auf Wunsch einiger Hörer im fernen Magadan am Pazifischen Ozean erzählt Sewernyj sodann, was es mit Utjosows Hit »Gop-so-smykom« auf sich hat. Wie bei seinen Ausführungen zur Herkunft von »Auf der Deribasowskaja« liegt Sewernyj auch hier komplett falsch. Aber was zählt, ist nicht, dass er recht hat, sondern dass er recht haben könnte, dass seine Geschichten gut erfunden und gut erzählt sind.

»Was heißt das denn, Gop-so-smykom? So nannte man in Odessa früher die Geiger. Der *smyk* – das ist der Bogen. Aber es war auch der Spitzname eines bekannten Einbrechers, der als Geiger über die Hochzeiten von reichen Leuten zog. Wenn die Gäste sich schon so betrunken hatten, dass ihnen nicht mehr nach Musik war, räumte er in Ruhe das Haus oder die Wohnung aus. Und zog dann weiter zur nächsten Hochzeit. Lonja Utjosow hat diesen Odessaer Helden seinerzeit auf der Bühne gegeben. Er trug ein Käppi, so ein kleines rotes Käppi, stellte sich vor das versammelte Orchester und quakte: ›Los geht's!‹ Und das Orchester antwortete im Chor: ›Was bist du denn für einer?‹ Und er: ›Erkennt ihr mich etwa nicht? Aber ich bin doch der Gop-so-smykom!‹«[73]

Die Szene zwischen Utjosow und seinem Orchester kannten Fuks und Sewernyj natürlich nicht aus eigener Anschauung, sondern von Utjosows 78er-Platte aus dem Jahr 1932. Die nämlich beginnt, wahrscheinlich nach dem Vorbild der Theateraufführung, in der Utjosow das Lied berühmt gemacht hatte, mit dem geschilderten Austausch zwischen Utjosow und seinem Orchester.

Zum Schluss des *Musikalischen Feuilletons, Teil 2*, eine weitere Stunde hochunterhaltsamen Fake-Radios ist herum, singt Sewernyj seinem verehrten Publikum noch »ein Lied aus der alten Stadt Sankt Petersburg, aus der auch diese Sendung kommt«. »Na Arsenalnoj Ulize« (»In der Arsenal-Straße«) ist eine traurige Hymne auf das berühmte Kresty-Gefängnis von Petersburg. Das in rotem Backstein erbaute, heute denkmalgeschützte kreuzförmige Gefängnis an der Newa stammt genau wie das Lied noch aus vorrevolutionärer Zeit. Und damit ist der Sprung geschafft aus dem Odessa der NEP-Zeit hinaus in die weite russische Welt. Arkadij Sewernyj wird im Lauf seiner Karriere noch oft nach Odessa zurückkehren, in seinen Liedern, aber irgendwann auch in Wirklichkeit, doch zunächst einmal lenkt Fuks seinen Wundersänger zu anderen Liedern und anderen Themen.

Die Fuks-Konzerte

Zwischen 1973 und 1975 nimmt Arkadij Sewernyj für seinen Impresario Rudolf Fuks eine Reihe von Konzerten auf, die man unter dem Titel »Archäologie des russischen Blat-Liedes« zusammenfassen könnte. Ohne Unterstützung durch Institutionen, ohne jede wissenschaftliche Absicht und auch ohne besonders strenge wissenschaftliche Grundlagen stellen Fuks und Sewernyj eine Art Audiokatalog russischer Lieder zusammen, wie es ihn bis dahin noch nicht gegeben hat. Was Fuks und Sewernyj hier leisten, ist in jeder Hinsicht vergleichbar mit den Arbeiten amerikanischer Folk-Forscher wie Harry Smith oder Bob Dylan. Wobei Fuks der Archäologe ist und einen Mann zur Hand hat, der die gefundenen Lieder singen kann, als wäre er gerade aus einer Odessaer Bar des Jahres 1926 gekrochen.

Die genaue Datierung der Konzerte ist fast unmöglich, selbst die Reihenfolge der Aufnahmen ist kaum noch zu rekonstruieren – vor allem deshalb, weil die Tonbänder wieder und wieder kopiert und oft genug auch umgeschnitten wurden. Dabei wurde die Reihenfolge der Lieder häufig verändert, Lieder verschiedener Konzerte wurden vermischt.

Zumindest lässt sich sagen, dass Sewernyj 1973, 1974 und 1975 mit Fuks unter anderem diese allesamt grandiosen Konzerte aufnimmt:

- *Na Moskowskom Dnje* (Auf dem Grund von Moskau) – ein Konzert, das Chansons aus dem alten, vorrevolutionären Moskau mit literarischen Texten über Moskaus Unterwelt verbindet.

- *Stiljagi* – ein quasi autobiografisches Konzert über die Jugendbewegung der Stiljagi aus den 50er/60er Jahren.

- *Anascha* (Haschisch) – eine wahre Konzertorgie. Sewernyj spielt und singt wild wie nie und erinnert an Little Richard. Das Konzert gipfelt in dem grandiosen Titelstück »Anascha«, in dem ein Flugzeug voller Haschisch über Moskau kreist, während die Hauptstadt selbst nur noch von Gerippen und Untoten bewohnt wird, die nach Dope duften.

- *Schansonetki* – Hier hören wir den musikwissenschaftlichen Aufklärer Fuks und seinen Sänger Sewernyj auf der Höhe ihrer fröhlichen Wissenschaft. (»Was? Ein Chanson? Das ist ein Mädchen, das absolut gar keine Chancen hat!«) Sewernyj schwadroniert über französische Sängerinnen, die in Petersburg auftraten, über Cancan-Tänzerinnen in Badeanzug und Zylinder und darüber, wie Lenka Pantelejew und seine Jungs mal wieder das *Café Donon* in der Moika 24 überfielen, das es im Übrigen tatsächlich gab – seit 1849, mit einem rumänischen Orchester und ausschließlich tatarischen Kellnern. Selbstverständlich vergisst Sewernyj nicht zu erwähnen, dass Lenka Pantelejew als Gangster ein Gentleman war, der ein und dasselbe Restaurant nicht an zwei aufeinanderfolgenden Abenden besuchte. Nach einem Besuch im *Donon* wechselte er für den nächsten Überfall unbedingt auf die Petrograder Seite zum Restaurant der Brüder Tschwanow auf dem Karl-Liebknecht-Prospekt. Lenka Pantelejew war ein legendärer Gangster und wahrscheinlich gleichzeitig Agent der Geheimpolizei Tscheka. Über diese Seite des geheimnisvollen Lenka Pantelejew, der im Volk wie ein moderner Robin Hood verehrt wurde, weil er ausschließlich reiche NEP-Geschäftsleute ausraubte, schweigen Sewernyj und sein Szenarist Fuks sich aus. Vielleicht wussten sie nichts davon. Welches Lied Pantelejew gesungen hat, als er zur Erschießung geführt wurde, wissen sie hingegen genau. Oder tun sie nur so?

- *Uchar Kupez* – ein Konzert mit Blat-Liedern aus dem 19. Jahrhundert. Es beginnt mit folgender Ansprache: »Es betrübt und ärgert uns, die Freunde und Sammler des sogenannten Blat-Genres und alter russischer Verbannungs- und Gefängnischansons, wenn wir hören, wie das Genre kritisiert wird, dessen Wurzeln bis in graue Vorzeit zurückreichen. Am Beispiel der folgenden Lieder würde ich gern zeigen, dass viele Blat-Lieder aus Volksliedern entstanden sind und viele andere von russischen Dichtern geschrieben wurden.«

- Und schließlich *O Sewere Dalnem* (Über den hohen Norden) – ein Konzert mit Gulag-Chansons aus der Bergarbeiterstadt Workuta am Polarkreis. Hier wagen Sewernyj und Fuks sich weiter als jemals zuvor auf das Feld politischer Kunst und machen doch unmissverständlich klar, dass es ihnen um die Kunst und um die Lieder geht, nicht um ein explizites politisches Statement. Das Konzert beginnt in erprobter Manier mit einem Brief, den Fuks und Sewernyj von einem Hörer erhalten haben wollen: »Meine Freunde und ich finden, dass Sie Ihrem stolzen Familiennamen Sewernyj nicht gerecht werden, weil Sie zu wenige Lieder über den hohen Norden singen. Es zieht Sie vielmehr in den Süden, zu Odessa-Mama und Rostow-Papa. An Workuta-Matschecha zu denken kommt Ihnen gar nicht in den Sinn. Natürlich verstehen wir das. Das sind ja nicht gerade die schönsten Erinnerungen. Aber wie man so sagt: Aus einem Lied kann kein Wort entfernt werden, genauso wenig wie wir diese Jahre zurückbekommen, in denen es kein Glück – nirgends – gab, wie das Tattoo auf meiner Brust sagt. Ihr Freund, ehemals bekannt als Kapitän Kostja.« Fuks kommt in dieser naturgemäß ersponnenen Einleitung ganz ohne Begriffe wie Lager oder Gulag aus. Er kann sich sicher sein, dass seine Zuhörer auch so begreifen, worum es geht. Eine Bemerkung über Solschenizyn streicht Fuks aus dem Skript, auch eine Erinnerung an den Aufstand in Workuta 1943. Wollte er auf Nummer sicher gehen? Die Provokation einigermaßen im Rahmen halten? Wohl kaum. Das Programm, das Sewernyj vorträgt, lässt an Präzision und Wucht nichts zu wünschen übrig. Bloß hätte der Name Solschenizyn Sewernyjs Programm in eine Richtung gedrängt, in der das Lager vor allem ein Ort ist, an dem unschuldige politische Gefangene und Dissidenten leiden. Sewernyj und Fuks geht es aber auch hier um die Gangster, die Gewohnheitsverbrecher, die *Wory-v-Sakone*, die legendären russischen Diebe-im-Gesetz. Solschenizyns Name hätte die quasi mythische Atmosphäre gestört, um deren Erzeugung es Fuks und Sewernyj hier genauso geht wie bei den Odessa-Konzerten. Sewernyj besingt Stimmungen, Gefühle und bestimmte typische Situationen (Flucht, Gefangene verlieben sich ineinander, der Richter verwandelt eine Todesstrafe in eine Haftstrafe). Sewernyj singt aus der Perspektive der Gefangenen vom Leben im Lager, er singt nicht als kritischer Künstler gegen die Lager. Politische Kommentare und Anklagen sind nicht sein Geschäft. Dass Gefängnisse und Lager keine guten Orte sind, versteht sich von selbst.

Mythen in Tüten und realsozialistische Geschäftsmodelle

Die Tonbandalben, die Fuks und Sewernyj zwischen Anfang 1973 und 1975 zusammen produzieren, folgen alle demselben Rezept. Fuks und Sewernyj nehmen Lieder auf, die in der offiziellen Kultur nicht vorkommen, explizit verboten sind oder ignoriert werden, reichern das Ganze mit lustigen Geschichten und Hintergrundwissen an und verpacken es als fortlaufende Produktion eines Sängers, über den nichts, aber auch gar nichts bekannt ist – abgesehen von seinem Namen und seiner Stimme. Und diese Stimme ist phänomenal. Sewernyj singt alte Blat-Lieder, Odessaer Chansons, Romanzen aus der NEP-Zeit und neue Lieder gleichermaßen mit einem Gestus, der an frühe Blues-Meister wie Robert Johnson erinnert. Nicht ironisch und mit überbordender Heiterkeit, wie der Varieté-Star Utjosow. Nicht theatralisch und hypertragisch wie der Schauspieler Wyssozkij. Sondern so, als sei es die natürlichste Sache der Welt, dass die Stimme eines Mannes den vollen Schmerz der Welt und gleichzeitig das große Glück des Singens transportiert. Man hört, wie viel Freude Sewernyj am Singen hat. Und gleichzeitig ist da eine erschütternde Verletzlichkeit, die noch durch die gröbsten Scherze, die ausgelassensten Texte, die wildesten Odessaer Tanznummern durchklingt und auch von Sewernyjs scheinbar mächtiger Stimme nie verdeckt wird. »Ihr wisst, wie man singt«, sagt Sewernyj auf einem Band, das Ende 1978 aufgenommen wurde, »aber ich fühle es.«

Arkadij Sewernyj hatte die magische Begabung, jedes beliebige Lied zu einem Sewernyj-Lied zu machen, zu einem Lied, das man sich in einer anderen Interpretation kaum noch vorstellen kann. Sewernyj kannte jede Wendung, er wusste, wo und wie betont werden musste, es war, als lebte er in den alten Liedern, selbstverständlich, vertraut mit allen Einzelheiten. Dass Sewernyj in seinem ganzen Leben nie selbst ein Lied schrieb, ja dass er die Lieder oft nur wenige Minuten vor der Aufnahme zum ersten Mal vorgelegt bekam – es war vollkommen egal. Sobald Arkadij Sewernyj den Mund aufmachte und zu singen begann, waren es seine Lieder, alle und für immer.

»In seiner Stimme war ein Geheimnis, so ähnlich wie beim jungen Wyssozkij. Wyssozkij war ja ein junger Kerl, aber wenn man ihn singen hörte, konnte man denken, dass da ein sibirischer Lagerhäftling singt. Das war phänomenal. Und dieses Geheimnis zog die Leute an. Bei Sewernyj war das genauso. Seine Stimme war auch geheimnisvoll, er klang viel älter, als er war. Und diese Stimme hat die Legende begründet. Die Leute fragten sich einfach: Was ist das für ein Kerl, woher kommt der? Sie wussten ja nicht, dass jemand all diese Lieder für ihn schreibt. Dass er meine ganze Plattensammlung singt. Das war ja eine riesige Zahl von Liedern, teilweise vorrevolutionäre Lieder oder aus der NEP-Zeit. Also, woher kommt dieser Mensch, der all diese Lieder singt?« Man merkt, dass Rudolf Fuks viel Zeit hatte, um darüber nachzudenken, was da eigentlich unter seinen Händen passiert ist Anfang der 70er.

Herauszufinden, wer Arkadij Sewernyj war und woher er kam, war in den 70er Jahren schlicht unmöglich. Sewernyj hat in seinem ganzen Leben nur ein einziges Interview gegeben (1979 in Kiew), und selbst das war eher die betrunkene Parodie eines Interviews und wurde nirgends gedruckt oder gesendet. Keine Zeitung hat zu Lebzeiten über ihn berichtet, sein Name wurde nie im Fernsehen oder Rundfunk erwähnt (abgesehen von den Piratensendern). Das Einzige, was es gab, waren Tonbänder, Kilometer von Tonbändern. Und Mythen. Gerade weil niemand schlüssig erklären konnte, wer dieser Sewernyj war, blühten die wildesten Theorien, von Anfang an:
Arkadij Sewernyj ist der Sohn des Politbüromitglieds Anastas Mikojan.
Arkadij Sewernyj ist ein uralter weißgardistischer Offizier, der noch im russischen Bürgerkrieg gekämpft hat.
Arkadij Sewernyj ist ein Gewohnheitsverbrecher, der zwanzig Jahre im Gulag gesessen hat.
Arkadij Sewernyj lebt als Emigrant in Paris.
Arkadij Sewernyj kommt aus Odessa und wohnt seit Jahrzehnten im legendären jüdischen Verbrecherviertel Moldawanka.
Arkadij Sewernyj hat beste Kontakte zum KGB und zu hohen Parteibossen.
Arkadij Sewernyj ist ein Pseudonym von Wyssozkij.

Dass Arkadij Sewernyj in Wirklichkeit ein ganz normaler sowjetischer Angestellter aus Leningrad war, hätte niemand geglaubt. Die Mythen waren einfach zu schön und wärmten das Herz der Fans vom Pazifischen Ozean bis nach Brest. Die

Wahrheit hätte geschmerzt. Naturgemäß hatten auch Fuks und Sewernyj nicht das geringste Interesse daran, die Wahrheit über den mysteriösen Sänger unter die Leute zu bringen. Erstens hätte das Probleme mit der Polizei bedeutet, zweitens war zumindest Fuks klar, dass die Mythen, die sich schon bald um Sewernyj rankten, das Geschäft beförderten. Je geheimnisvoller, um so besser. Und so baute Sewernyj in fast jedes seiner Tonbandalben Geschichten über sich ein, die sich nicht überprüfen ließen, fast immer frei aus der Luft gegriffen waren und keinen anderen Zweck haben, als die Fantasie der Zuhörer zu befeuern. Viele dieser Geschichten handelten von Reisen:

Sewernyj erzählt, er sei gerade von einer Tour an der BAM zurückgekehrt, er habe in Paris den Fim *Der Pate* gesehen, er habe mit einem Orchester aus der BRD gespielt, in Vietnam als Bomberpilot gedient.

Sewernyj erzählt außerdem von den Gangstern in den Hafenkneipen Marseilles, dass er seinen Impresario 1947 im Lager kennengelernt hat, dass dies nun sein letztes Konzert sei und er nie wieder singen werde.

Die Liste ist endlos. Nach und nach entsteht aus all diesen geschickt platzierten Falschinformationen das Bild einer Traumfigur, eines Sängers, der inmitten des grauen sowjetischen Alltags der 70er Jahre tut, was er will, durch die ganze Welt reist, verbotene Lieder singt und damit auch noch davonkommt. Ein unsichtbarer freier Mann, ein Geist. Eine Stimme aus einer anderen Welt.

Warum das attraktiv war, leuchtet ein. Aber wie kamen die Leute an die Musik?

»Ich hatte einige Tonbandgeräte und hab darauf Kopien gemacht, die ich meinen Freunden gegeben habe. Und die haben es genauso gemacht. So ging es durch das ganze Land, sehr schnell.«

Einer von Fuks' Freunden, der gerade versucht, eine Konservendose mit Fisch zu öffnen, dreht sich um und sagt:

»Weißt du noch, Rudik – ich bin ja jahrelang nach Tallinn gefahren, um dort Bänder zu verticken!«

Sämtliche Aufnahmen mit Sewernyj fanden in Privatwohnungen oder in für die Öffentlichkeit unzugänglichen Sälen statt, oft vor einem Publikum von nicht mehr als zehn, manchmal vielleicht zwanzig Freunden und Bekannten. Das Entscheidende aber waren die Petersburger Sammler, die zu den von Fuks organisierten Konzerten mit ihren Tonbandgeräten anrückten. Für eine an Fuks zu entrichtende Summe erwarben sie das Recht, die Konzerte aufzunehmen, zu vervielfältigen und in beliebiger Zahl zu verkaufen. Sewernyj selbst bekam Mitte der 70er Jahre pro Konzert 500 oder 600 Rubel – ein Vielfaches des durchschnittlichen Monatsgehaltes jener Jahre und deutlicher Beweis für seine enorme Popularität.

Aber Rudolf Fuks redet nicht gerne über geschäftliche Dinge, auch dreißig Jahre später nicht. Ein russischer Sewernyj-Biograf hat ihn gerade in einem Buch als knallharten Geschäftsmann porträtiert, und Fuks ist empört:

»Wir waren Freunde. Ich kann nicht mit Leuten arbeiten, mit denen ich nicht befreundet bin. Das heißt nicht, dass es dabei nicht auch um Geld gehen kann. Ist ja klar, dass ich Geld dafür bekommen muss, wenn ich eine neue Platte mitbringe. Wenn ich sie einfach verschenke, kann ich keine neue kaufen. Wir hatten ein Business unter Freunden. Meine Freunde, das waren wirkliche Freunde – und Sammler. Gleich kommt noch ein Freund von damals. Wenn ich ihn um einen Gefallen bitte, wird er mir den sofort tun, wird seine Zeit opfern, einfach so. Aber wenn es um Platten geht, muss er natürlich bezahlen. Also: Business unter Freunden. Wenn jemand kommt, mit dem ich nicht kann, dann kommt auch kein Handel zustande.«

»Hatten Sie Angst davor aufzufliegen?«

»Sicher, das war einfach gefährlich damals. In diesen Jahren sind mir mehrere komplette Plattensammlungen abhandengekommen. Die Polizei hat sie konfisziert oder der KGB. Jedes Mal wenn ich ihrer Meinung nach irgendetwas angestellt hatte, kamen sie und nahmen als Erstes meine Sammlung mit. Bei meinen Freunden konnte ich zumindest sicher sein, dass sie mich nicht verrieten. Dass sie versuchen zu helfen. Es war einfach unabdingbar, so vorzugehen. Deshalb nahmen wir in unseren Kreis keine Leute auf, die wir nicht kannten, selbst wenn sie Geld hatten. Geld war nicht das Wichtigste. Es war schließlich eine Undergroundtätigkeit, zum Teil sogar konspirativ. Anders ging es einfach nicht.«

Verkauft wurden die Sewernyj-Bänder genauso wie früher die Schallplatten auf Rippen: von Hand zu Hand, unter Bekannten, auf Flohmärkten, in Kneipen und Hauseingängen. Der entscheidende Unterschied: Früher hatten Undergroundproduzenten wie die vom Goldenen Hund fast ausschließlich den lokalen Markt bedient. In Moskau gab es ähnliche Unternehmen, die ähnliche Musik produzierten. Daran hatte sich auch zu Beginn der 70er wenig geändert. Statt Wadim Kosin, Bill Haley und den Beatles produzierte man jetzt Pink Floyd, Led Zeppelin, Deep Purple und King Crimson, aber das Prinzip blieb dasselbe: Support your local record dealer.

Mit Sewernyj betrat nun ein Sänger die Bühne, der das Potenzial hatte, nicht nur seine Stadt, sondern die gesamte Sowjetunion im Sturm zu erobern. Also mussten Bänder von Leningrad aus per Post und Bahn ausgesandt werden, die dann in Kiew, Odessa, Nowosibirsk, Magadan, Nowgorod, Gorkij, Tiflis, Jerewan, Minsk, Sotschi und Wolgograd nach Belieben vervielfältigt wurden. Der beste Beweis dafür, dass das schon 1973 geschah, liegt in den Reaktionen auf Sewernyjs Bänder, die schon bald in Leningrad eingingen. Sehr bald nämlich tauchten bei Rudik Fuks Abgesandte von Sammlern aus Moskau, Kiew und Odessa auf, die sich dafür interessierten, wer dieser Sewernyj ist. Sie würden ihn gern einladen, selbst mit ihm aufnehmen, an seinem Talent – partizipieren? Natürlich gegen Bezahlung, versteht sich. Doch für eine Weile gelang es Rudolf Fuks noch, seinen größten Schatz vor auswärtigen Verführern zu verstecken. Erst im Frühjahr 1977 macht Sewernyj sich zu einer mehrjährigen Tour durch die Sowjetunion auf, die mit seinem Tod enden wird. Doch noch schreiben wir das Jahr 1974, und Fuks hat neue, große Pläne für seinen Sänger Arkadij Sewernyj. Die Zeit der Soloalben ist vorbei. Arkadij Sewernyj braucht eine Band.

Odessa Blat Jazz

Irgendwann zu Beginn der 60er begegnete der betagte Conférencier Nikolaj Smirnow-Sokolskij, eine Art früher sowjetischer Harald Schmidt, der berühmt-berüchtigten Ministerin für Kultur, Jekaterina Furzewa. Die beiden kannten sich seit Jahren, Smirnow-Sokolskij war schon zu Stalins Zeiten ein legendärer Entertainer. Nun beklagte sich, so heißt es, die Furzewa bei Smirnow-Sokolskij, sie verdiene als Mitglied des Zentralkomitees der Kommunistischen Partei weniger als er. Worauf Sokolskij antwortete: »Meine Liebe, sehen Sie: Der Unterschied ist, dass Sie Geld bekommen, während ich Geld verdiene.«[74]

Egal ob dieser Dialog nun tatsächlich so stattgefunden hat oder eine apokryphe Legende ist, eins ist unbestritten: Musiker und Künstler aller Art lebten in der Sowjetunion wie die Maden im Speck. Einzige Voraussetzung war, dass man vom Staat zertifiziert war. Streng nach dem bekannten Gesellschaftsprinzip: Kommste rein, biste drin.

Wer ein Diplom von einer Kunst-, Film- oder Musikhochschule hatte, wurde früher oder später Mitglied der entsprechenden Berufsverbände, und diese sorgten für ihre Mitglieder wie eine fürsorgliche Mutter mit besten Verbindungen. Der Komponistenverband hatte zum Beispiel durchgesetzt, dass 80 Prozent aller Lieder, die in der Sowjetunion zur Aufführung kamen, von Mitgliedern des Verbandes geschrieben sein mussten.[75] Sänger auf offiziellen Bühnen des Landes durften nur ein Fünftel ihres Programms mit eigenen Kompositionen oder Versionen westlicher Schlager bestreiten. Dabei ging es weder um Zensur noch um eine Sprach- und Kulturschutzquote, wie sie in Deutschland seit langem gefordert und in Frankreich Praxis ist. Es ging einzig und allein um Geld. Ausnahmen waren möglich, aber nur für Leute mit allerbesten Verbindungen, wie sie zum Beispiel der Vorzeigerocker Stas Namin hatte. Dessen Großvater saß im Zentralkomitee der Kommunistischen Partei, und diverse andere Familienmitglieder bekleideten hohe und höchste Posten in der Regierung. Weil das Komponieren zertifizierten Komponisten mit Konservatoriumsdiplom vorbehalten blieb, war es nur logisch, dass die Texte zu offiziell veröffentlichten und aufgeführten Chansons praktisch ausschließlich von zertifizierten Dichtern stammten. Darunter waren, genau wie bei den Komponisten, viele Könner wie etwa Robert Rozhdestwennskij oder Igor Schaferan, die Dutzende geniale Songs für diverse Sänger und Sängerinnen schrieben. Aber naturgemäß gab es auch jede Menge talentfeie, ausgelaugte und korrupte Auftragsschreiber, die auf Zuruf produzierten, was immer opportun erschien. Am anderen Ende der Musikproduktion, bei den Bühnenkünstlern, galten dieselben strengen Regeln. Wer auf sowjetischen Bühnen auftreten wollte, musste vorher beweisen, dass er sein Geschäft von der Pike auf erlernt hatte. Hatte man die gestrenge Prüfung durch Expertenkommissionen und Hochschulprofessoren bestanden, fand man sich allerdings in einem Paradies wieder und erhielt regelmäßig hohe Einkünfte, Zugang zu Wohnungen und Urlaubsreisen, Prämien. Zertifizierte Berufsmusiker,

Leonid Utjosow,
1920er Jahre

Leonid Utjosow (Mitte), Isaak
Dunajewskij, Dmitrij
Schostakowitsch (rechts)

Leonid Utjosow in dem Film *Konzert für die Front*, 1942

Leonid Utjosow am 9. Mai 1945, Siegeskonzert auf dem Moskauer Swerdlowplatz

Odessa, Altstadt Ecke Deribasowskaja, Sadowaja- und
Preobrazhenskaja-Straße © Archiv Uli Hufen

Denkmal für Leonid Utjosow, Odessa, Deribasowskaja
© Archiv Uli Hufen

Oben: Arkadij Sewernyj als Odessaer Gangster, 1975
Unten: Arkadij Sewernyj und Rudolf Fuks, Leningrad 1975
© Archiv Rudolf Fuks

Oben: Arkadij Sewernyj im März 1980, einen Monat vor seinem Tod
Unten: Arkadij Sewernyj und Elvis Presley, ca. 1979
© Archiv Sergej Sokolow

Arkadij Sewernyj, Wjatscheslaw Andrejew und Nikolaj
Resanow (v.l.n.r.), Leningrad, späte 1970er Jahre
© Archiv Sergej Sokolow

Arkadij Sewernyj, Sergej Maklakow (sitzend am Tonband), Sergej
Sokolow (3.v.l. stehend), Nikolaj Resanow (4.v.l.) und andere bei
Aufnahmen in der Wohnung von Wladimir Ramenskij, Leningrad 1979
© Archiv Sergej Sokolow

Arkadij Sewernyj mit seiner dritten Ehefrau Sinaida,
20.2.1978, Leningrad
© Archiv Sergej Sokolow

Arkadij Sewernij mit dem Toningenieur
Wladimir Tichomirow, 1979
© Archiv Sergej Sokolow

Sergej Maklakow, Alexander Lobanowskij, Rudolf Fuks,
Leningrad, 1970er Jahre
© Archiv Rudolf Fuks

Arkadij Sewernyj live in Moskau, Restaurant Petschora, 31. Januar 1980
© Archiv Timofej Larionow

Arkadij Sewernyjs Grab
auf dem Piskarew-Friedhof in Sankt Petersburg
© Archiv Sergej Sokolow

Rudolf Fuks in der Emigration,
New York 1982
© Archiv Rudolf Fuks

Rudolf Fuks'
Plattenladen & Label
Kismet-Records, New
York, 14th Street

Rudolf Fuks mit den
einzigen Sewernyj-LPs,
die je veröffentlicht
wurden. Links und
Mitte amerikanische
Pressungen von Fuks'
New Yorker Label,
rechts die sowjetische
LP von 1990
© Archiv Rudolf Fuks

Kostja Beljajew singt am Strand von Gursuf, 1960er Jahre
© Archiv Timofej Larionow

Kostja Beljajew, Igor Ehrenburg am Strand von Gursuf
© Archiv Timofej Larionow

»Unter Beatniks« – Kostja Beljajew mit Freundin am Strand
von Gursuf, 1964/65
© Archiv Timofej Larionow

David Schenderowitsch, 70er Jahre
© Archiv Timofej Larionow

Garik Osipow im Herbst 1981, Saporozhije, Ukraine
© Archiv Garik Osipow

Garik Osipow im Herbst 1977, Saporozhije, Ukraine
© Archiv Garik Osipow

Garik Osipow (rechts) und Woldemar "Jaschtscheriza" Sepp,
Herbst 1979
© Archiv Garik Osipow

Garik Osipow im Klub Bilingua, Moskau, 11.November 2009
© Archiv Uli Hufen

Beljajew auf der Bühne, Moskau 2002
© Archiv Timofej Larionow

Kostja Beljajew und Garik Osipow im Klub *Projekt OGI*, Moskau,
15. März 2002
© Archiv Timofej Larionow

Garik Osipow, Kostja Beljajew und David Schenderowitsch
© Archiv Timofej Larionow

die mit Unterhaltungsorchestern die Kulturhäuser, Konzertsäle und Philharmonien des 250-Millionen-Reiches auf und ab bespielten, konnten tatsächlich leicht mehr als ein Minister verdienen, von normalen Monatslöhnen sowjetischer Arbeiter und Angestellter ganz zu schweigen. Man musste allerdings mehrere Konzerte pro Tag geben. Eine Matinee, ein Tanztee, eine Abendveranstaltung. Genau das scheint gängige Praxis gewesen zu sein, und nicht nur der Frau Ministerin Furzewa war es aufgefallen, sondern auch diversen ebenso eifrigen wie neidischen Mitarbeitern ihres Ministeriums. Die Antwort der wutschnaubenden Ministerialbürokratie auf die schreiende Ungerechtigkeit trug den Titel »Verfügung des Ministeriums für Kultur über die Begrenzung der Konzert- und Gastspieltätigkeit« und beschränkte die Zahl der Auftritte auf zwanzig pro Monat.[76] Damit waren die Berufsmusiker des Landes nicht gerade ins Armenhaus verwiesen. Wohl aber fragten sich viele von ihnen, ob die Mühen und Leiden, die mehrwöchige Tourneen durch die sowjetische Provinz unweigerlich mit sich brachten, noch adäquat kompensiert wurden. Die Antwort lautete oft genug »Nein«.

Einen Ausweg aus der Erwerbskrise fanden clevere Musiker in den Restaurants derjenigen sowjetischen Städte, in denen Leute mit Geld lebten. Dazu gehörten natürlich die beiden Hauptstädte Moskau und Leningrad. Dazu gehörten aber auch Workuta am Polarmeer und Magadan im Fernen Osten. In den 70er Jahren waren aus den ehemaligen Gulag-Metropolen ganz normale sowjetische Provinzstädte mit zwei Besonderheiten geworden. Erstens lebten in Workuta und Magadan viele ehemalige Häftlinge, unter ihnen so prominente wie der Sänger Wadim Kosin. Zweitens verdienten die Arbeiter in den Fabriken und Bergwerken rund um Workuta und Magadan ein Vielfaches normaler sowjetischer Löhne. Nachdem die Lager geschlossen worden waren und der kostenlose Arbeitskräftenachschub versiegte, begann man, Arbeiter durch hohe Zulagen in diese abgelegenen Weltgegenden zu locken. Weil die hohen Zulagen aber nichts daran änderten, dass Magadan und Workuta trübe Provinzstädte mit barbarischem Klima waren, landete ein großer Teil des Geldes früher oder später in den Taschen der Kellner und Kellnerinnen der örtlichen Restaurants. Hier gab es nicht nur gutes Essen und endlose Wodkavorräte, hier gab es auch gute Unterhaltung. Die meisten sowjetischen Restaurants hatten zu dieser Zeit eine Hausband, es wurde getanzt und gesungen. Und genau wie die Arbeiter in den Magadaner Bergwerken wurden auch die Musiker in den Magadaner Restaurants nach sowjetischen Maßstäben fürstlich entlohnt. Weil man aber nicht nur gut verdiente, sondern außerdem noch angenehm weit weg von jenen Kulturkommissaren war, die in Moskau und Leningrad jeden Takt und jedes Wort überwachten und zensierten, übten Magadan und Workuta in den 70er Jahren eine starke Anziehungskraft auf Musiker und Sänger aus.

Der 1941 geborene Pianist und Akkordeonist Anatolij Mesenzew flog 1969 aus dem südrussischen Kuban ins feuchtkalte Magadan. Die Einladung kam von Boris Gora, einem Jazzmusiker, der schon im Orchester des legendären deutschjüdischen Trompeters Eddi Rosner (1910–1976) gespielt hatte.

Rosners Big Band, das Staatliche Jazzorchester der Weißrussischen Sowjetrepublik, war Ende der 30er, Anfang der 40er Jahre die vielleicht beste Big Band in der ganzen Sowjetunion. Zwischen 1946 und 1954 saß Rosner, der in den 30er Jahren vielen als weltbester Trompeter nach Louis Armstrong galt, als Häftling im Gulag und leitete ein Orchester in Magadan.

Während Rosner 1972 in die BRD emigriert, wird Anatolij Mesenzew schnell zu einem der angesehensten Musiker in der Magadaner Szene. Schon bald trägt man ihm die Leitung der Hausband des Restaurants *Juzhnyj* (Süden) an, das an der berühmten Kolyma-Trasse liegt, einer Schotterpiste, die quer durch die nordostsibirische Taiga führt. Später wechselt Mesenzew zurück ins Zentrum der Provinzmetropole, ins *Magadan*. Die beiden Restaurants gehören zu den besten Adressen der gesamten Gegend und sind fast jeden Abend ausgebucht. Entsprechend gut verdienen die Musiker, die unter dem glamourösen Namen Vokal-Instrumental-Ensemble unter Leitung von Anatolij Mesenzew auftreten. Der Begriff »Vokal-Instrumental-Ensemble«, auf Russisch VIA, ist der traurige Versuch der sowjetischen Kulturbürokratie, das Eindringen ideologisch kontaminierter angloamerikanischer Feindvokabeln wie *Band* zu unterlaufen. Doch so unbeholfen der Name von Mesenzews Band auch ist, dass er und seine Leute zu später Stunde Blatnjak mit modernen Beatrhythmen verbinden, spricht sich schnell herum. Nicht nur in Magadan, sondern bis hin zu den Underground-Musikaktivisten im fernen Leningrad. Auf Einladung des Leningrader Sammlers Leonid Pawlow, der die Band offenbar auch live in Magadan gesehen hat, nimmt Mesenzew das Programm seiner Band 1972 auf Tonband auf. Jetzt zahlt sich aus, dass Mesenzew nicht nur ein guter Pianist und Bandleader ist, sondern sich schon seit Jahren intensiv mit zeitgenössischer Aufnahmetechnik beschäftigt. Einen großen Teil seiner Honorare und Trinkgelder investiert Mesenzew in State-of-the-Art-Tonbandgeräte aus dem In- und Ausland.

Eine Kopie des Konzertes schickt Mesenzew zu Pawlow nach Leningrad. Der sorgt seinerseits dafür, dass das Konzert der *Magadanzy*, wie die Band nun kurz genannt wird, schnell in der ganzen Sowjetunion bekannt wird. Das Band ist nicht die erste Aufnahme, bei der Blat-Chansons von einer kompletten Band begleitet werden[77], aber es ist die erste Aufnahme, bei der alles stimmt: das populäre Repertoire aus alten und neuen Blatnjak-Liedern, hochprofessionelle Restaurantmusiker, die Interesse am illegalen Nebenverdienst haben und das Risiko nicht scheuen, hinreichend gute Aufnahmetechnik – Tonbandgeräte, Mikrofone, Mischpult –, Zugang zu Räumlichkeiten, in denen eine Band aufgenommen werden kann. Dazu kamen eine gesunde Mischung aus musikalischem und aufnahmetechnischem Know-how und ein Produzent, der über die technischen Möglichkeiten und Verbindungen verfügt, die nötig sind, um die entstandene Aufnahme zu vervielfältigen und quer durch die Sowjetunion zu vertreiben.

Was in Magadan noch fehlte, war das letztlich Entscheidende: die große Stimme, der charismatische Sänger, der Star. Was fehlte, war Arkadij Sewernyj.

Rudolf Fuks und Sergej Maklakow kennen sich seit den alten Tagen des Goldenen Hundes und der Musik auf Rippen. Irgendwann Ende der 50er, Anfang der 60er Jahre müssen sie sich begegnet sein. Beide dealen in der Leningrader Innenstadt mit Ruslan Bogoslowskijs Platten und werden in der Presse für ihren unsozialistischen Lebensstil beschimpft. Beide teilen eine obsessive Begeisterung für Musik, tauschen miteinander Platten und Bänder, diskutieren sehr wahrscheinlich nächtelang über Musik, rauchen, trinken und feiern. Beide haben einige Jahre gesessen. Doch als ich nach Maklakow frage, zuckt Fuks nur kurz zusammen und fängt dann ausführlich an zu schimpfen:

»Ach, Maklakow war ein großer Säufer! Heute trinkt er nicht mehr. Sewernyj trank noch nicht, als er mit Maklakow zusammenkam, später haben sie ihn darauf gebracht …«

Anfang der 70er Jahre sind Fuks und Maklakow allem Anschein nach noch gut befreundet. Die beiden Männer sind Nachbarn auf der Petrograder Seite, Maklakow wohnt am Bolschoj-Prospekt 29, Fuks ein paar hundert Meter weiter in der Ropschinsker Straße. Fuks hat Maklakow eine Kopie eines der ersten Sewernyj-Solokonzerte geschenkt und ihn auch persönlich mit Sewernyj bekannt gemacht. Maklakow erinnert sich:

»Also, als Sewernyj das erste Mal zu mir kam ... Ich hatte ja Aufnahmen gehört. Und dachte, das ist so ein Kerl, der gesessen hat. ... Groß, mit breiten Schultern. Man stellt sich das so vor, wenn er singt. Ich öffne die Tür, und da steht ein sympathischer junger Mann mit Schlips. Hochgewachsen, mit Gitarre. Ich kriegte direkt schlechte Laune. Was soll das denn für ein Arkadij sein?, denke ich. Das kann ja nicht der Arkadij sein. Er geht ins Zimmer, setzt sich aufs Sofa, nimmt die Gitarre ... Na, wir haben jeder noch ein Gläschen getrunken ... und als er sang, was soll man noch sagen, als er sang, war sofort alles klar.«[78]

Wie Fuks nimmt auch Maklakow Sewernyj zu Hause zur Gitarre auf, aber diese Bänder sind nie in Umlauf gekommen. Wahrscheinlich ahnt Maklakow, dass Fuks mit seinen *Musikalischen Feuilletons* den Markt abgedeckt hat. Vielleicht sind die beiden zu diesem Zeitpunkt auch einfach noch zu gut befreundet, als dass Maklakow ein Konkurrenzprodukt auf den Markt bringen könnte.

Wenn man Arkadij Sewernyj allerdings mit Band aufnehmen könnte, das wäre etwas ganz Neues und Unerhörtes! Spätestens im Sommer 1974 tragen sich sowohl Fuks als auch Maklakow mit diesem Gedanken. Ob von Anfang an als Konkurrenten oder zunächst doch noch als Partner, darüber gibt es keine gesicherten Auskünfte. Auch wenn einiges darauf hindeutet, dass sie Konkurrenten sind. Auf jeden Fall haben beide dieselben Probleme: Der Sänger ist da, das Repertoire ist da, das Know-how und die technischen Voraussetzungen für Produktion und Vervielfältigung sind da. Wo aber soll die Aufnahme stattfinden? Und woher sollen die Musiker kommen?

Fuks und Maklakow sind seit mindestens fünfzehn Jahren im Musikgeschäft, aber sie sind keine Musiker. Und anders als in Odessa gibt es in Leningrad keine öffentliche Musikerbörse, wo man professionelle Sessionmusiker tageweise buchen kann.

Was es gibt, sind Restaurants. Um die siebzig sollen es gewesen sein. Viele dieser Restaurants leisten sich eine Band, um ihre Gäste zu unterhalten, und die Musiker dieser Restaurantbands sind durch die Bank gut. Ohne Lizenz geht nichts, und eine Lizenz bekommt man nur nach erfolgreicher künstlerischer Prüfung. Dass Schmiergeldzahlungen bei der Lizenzvergabe an der Tagesordnung sind, versteht sich von selbst. Die Restaurantszene ist durch und durch korrupt und vom Staat nur schwer zu kontrollieren. Nicht zuletzt deshalb, weil die finanzstarke Elite des Landes selbst gern in guten Restaurants essen und trinken geht. Regierungsbeamte, Industriebosse, Unterweltfiguren und mittendrin Schattenweltprinzen wie Rudolf Fuks oder Sergej Maklakow.

Maklakows Lieblingsrestaurant ist das *Parus* (Segel), ein Restaurant auf einem alten Dampfer, der am Schdanow-Ufer der Petrograder Seite vor Anker liegt, direkt neben der Tutschkow-Brücke. Das *Parus* hat eine sehr gute Band, die der sechsundzwanzigjährige Gitarrist und Banjospieler Nikolaj Resanow leitet.

Im Spätherbst 1974 spricht Maklakow Resanow an und fragt, ob er und seine Leute daran interessiert seien, gegen Honorar in privater Atmosphäre Blat-Chansons auf Tonband aufzunehmen. Resanow ist ein professioneller Jazzmusiker, er hat jahrelang in der Big Band von Iosif Weinstein gespielt. Aber das Repertoire, von dem Maklakow spricht, ist ihm, wie jedem Sowjetbürger seiner Zeit, vertraut. Wenn die Nächte im *Parus* länger werden und die Gäste nicht knausrig sind, singt Resanow selbst gelegentlich Blatnjak. Dafür kann man zwar Ärger bekommen, aber für solche Fälle gibt es ein altes russisches Sprichwort: »Wer nichts riskiert, trinkt keinen Sekt.« Außerdem fließen reichlich Trinkgelder.

Am 24. Dezember 1974 nimmt Maklakow die Band erstmals auf, Arkadij Sewernyj ist an diesem Tag noch nicht dabei. Sie spielen dreiunddreißig Lieder ein, alle sind zufrieden, und ein Name für die Band ist auch gefunden: Nikolaj Resanow trägt wegen seines brillanten Gitarrenspiels in der Musikerszene den auf alte Zigeunertradition zurückgehenden Ehrennamen *Michel Zhemtschuzhnyj* – Michel die Perle. Was liegt da näher, als seine Band die Zhemtschuzhiny-Brüder zu nennen? Der Name klingt auf Russisch hervorragend und hat den zusätzlichen Vorteil, eventuell neugierige Kulturpolizisten auf eine falsche Fährte zu locken. In der Band von Nikolaj Resanow spielen im Lauf der Jahre viele Russen, viele Juden und auch ein Georgier. Zigeuner aber war keiner der Musiker.

Unterdessen ist auch Rudik Fuks nicht faul gewesen und hat Musiker aufgetrieben: Der Pianist Sascha Resnik verdient sein Geld normalerweise im Fünfsternehotel *Astorija* direkt neben der Isaak-Kathedrale, der Bassist Wolodja Wassilijew ist Mitglied des Vokal-Instrumental-Ensembles Singende Gitarren, der Geiger heißt Semjon Lachman, der Schlagzeuger Juri Smirnow. Und noch ein Problem hat Fuks elegant gelöst: Als Studio hat er die Aula des Lenprojekt-Instituts auserkoren, seine eigene Arbeitsstelle. Dort ist genug Platz, und mit den Wachleuten hat Fuks sich irgendwie geeinigt. Zu allem Überfluss verfügt der Saal nicht nur über eine Mikrofonanlage, zur Ausrüstung gehört sogar ein semiprofessionelles Studiotonband der sowjetischen Marke Tembr. Am 23. Februar 1975 gegen Mittag ist es schließlich so weit. Arkadij Sewernyj steht mit vier Musikern auf der Bühne. Sewernyj hat noch nie in einem so großen Saal gesungen, es hat nur eine Probe gegeben, die technischen Probleme sind riesig, in der Mitte des Konzerts läuft der Schlagzeuger davon, das Klavier ist vollkommen verstimmt.

Und trotzdem spielen die fünf Männer an diesem Tag ein Tonbandalbum ein, das nicht nur eines der absoluten Meisterwerke des Genres ist, sondern eines der großen, bleibenden Denkmäler der sowjetischen Kunst und Musik der 70er Jahre.

Fuks und Sewernyj vertrauen weitgehend dem Odessaer Material, das Sewernyj auch in den *Musikalischen Feuilletons* gesungen hat. Utjosows Klassiker »S odesskogo kitschmana«, »Gop-so-smykom« und auch »Murka« fehlen. Dafür hat Fuks einige neue Lieder selbst geschrieben und einige weitere alte ausgegraben, die Sewernyj noch nie gesungen hat. Allein das furiose, von Sascha Resniks Klavier angetriebene »Ras v Rostowe-na-Donu« (»Es war in Rostow am Don, als ich zum ersten Mal in den Knast geriet«) hätte Sewernyj als Sänger unsterblich gemacht. Ebenso die tragische Ballade »Tschornaja Mol« (»Schwarze Motte«), in der eine alte, wohl schon reichlich abgehalfterte Pariser Prostituierte ihre Lebensgeschichte erzählt. Natürlich stammt auch die schwarze Motte aus Odessa. Ihr Vater kämpfte im Bürgerkrieg für die Weißen, wofür die Roten ihn umgehend erschossen. Die Tochter aber gab sich einem Oberst hin und machte sich mit dem verdienten Geld auf und davon ins freie Paris.

Aber das Entscheidende an diesem 23. Februar 1975 sind nicht die Texte, das Entscheidende ist die Musik, die vor allem von Sascha Resniks virtuosem Klavierspiel und Semjon Lachmans Geige geprägt wird. Es ist eine Musik, die für Hörer am Beginn des 21. Jahrhundert alt, aber vertraut klingt und die mehr als nur entfernt an Klezmermusik erinnert. Mitte der 70er Jahre aber hatte es noch kein Klezmerrevival gegeben, schon gar nicht in der Sowjetunion. Vor allen Dingen gab es, abgesehen von Utjosows Aufnahmen von 1932, keinerlei historische Aufnahmen, an denen Sewernyjs Musiker sich hätten orientieren können. Was es gab, war die lebendige Überlieferung musikalischer Traditionen von einer Musikergeneration zur nächsten. Und die funktionierte auch ohne Tonträger ganz offenbar hervorragend. Rudolf Fuks:

»Lassen Sie es mich so sagen: Da ist der Einfluss des Odessaer Jazz. Der Jazz kommt ja aus Odessa, wie Utjosow einmal gesagt hat. Das geht auf die Klezmermusik zurück, diese jüdischen Tanz- und Hochzeitsmelodien. Das ist eine der Hypostasen des Jazz. Als die jüdischen Musiker nach Amerika emigrierten mit ihrer Klezmermusik, da war das einer der drei Grundsteine des Jazz. Der Jazz kam ja einerseits von der schwarzen Musik und andererseits von der jüdischen Musik, na ja, plus einige andere Bestandteile.«

Für den Odessa-Sound, den Resnik, Lachman und die anderen an diesem 23. Februar teilweise reproduzieren, teilweise neu erfinden, gilt im Grunde dasselbe. Die Basis bilden tatsächlich jüdische Tanz- und Hochzeitsmelodien: die Freilach genannten fröhlichen Tänze, die unter Odessaer Berufsmusikern nicht durch Namen, sondern durch Nummern voneinander unterschieden wurden. Die Ansage »Freilach 23« oder »Freilach 17« reichte.

Zur Begrüßung verneigt Sewernyj sich kurz vor dem großen Utjosow, der 1975 übrigens seinen achtzigsten Geburtstag feierte und von Sewernyj aller Wahrscheinlichkeit nach nichts wusste: »Was denn, du erkennst mich nicht? Ich bin doch Arkadij Sewernyj!«

Genau so hatte Utjosow 1932 sein legendäres »Gop-so-smykom« begonnen. Dann aber stürzen Sewernyj und seine Band sich in eine durch und durch anarchistische Odessa-Party, wie sie Utjosow selbst auf Stalins innigsten Wunsch und strengsten Befehl nie hinbekommen hätte. Sewernyj und seine Musiker sind, für einen Nachmittag, freie Männer. Keinerlei innere oder äußere Zensur legt ihnen Zügel an, textlich nicht, musikalisch nicht. Und man hört es, in jeder Sekunde. Arkadij Sewernyj singt, als stünde er vor dem Jüngsten Gericht, die Band groovt und rumpelt, als gelte es, das elende Politbüro selbst zum Tanzen zu bringen, Fuks und sein Freund Jefimow wechseln die Tonbänder mit fliegenden Fingern. Das Ergebnis ist ein phänomenaler, glücklicher Giftcocktail. Oder im Jiddisch-Odessaer Gaunersprech: *Fartowyj Jad*. Unter diesem Namen ist das Tonbandalbum, das Arkadij Sewernyj, Rudolf Fuks und ihre vier Musiker an diesem Tag produzieren, berühmt geworden. Rudolf Fuks: »Er liebte den Jazz, zur Gitarre versuchte er immer zu swingen. Darum gelang uns auch dieser Odessaer Jazz so gut. Das, was heute gemacht wird, das nennen sie ja gerne Blat-Rock. Aber das, was wir gemacht haben, das würde ich Blat-Jazz nennen.«

Acht Wochen später, am 30. April 1975, kontern Sergej Maklakow und die im Gegensatz zu Fuks' zusammengestoppelter Band seit langer Zeit eingespielten Zhemtschuzhiny-Brüder. Arkadij Sewernyj übertrifft sich selbst.

In drei Taxis fahren Sewernyj, Maklakow und die Zhemtschuzhiny-Brüder am Morgen des 30. April von der Petrograder Seite an den Stadtrand von Leningrad.[79] Hier, in einer der seit Stalins Tod entstandenen Schlafstädte, wohnt ein unternehmungslustiger junger Mann namens Dmitrij Kaljatin. Kaljatin verdient sein Geld mit dem Tuning von Transistorradios. An warmen Tagen treibt er sich an den Stränden der Kurorte herum, die sich außerhalb von Leningrad am Finnischen Meerbusen entlangziehen. Zahlungskräftigen Urlaubern und Ausflüglern bietet Kaljatin an, ihre Radios mit ein paar geschickten Handgriffen so umzubauen, dass sie ausländische Sender wie Radio Liberty, BBC oder Voice of America empfangen können. Fuks hatte Kaljatin zufällig am Strand von Sestrorezk kennengelernt und ihn mit Maklakow bekannt gemacht. Man hatte dieselben Interessen. Als Maklakow einen Ort sucht, um

Sewernyj aufzunehmen, springt Kaljatin ein. Anders als Fuks und Maklakow, die in Kommunalwohnungen wohnen, ist Kaljatin stolzer Besitzer einer Dreizimmerwohnung und, auch nicht unwichtig, eines Klaviers!

Das Konzert beginnt mit den üblichen Mystifikationen:
»Nachdem ich das Konzert der Zhemtschuzhiny-Brüder in Odessa gehört hatte«, schwadroniert Sewernyj, der noch nie in Odessa war, noch nie geflogen ist und keinen Sohn, sondern eine Tochter hat, munter drauflos, »setzte ich mich umgehend ins Flugzeug nach Petersburg, um mit diesen Brüdern ein Konzert für die musikalische Sammlung von Sergej Iwanowitsch (Maklakow) und Dmitrij Michajlowitsch (Kaljatin) aufzunehmen. Ich habe noch meinen kleinen Sohn Monja mitgebracht, und darum: Los geht's!«

Nikolaj Resanow ergänzt kurz darauf im Namen der Band:
»Das Ensemble Die Zhemtschuzhiny-Brüder der Stepan-Rasin-Fabrik wurde wegen des ersten Konzertes aus der Fabrik entlassen und arbeitet nun im zweifach mit dem Rotbannerorden der Arbeit ausgezeichneten Wodka-und-Likörwerk, und zwar in der Abteilung, in der Genosse Arkadij Sewernyj Chef ist. Also bitte!«

Selbstredend entspricht nichts von alldem der Wahrheit. Nur die Sammler Sergej Iwanowitsch und Dmitrij Michajlowitsch, die gibt es tatsächlich. Und natürlich die Band. Zu den Zhemtschuzhiny-Brüdern aus Arkadij Sewernyjs Wodka- und Likörfabrik gehören neben Resanow der Pianist und Akkordeonist Alik Kawlelaschwili, der Drummer Gennadij Jankowskij, der Bassist Robert Sotos und die Saxofonisten Gennadij Lachman und Witalij Smirnow. Die Zhemtschuzhiny-Brüder sind ein eingespieltes Jazz-Sextett, das Sewernyj an diesem Tag durch ein Repertoire peitscht, das sich nicht stärker von dem unterscheiden könnte, das er acht Wochen zuvor für Fuks eingesungen hat. Sewernyj beginnt mit dem Odessaer Klassiker »Kak-to po prospektu s Mankoj ja guljal« (»Als ich einmal mit Manka spazieren ging«). Doch in der Folge verzichtet er fast vollständig auf die bekannten Odessaer Hits. Stattdessen singt er ein Programm, in dem sich klassische russische Blat-Chansons abwechseln mit städtischen Romanzen und einigen verbotenen Liedern des 1974 emigrierten Barden Alexander Galitsch. Dazu kommt zu Beginn des Konzerts ein Lied des jungen Elektrikers Wolodja Ramenskij, der in den nächsten fünf Jahren Dutzende Chansons für Sewernyj schreiben wird. Maklakow, der das Programm höchstwahrscheinlich zusammengestellt hat, hat Sewernyjs Repertoire entscheidend erweitert und wird das in der Zukunft immer wieder tun. Vor allem aber hat er mit den Zhemtschuzhiny-Brüdern einen wirklichen Glücksgriff getan. Zwischen 1975 und 1980 wird die Band in wechselnder Besetzung zweiunddreißig Tonbandalben mit Arkadij Sewernyj einspielen.

Aber zunächst einmal ist Schluss.

Kaum sind die Aufnahmen in Dima Kaljatins Wohnung beendet, verschwindet Arkadij Sewernyj aus Leningrad. Monatelang weiß niemand, wo er ist. Als er im Herbst wieder auftaucht, übel ramponiert, beginnt eine fünfjährige, nahezu pausenlose Aufnahmeorgie, in deren Verlauf Sewernyj weit mehr als tausend Lieder für mehr als hundert Tonbandalben einsingt. Mehr als irgendein anderer russischer Sänger im 20. Jahrhundert. Wie viele Alben es genau waren, wird nie mehr zu rekonstruieren sein, weil zu vieles in den Wirren der Zeit verloren gegangen ist oder versehentlich überspielt wurde. Sewernyj selbst soll in Notfällen unschätzbare Originalbänder für ein paar Flaschen Wodka an der nächstgelegenen Straßenecke oder in einer Bierkneipe verkauft haben.

Die Legende Arkadij Sewernyj strahlt hell, bevor sie im April 1980 verlischt. Das Privatleben des Arkadij Swesdin ist 1975 schon am Ende.

Die Ehe mit Walentina Swesdina wird 1974 geschieden, Arkadij zieht aus und sieht seine zweijährige Tochter nie wieder. Ein paar Monate später verliert oder verlässt er auch die Arbeit im Holzexport. Bis zu seinem Tod sechs Jahre später wird Arkadij Sewernyj nie wieder geregelter Arbeit nachgehen oder eine eigene Wohnung besitzen. Er lebt lange Zeit ohne Registrierung und ohne Pass, was in der Sowjetunion dieser Jahre nicht nur so gut wie unmöglich, sondern auch gefährlich ist. Jede beliebige Polizeikontrolle kann zu einer Gefängnisstrafe wegen Landstreicherei und *Tunejadstwo* führen. Der gefürchtete Nichtstuer-Paragraf hatte dem kommenden Literaturnobelpreisträger Iosif Brodskij schon 1964 eine Haftstrafe eingetragen und blieb auch in den 70er Jahren das Damoklesschwert über der Moskauer und Leningrader Boheme. Wer nicht arbeitet, kann inhaftiert werden. Sewernyj aber hat nicht nur keine Arbeit. Er hat keine Familie, keine Wohnung, keinen Pass, abgesehen von einer Tüte mit Wechselwäsche keinerlei Besitztümer und noch nicht mal eine Adresse.

Sewernyjs Leben als streunender Chansonnier füllt einen berühmt-berüchtigten Propagandaschlager ganz unerwartet mit subversivem Sinn. In dem Lied heißt es (auf Russisch natürlich in feinen Reimen!):

Die Eisenbahnräder diktieren, wo wir uns sehen können,
ich habe Telefonnummern in verschiedenen Städten,
das Herz sorgt sich, das Herz ist erregt, ein Postpaket wird gepackt.
Ich bin da, wo fähige Leute sind.
Ich bin da, wo auf den Plakaten steht »Vorwärts!«.
Ich bin da, wo das fleißige Land neue Arbeiterlieder singt.

Und immer wieder der enthusiastische Refrain:

Meine Adresse ist keine Straße und keine Hausnummer,
meine Adresse ist die Sowjetunion!
Moj Adres Sowjetskij Sojus![80]

Abstieg und Untergang eines Folk-Genies

Vom Herbst 1975 bis zum Frühjahr 1977 lebt Arkadij Sewernyj meist bei Dima Kaljatin und seiner Frau Sofia, mal in der Wohnung am Stadtrand von Leningrad, mal in der Datscha in Sestrorezk am Finnischen Meerbusen. Sofia Kaljatina scheint die einzige Person in Sewernyjs engerem Umfeld gewesen zu sein, die sich mehr für den Menschen Arkadij Swesdin interessiert hat als für den Sänger. Kaljatina beschreibt Swesdin in ihren Erinnerungen[81] als extrem willensschwachen Menschen, der im Leben nur zwei Interessen hatte: Singen und Trinken, auf Russisch: *pet'* und *pit'*. Sewernyj selbst hat es gesagt: pet' und pit' sind Synonyme. Sofia Kaljatina ahnt, dass Sewernyj diesen Lebensstil nicht lange durchhalten wird. Doch die meisten anderen Leute um ihn herum versuchen, sein vom Alkohol befeuertes Genie so lange wie möglich auszubeuten. Das Eisen muss geschmiedet werden, solange es heiß ist. Wo immer Sewernyj ist, stehen Flaschen bereit, wo immer Sewernyj ist, stehen Tonbänder und Mikrofone. Sewernyj singt überall und immer. Den ganzen Abend, die ganze Nacht, manchmal tagelang, mit und ohne Tonband, in jedem Zustand. Der spindeldürre Mann mit der enormen Stimme ist ein Naturereignis. Sewernyj singt zu Hause bei den Kaljatins, und das Tonband läuft. Dutzende von Solokonzerten entstehen, einige haben sogar überdauert, auf manchen ist Sofia Kaljatinas zauberhaft gebrochene Stimme zu hören. Sewernyj singt in der Fischereikolchose von Sestrorezk und wird mit einem Sack Fische bezahlt. Sewernyj singt für die Kollegen eines Taxifahrers, der nicht glauben kann, wer da in seinem Auto sitzt. Sewernyj singt in irgendwelchen Kneipen, Restaurants und Bahnhofsimbissen. Wahrscheinlich singt er sogar für die Ärzte der renommierten Bechterew-Klinik, in der er sich 1976 auf Vermittlung von Sofia Kaljatina und Maklakows Ehefrau einer ersten Alkoholentziehungskur unterzieht. Und natürlich singt Sewernyj weiter für Maklakow, Fuks und andere Produzenten, die um ihn herumsummen wie Bienen um den Honigtopf.

Beinahe monatlich entstehen große Tonbandalben:

- Das *Dritte Odessaer Konzert* – Rudolf Fuks hat sich selbst übertroffen und diesmal fast alle Lieder selbst geschrieben, darunter das fantastische »Wernulsja taki ja v Odessu« (»Ich bin nach Odessa zurückgekehrt«), das heute weithin als uraltes Volkslied gilt.
- *Die Prostituierte Burelomowa* – Sewernyj singt Lieder von Alexander Lobanowskij, einem ehemaligen Gulag-Häftling, der seine Karriere als Sänger in den Restaurants von Workuta am Polarkreis startete. Das Konzert enthält das phänomenale »Na Kolyme« (»An der Kolyma«), ein Liebeslied, in dem zwei Häftlinge sich im Lager kennen- und lieben lernen. Kurz darauf wird sie entlassen. Als der Mann, aus dessen Perspektive das Lied gesungen wird, Jahrzehnte später freikommt, reist er nach Rostow am Don. Auf dem Bahnsteig begrüßt ihn seine inzwischen alt und grau gewordene Lagerliebe, gestützt vom gemeinsamen Sohn.
- *Zum 85. Geburtstag von Alexander Wertinskij* – Sewernyj wird im Nachthemd direkt aus der Alkoholklinik geholt, singt kaum und profiliert sich stattdessen als Conférencier. Offenbar waren die Produzenten der Meinung, seine Stimme eigne sich für Wertinskijs Repertoire nicht, wollten aber auf seinen guten Namen nicht verzichten.

- *Auf dem Prospekt des 25. Oktober* – ein weiteres Konzert mit Liedern aus der NEP-Ära. In den 20er Jahren hieß der Leningrader Newskij-Prospekt Prospekt des 25. Oktober. Der 25. Oktober 1917 war der Tag, an dem Lenin und Trotzkij an die Macht gelangten.

Außerdem zwei Alben mit der Band Oberton – Sewernyj singt Rock'n'Roll – und das *Jubiläumskonzert* mit den Zhemtschuzhiny-Brüdern, ein weiterer Meilenstein des Odessa-Blat-Jazz.

Doch so zuverlässig Sewernyj Meisterwerk um Meisterwerk produziert, so unübersehbar sind die Warnsignale. Bei vielen Sessions herrschen haarsträubende Zustände. Nicht nur Sewernyj ist betrunken, sondern auch Musiker und Toningenieure. Es kommt zu Prügeleien, ständig tauchen neue Produzenten und Musiker auf, die Sewernyj kaum kennt. Aus dem Blatnjak wird immer mehr ein Geschäft. Sewernyj ist der König, aber es gibt viele Bands und Musiker, mit denen er singen kann. Vor allem gibt es viele Produzenten. Es wird zu viel aufgenommen, oft ohne besondere Vorbereitung und Konzept. »Sewernyj bereitete sich ja nie auf seine Aufnahmen vor. Es gab nie Proben, keine einzige«, sagt Rudolf Fuks. »Wenn ich ihm ein neues Lied vorschlug, musste er es zumindest ein Mal ohne Mikrofon singen. Später haben ihm die Leute einfach irgendwelche Texte zugesteckt, oft sehr schlechte, selbst geschriebene.« Dima Kaljatin erinnert sich daran, dass er stapelweise Texte von einem Bekannten bekam, der in einem Hotel arbeitete und dort mit Kriminellen und Unterweltgestalten zu tun hatte. Der Bekannte schrieb die Texte auf, und Kaljatin tippte sie für Sewernyj ab[82]. Fuks war schockiert: »Das, was ich von diesen Aufnahmen hörte, gefiel mir nicht. Das war Pfusch. Sewernyj war oft vollkommen betrunken. Ich merkte, dass die Qualität nachließ, aber ich konnte nichts machen. Er war ein freier Mann, konnte tun, was er wollte. Obwohl ich noch Einfluss auf ihn hatte Mitte der 70er.«

Viele der Musiker, die über die Jahre mit Sewernyj spielten, äußerten sich später abfällig über die Umstände, unter denen die Aufnahmen eingespielt wurden. Anders Rudolf Fuks. Er ist einer der ganz wenigen, die von Anfang an verstanden, dass in der speziellen Lo-Fi-Atmosphäre und den vielen technischen Unzulänglichkeiten der besondere Zauber von Sewernyjs Tonbandalben liegt. Fuks nimmt das Unfertige, Improvisierte nicht nur hin, er kultiviert es bewusst. Schon im Februar 1975 hatte er Sewernyj aufgefordert, den Beat notfalls mit einer Zeitung zu schlagen, nachdem der Schlagzeuger weggelaufen war. Auf dem letzten Konzert, das Sewernyj für seinen Freund und Entdecker in dessen Wohnung einsingt, schlagen die Gäste im Herbst 1976 den Rhythmus mit Messern und Gabeln auf Gläsern. Mit der zunehmenden Professionalisierung der Blatnjak-Szene in den 80er Jahren wird derartiger Übermut unmöglich. Der Lo-Fi-Zauber, der Sewernyjs Alben geprägt hat, geht für immer verloren: »Sewernyj hatte ein besonderes Talent. Wenn er sich verlas, und das kam oft vor, wenn er ein Wort falsch gesungen hatte, dann konnte er das überspielen. Er wusste, dass er einen Fehler gemacht hatte und wir die Aufnahme nicht stoppen konnten. Es gab nur diese eine Aufnahme, also musste man etwas mit diesem Fehler machen. Und er konnte das. Hören Sie sich die Alben an! Wahrscheinlich merken Sie das nicht mal!«

Das Band lief. Ganz einfach. Fast alle Alben Sewernyjs wurden komplett live eingespielt. Es gab keine Overdubs und keinerlei Nachbearbeitungen, Gesang und Instrumente wurden stets zusammen in einem Take aufgenommen. Angehalten wurde das Band nur in absoluten Notsituationen, beispielsweise wenn die Musiker sich grob verspielt hatten. Der Grund war banal:

»Es gab nie genug Bandmaterial. Bänder waren Mangelware

(auf gut Sowjetisch: *Defizit* – Anm. d. A). Außerdem waren russische Bänder nicht gut. Also versuchten wir, BASF- oder Sony-Bänder zu bekommen, jeder, wie er konnte. Das war natürlich teuer. Um das Geld tat es uns nicht leid, aber es gab einfach wenig Bandmaterial in der Stadt, überhaupt in der Sowjetunion. Darum haben wir versucht, zu sparen und alles direkt beim ersten Mal aufzunehmen.«

Im Sommer 1976 hält Sofia Kaljatina das Chaos nicht mehr aus und lässt sich scheiden. Ende des Jahres zerfällt Sewernyjs Hausband: Nikolaj Resanow zieht für eine Weile nach Sotschi ans Schwarze Meer, andere Musiker haben keine Lust mehr oder zu viel Angst vor den Behörden. Es heißt, der Sender Voice of America habe Sewernyj gespielt. Wer wollte sagen, ob sich da nicht eine Schlinge zusammenzieht? Im Grunde ist allen klar, dass die Behörden Bescheid wissen müssen, vor allem die Geheimdienst-Schlapphüte und -Lederjacken in Leningrads *Bolschoj Dom*, dem Großen Haus am Litejnyj-Prospekt. Dass Arkadij Sewernyj selbst sich Gedanken, gar Sorgen darüber gemacht hätte, was die Staatsmacht über ihn und sein Schaffen weiß, ist hingegen unwahrscheinlich. Sewernyj lebte von Tag zu Tag und von Aufnahme zu Aufnahme. Er war ein freier Mann, der tat, was er wollte, auch wenn er nicht mehr wusste, was gut für ihn war. Zudem gibt es diverse Hinweise darauf, dass der König des Verbrecherchansons viele Fans bei der Miliz und beim Geheimdienst hatte. Die besten Fotos von Arkadij Sewernyj verdankt die Nachwelt einem Leutnant der Miliz. Sergej Sokolow hatte Sewernyj bei der Arbeit kennengelernt. Sewernyj war mal wieder in der Ausnüchterungszelle gelandet. Die beiden Männer freundeten sich an, und Sokolow wurde schon bald zu Sewernyjs Hoffotograf.

Trotzdem verlässt Arkadij Sewernyj im Frühjahr 1977 Leningrad, seine Stadt, in der er seit 1958 praktisch ununterbrochen gelebt hat. Zum ersten Mal in seinem Leben bricht er zu einer großen Reise auf. Es ist, als habe er sich gesagt: »Du, Arkascha Sewernyj, musst, bevor deine Lebensenergie aufgebraucht ist, zwei Dinge erledigen: Du musst Moskau erobern, die Hauptstadt des Imperiums. Vor allem aber, viel dringender, musst du Odessa sehen, die Gespensterstadt deiner Träume, das flirrende südliche Wunderland, die freie Stadt am Schwarzen Meer, wo Gauner, leichte Mädchen und Sänger im Sonnenschein über Boulevards und Strände flanieren.«

Im Frühjahr 1977 ist es so weit. Arkadij Sewernyj ist gerade achtunddreißig geworden und hat noch drei Jahre zu leben.

Sofia Kaljatina schreibt einen kurzen Text unter dem Titel: »Zur Erinnerung an Sewernyj«: »Arkadij befindet sich am Rande des Abgrunds. Ob er im Lebenskampf bestehen kann, wird die Zeit zeigen. Ich und alle deine Freunde wünschen dir, Arkadij, dass du zu dir kommst, alle Willenskraft sammelst und ins Leben zurückkehrst, um uns alle von neuem mit deinen Liedern zu erfreuen.«[83]

Sewernyj in Odessa

Mitte der 90er Jahre gab der Dichter und Sänger Wladimir Schandrikow (1940–2003) seine Erinnerungen an eine Reise zu Protokoll, die ihn im Frühjahr 1977 aus dem sibirischen Omsk nach Odessa führte.

1977 bekam ich einen Brief von Kozischewskij aus Odessa. Ich war verwundert. Bekannte hatte ich da nicht. Der kurze Inhalt: Sie luden mich ein, Odessa zu besuchen, die Deribasowskaja anzuschauen und ein paar Lieder zu singen. Ich nahm das nicht ernst, aber Freunde überredeten mich: »Die versprechen doch, den Flug, Kost und Logis zu bezahlen!«

Jedenfalls fuhr ich, weil auch Wyssozkij kommen sollte. Am Flughafen gab ich ein Telegramm auf: »Holt mich ab! Rotes Hemd, Dreireiher, blaue Augen, kurze Haare. In der linken Hand die *Omsker Prawda*, in der rechten eine braune Tasche mit den Texten.«[84]

Der Produzent Wladislaw Kozischewskij hatte zu Aufnahmen eingeladen und nicht nur Geld, freie Kost und Logis versprochen, sondern auch ewigen Ruhm in Aussicht gestellt. Kozischewskij träumte von einem nie da gewesenen Gipfeltreffen der berühmtesten sowjetischen Undergroundsänger: Wladimir Schandrikow, Arkadij Sewernyj und Wladimir Wyssozkij sollten, begleitet von einer großen Odessaer Band, ein Tonbandalbum einsingen. Ob Wyssozkij tatsächlich zugesagt hatte oder ob Kozischewskij den Namen des berühmten Barden nur als Lockmittel benutzte, um Schandrikow und Sewernyj nach Odessa zu locken – wir wissen es nicht. Sicher ist nur, dass Wyssozkij im Frühjahr 1977 nicht in Odessa auftauchte. Sewernyj und Schandrikow schon.

»Keiner aus Odessa hatte mich je gesehen. Und ich kannte die Leute nicht, zu denen ich fuhr. Kozischewskij war auf Dienstreise, und darum holte mich keiner ab. Sewernyj war irgendwo auf Sauftour in Kiew und verspätete sich um zwei Tage.«[85]

Von Arkadij Sewernyj gibt es keine Memoiren, aber es darf vermutet werden, dass auch Sewernyj im Winter 1977 einen ähnlich lautenden Brief von Wladislaw Kozischewskij aus Odessa bekommen hatte. Kozischewskij und sein Freund Stanislaw »Stas« Jeruslanow, auch bekannt als »Jerusalim«, taten in Odessa das, was in Leningrad Fuks und Maklakow machten, sie produzierten Musik. Jahrelang hatten die Odessaer (und Kiewer) Impresarios mit ihren Leningrader Kollegen und Konkurrenten verhandelt, um Sewernyj für Aufnahmen in Odessa loszueisen. Jahrelang hatten Fuks und Maklakow sich widersetzt, Ausreden erfunden und Märchen erzählt. »Sewernyj ist auf Tour an der BAM!« »Sewernyj ist gerade eingefahren!« Warum Kozischewskij und Jeruslanow eine Erlaubnis von Maklakow und Fuks brauchten, ob und wie viel Geld geflossen ist, was Sewernyj von diesen Verhandlungen wusste und welche Art von mündlichen Abmachungen es zwischen ihm, Maklakow und Fuks gab, wissen wir nicht. Seit Jahrzehnten hüllen sich sämtliche Akteure des sowjetischen Underground-Musikgeschäfts in Schweigen, wenn es um die finanziellen Details ihrer Unternehmungen geht. Geld nimmt man nicht in den Mund. Klar ist nur eins: Kozischewskij und Jeruslanow haben mit Maklakow und Fuks verhandelt. Und im Frühjahr 1977 war Sewernyj tatsächlich auf dem Weg nach Odessa. Genau da, auf dem Weg nach Odessa nämlich, lag allerdings auch Kiew, wo Sewernyj, wie Schandrikow schnell herausbekam, auf einer Sauftour hängen blieb. Sewernyj war ein akkurater Mann und inspizierte die lokalen Ausnüchterungszellen auch in Kiew persönlich. Gerettet hat ihn wohl sein mittlerweile unionsweiter Ruhm. Als die Kiewer Milizionäre erfahren, dass Arkadij Swesdin Arkadij Sewernyj ist, liefern sie den prominenten Trinker am nächsten Morgen bei seinen Freunden ab. Aber egal, wie viel Sewernyj in diesem Frühjahr säuft, er singt auch: Am 20. April spielt Sewernyj für den Promoter Friedrich »Fred« Rewelson ein großartiges Tonbandalbum mit dem Kiewer Sänger Grigorij Balber und seiner Band ein.

Ein paar Tage später ist es dann so weit. Arkadij Sewernyj steht vor dem berühmten Denkmal für den Stadthauptmann Duc de Richelieu und blickt über die weite Treppe aus Eisensteins Film *Panzerkreuzer Potemkin* hinaus aufs Schwarze Meer. Arkadij Sewernyj ist angekommen. In Odessa. Seit Sewernyj denken kann, singt er Odessaer Lieder. Seit Beginn der 70er Jahre ist er, der schlaksige Junge aus der dreckigen Industriestadt Iwanowo, der Junge, der noch nie in Odessa war, zum weithin berühmtesten Interpreten Odessaer Chansons aufgestiegen. Selbst die Odessiten geben das zähneknirschend zu, andernfalls hätten sie Sewernyj wohl kaum eingeladen. Und weil er nun einmal da ist, bleibt Sewernyj auch eine Weile. Von April 1977 bis Anfang 1979 lebt Sewernyj in Odessa.

»Aus Deutschland?«, fragt die seltsam knarzende, schwer verständliche Stimme am anderen Ende der Leitung. Einer der Männer, mit denen Sewernyj die beiden Jahre in Odessa verbrachte, lebt noch, als ich zum ersten Mal in der Stadt am Schwarzen Meer bin: Stas Jeruslanow. Ein Moskauer Bekannter hat für mich die Telefonnummer des legendären Produzenten aufgespürt.

»Ja, aus Deutschland.«

Dann ist alles ganz einfach. Den Trolleybus Nummer 170 soll ich nehmen von der Martynowskaja-Straße, dann die Alte Marseiller Straße entlangfahren bis zur Dnepropetrowsker-Straße, dann noch ein paar Kreuzungen richtig überqueren bis zur Nummer 80. Ich notiere die lebenswichtigen Details, aber Jeruslanow hat es sich schon anders überlegt:

»Wissen Sie was, das finden Sie nie. Ich hole Sie ab! Wo wohnen Sie? Im *Zentral*?

Warten Sie um drei gegenüber vom Hotel, an der Parkbank bei den Schachspielern. Ich hab einen roten Lada, die Nummer ist 281-53-OA. *Ladno? Dogoworilis?*«

»Ladno! Dogoworilis!«

Die Verabredung steht.

Pünktlich um drei stehe ich an der Parkbank bei den Schachspielern, die hier von morgens bis abends an antiken Stehtischen spielen, trinken, Touristen abzocken und nebenbei undurchsichtigen Geschäften nachgehen. Fünf Minuten später steht er vor mir: Stas Jeruslanow, legendärer Musikproduzent, Knacki, Motorradrennfahrer, Schwarzhändler, Boxer, Arrangeur, Lebenskünstler. Ein Allround-Odessit, klein, gedrungen, voller Energie, mit blitzenden Augen und verflucht schneller Zunge. Ich steige in den Lada ein, Jeruslanow tritt das Gaspedal durch, lässt die Kupplung kommen, und los geht's: Auf in die Neubauvorstadt, in der Jeruslanow seit einigen Jahren wohnt. Schon bald liegen die schattigen Altstadtstraßen hinter uns. Industrieanlagen wechseln sich ab mit Brachen, Tankstellen und Einkaufszentren. Am Horizont zeichnen sich Hochhäuser ab. Knapp zehn Autominuten vom Zentrum entfernt ist nichts mehr zu spüren vom Charme des alten Odessa. Fast nichts. Immerhin sitzt neben mir ein Mann, dessen ganzes Leben eine einzige Illustration für den radikalen Anarchismus alter Odessaer Schule zu sein scheint.

Geboren wurde Stanislaw Jeruslanow genau wie Arkadij Sewernyj, Rudolf Fuks, Sergej Maklakow und viele andere Helden dieser Geschichte kurz vor dem Zweiten Weltkrieg, im Frühjahr 1939. Seine Jugend fiel in die Tauwetterära nach Stalins Tod, 1963 begann Jeruslanows Karriere als Underground-Musikproduzent: »Also, das war so: Ich komme zum ersten Mal auf den Odessaer *Toltschok*, den Flohmarkt. Ich schau mich um, und überall wird Musik gespielt. Ich hab mein ganzes Geld auf dem Markt gelassen. Am nächsten Wochenende bin ich wieder hingegangen. Dieselbe Geschichte. Das ganze Geld weg. Da dachte ich mir: Du kannst doch selbst Tonbänder kopieren! Also hab ich mir noch ein Tonband gekauft und angefangen zu überspielen. Dann haben mich die Bullen ab und zu mitgenommen. Sie nahmen mir die Anlage weg, die Bänder. Damals waren das ja noch Tonbänder. Was haben wir für ein Geld für Tonbänder ausgegeben. Ach, das ist so lange her!«

Abrupt fahren wir von der breiten Straße ab und halten auf

einem staubigen Parkplatz vor einem kleinen Lebensmittelladen. Die Szenerie erinnert an einen Western, dabei haben wir die Stadtgrenzen Odessas gar nicht hinter uns gelassen.

»Wir brauchen was zu essen. Ich bin gleich wieder da!«

Jeruslanow lässt den Motor laufen und springt aus dem Auto. Zwei Minuten später ist er zurück, wirft Salami, Käse, Baguette und Tomaten auf die Rückbank und gibt Gas. Wo waren wir? Ach ja, 1963. Oder 1965?

»Doch, 1965 hab ich im Hafen angefangen zu arbeiten, und da ging es auch mit den Aufnahmen los. Es gab da einen Kerl, der sang wie Wyssozkij. Ich stell ihm also eine Flasche Wodka hin – ohne Flasche hat der gar nicht gesungen –, und er singt Wyssozkij-Stücke! Na ja, seine Stimme klang wirklich so. Jedenfalls hab ich ihn ständig aufgenommen und auf dem Toltschok als Wyssozkij verkauft!« Jeruslanow kichert, hustet, zündet sich eine Zigarette an, kichert wieder. Seine Bronchien rasseln furchteinflößend. »Hab die Leute ein bisschen beschissen, haha!«

In den 60er und 70er Jahren des 20. Jahrhunderts ist der Odessaer Toltschok der berühmteste Flohmarkt der Sowjetunion, eine mythologische Institution in der real existierenden Mangelwirtschaft. Auf dem Toltschok gibt es nichts, was es nicht gibt. Heißt es. Sagt man. Hat man gehört. Aus der ganzen Sowjetunion strömen die Besucher herbei, der Markt ist eine Sehenswürdigkeit, die sich kein Tourist entgehen lässt. Dass der Markt viel älter ist als die Sowjetunion, fast so alt nämlich wie Odessa selbst, die meisten Kunden wissen es nicht.

Schon im 19. Jahrhundert wurde in Odessa auf vier Plätzen entlang des Alexandrow-Prospekts mit Gebrauchtwaren gehandelt. Heute haben an derselben Stelle im Schatten riesiger Akazien die CD- und DVD-Piraten ihre Stände. Nach mehr als siebzig Jahren verjagte man die Trödler schließlich von ihren schicken Handelsplätzen im Zentrum der Stadt und schickte sie hinüber in die Moldawanka, in die jüdisch dominierte Vorstadt der Fuhrleute, Nutten und Gauner, zu Mischa Japontschik alias Benja Krik. Weil die Trödler sich darauf nicht einlassen wollen, sah die Stadt sich gezwungen, große Teile der Ware aufzukaufen und auf die Müllkippe zu karren. Nach dem Zweiten Weltkrieg zog der Markt dann aus der Moldawanka hinüber zum 3. Jüdischen Friedhof an der Industriestraße, bevor er Mitte der 70er Jahre an eine Ausfallstraße am Stadtrand abgedrängt wurde. Jeder in Odessa, der alt genug ist, hat seine ganz speziellen Erinnerungen an den Toltschok. Auch Oleg Gubar hatte mir am Vortag vom Toltschok erzählt. »Der Toltschok am 3. Jüdischen Friedhof, den hab ich in den 60er Jahren selbst noch gesehen. Das war der Ort, an dem die ersten Jeans in Odessa auftauchten! Seeleute hatten die mitgebracht. Auch die Bologna-Mäntel, die Alain Delon in diesem Visconti-Film (*Rocco und seine Brüder* – Anm. d. A.) trug und hinter denen damals alle her waren, auf dem Toltschok konnte man die kriegen. Später an der Moskauer Straße musste man für den Toltschok Eintritt bezahlen. Ich weiß noch, wie ich dort meine ersten Jeans kaufte: ›Super Rifle‹. Ich kam von der Armee und fuhr auf den Toltschok, um mich einzukleiden: Mokassins, Jeans, ein Hemd. Einmal hab ich dort Stone-washed-Jeans gekauft, das war damals angesagt. Ich war noch jung, und Klamotten waren wichtig, wenn man sich zeigen wollte!«

Das Angebot auf dem Toltschok reichte von Klamotten und anderen Importwaren über Bücher und Werkzeug, Strumpfhosen und Antiquitäten bis hin zu exotischen Tieren, die ebenfalls von Seeleuten geschmuggelt wurden: Fische, Papageien, Affen, Schlangen. Auf dem Toltschok konnte man alles finden, natürlich auch Musik. Neben Tonbandproduzenten wie Stas Jeruslanow standen die Schallplattenhändler. Jazz-, Rolling-

Stones- und Beatles-LPs wurden zu horrenden Preisen umgeschlagen.

Der Markt operiert in einer rechtlichen Grauzone, immerhin ist theoretisch jede Art von privatem Handel in der Sowjetunion verboten, auch im freien Odessa. »Es gab natürlich Kontrollen, irgendwer hat sich die Taschen vollgemacht, irgendwer musste Strafen zahlen. Das hieß dann immer ›Spekulantentum‹. Aber die Miliz wurde bestochen, da wurde schwarz bezahlt. Andererseits gab es spezielle Geschäfte, die hießen im Volksmund ›Tränen‹, dort wurde beschlagnahmte Ware verkauft. Und das waren oft Sachen, die man auf dem Toltschok oder in den Wohnungen der Händler konfisziert hatte.«

Stas Jeruslanow kann von alldem ein Lied singen. Jahrzehntelang hat er auf dem Toltschok gehandelt und sich mit der Miliz herumgeschlagen. Mindestens fünfzehnmal wurden Tonbandgeräte und Kassettenrekorder bei ihm beschlagnahmt, wie er mir amüsiert und eher stolz als erbost erzählt. Zwischen 1969 und 1973 musste Jeruslanow sogar vier Jahre Gefängnis wegen Spekulantentums absitzen. Genau wie Fuks und Maklakow in Leningrad sah auch er darin keinen Anlass, mit dem Musikgeschäft zu brechen. Ganz im Gegenteil. Stas Jeruslanow ist ein charmanter, nie um eine Antwort verlegener Gesetzloser im Dienste der Kultur. Er liebt die Musik, er braucht das Geld, und er ist für beides bereit, Risiken einzugehen. Ganz selbstverständlich. Das Gesetz muss gebrochen werden, dafür ist es schließlich gemacht, oder? Was immer Jeruslanow tut, ständig ist er in Kontakt mit der Miliz: »Einmal hab ich irgendwo einen Koffer mit Bändern abgeholt, und die Bullen halten mich an: ›Spekulant!‹« Jeruslanow verwendet das schöne russische Wort *Musor* für Bullen. Musor bedeutet Müll. »Ich sage: ›Die Bänder sind alle für mich!‹ Einmal haben sie am Flughafen von Suchumi[86] einen ganzen Koffer konfisziert. Da gab's gerade

Bänder. Du kaufst mit deinem Geld ein, und die sagen: ›Spekulant!‹ Was für ein Aufwand! Später bin ich wegen der Bänder oft mit dem Zug nach Kiew gefahren. Ich hatte ein Revox-Tonband, das lief auf 38 und 19. Die Bänder? AGFA, BASF, Maxwell – 550-Meter-Bänder! Es gab auch Kilometer-Bänder, darauf hab ich die Originalaufnahmen gemacht. Einmal kam mein alter Freund Jura Brilliantow und verkaufte mir ein Revox-Tonband mit zwei Säcken voller Tonbänder für 50 Dollar. Er hatte es für 8 000 Rubel gekauft! Wir konnten die Säcke kaum zum Zug tragen!«

Am gefährlichsten aber war stets der Versuch, die fertigen Produkte unter die Leute zu bringen. Neben dem Toltschok setzte Jeruslanow dabei vor allem auf die Sanatorien am Ufer des Schwarzen Meers. Hier erholen sich Touristen aus der ganzen Sowjetunion. Die Rubel saßen locker, erst recht, wenn die Leute erfuhren, was Jeruslanow im Angebot hatte: südliche Lieder, Odessaer Gaunerchansons. »Jaaa, in den Sanatorien – heute sind die alle leer, keiner ist mehr da, aber früher waren die immer rappelvoll. Ich fahre also vor und verstecke die Bänder irgendwo. Zum Beispiel im Sanatorium *Rossija* (Russland). Ich verstecke, na, bestimmt dreißig Kassetten! Komme zurück – alle weg! Geklaut. Oohhh! Gute Kassetten, BASF! Neunzig Minuten. Ich hatte immer ein Auge drauf, aber einmal hab ich nicht aufgepasst. Und zack! Dann, im Sanatorium *Druzhba* (Freundschaft): Ich verstecke die Kassetten, dann kommen die Bullen, nicht wegen mir, sondern wegen der Köche, die abends das ganze Essen wegschleppten! Na, die standen in einer Seitenstraße und haben sofort gesehen, was ich da mache: eine Kassette verkauft, zurück zum Versteck usw. Also nehmen sie mich hoch, mit den ganzen Kassetten, Ausweis zeigen! Anzeige! 300 Rubel Strafe! Die Kassetten haben sie natürlich selber behalten. War ja klar, dass ich sie nicht zurückverlange.«

Aber wir sind in Odessa, und das heißt: Im ungleichen

Kampf zwischen Miliz und freiem Kunstunternehmertum behalten die spießigen Anwälte von Gesetz und Ordnung zwar meistens die Oberhand, aber nicht immer.

»Die haben immer die Miliz gerufen – so wie ich aussehe, war das klar. Aber ich war ja mit dem Motorrad da. Das Wichtigste war immer, zurück zum Motorrad zu kommen. Dann einmal um die Ecke und weg! Ich hatte gute Motorräder – tschechoslowakische Javas. Die Autos konnten mich nicht einholen. Einmal haben sie mich und das Motorrad mitgenommen, das war im Sanatorium der Grenzsoldaten. Da waren lauter KGB-Typen. Ich komme mit dem Motorrad, aber die haben dem Wachsoldaten schon gesagt, dass er mich nicht wieder rauslassen soll. Also nehmen sie mich mit, und das Motorrad. Später, zu Hause, denke ich: Hmm, Primorskij Rajon – bestimmt steht mein Motorrad bei der Primorsker Miliz. Also geh ich da hin, schau mich um – und da steht's, direkt vor dem Eingang. Da war natürlich ein Wächter. Na, meine Motorräder konnte man immer ohne Schlüssel starten, antreten und los. Also warte ich ab, bis der Wächter abgelenkt ist, springe drauf und los! Ich dachte, sie bestellen mich aufs Revier, immerhin hatte ich ja mein Motorrad von der Miliz gestohlen. Aber da kam nichts. Die Kassetten und den Rekorder haben sie behalten, und das war's. Haha! So war das. Ich klau mein Motorrad, und die sagen nichts! Solche Sachen!« Jeruslanow kichert wieder und tritt noch ein bisschen fester aufs Gaspedal, wohl in Erinnerung an seine Zeit als furchtloser Rennfahrer. Der treue alte Lada heult auf und schießt über die vierspurige Straße.

Wir sind inzwischen im Neubauviertel angekommen. Ich kann das Schwarze Meer riechen. Ein Lift bringt uns weit nach oben in eine helle, aufgeräumte Zweizimmerwohnung. Jeruslanow ist verheiratet. Eine Frau kommt aus der Küche, Jeruslanow drückt ihr Wurst und Käse in die Hand und führt mich in sein

Wohnzimmerstudio. Ein paar Mikrofonständer deuten an, dass er noch immer als Produzent aktiv ist. In der Schrankwand steht eine neue Stereoanlage, überall Stapel von CDs, an den Wänden hängen große Teppiche. Nichts in der Wohnung deutet auf das wilde Leben hin, das Jeruslanow einst geführt hat. Die Frau stellt lautlos Tee, eine kalte Obstsuppe, Käse, Wurst und Konfitüre hin. Wir essen. Jeruslanow erzählt Schnurre um Schnurre aus vier Jahrzehnten im Odessaer Musikgeschäft. Dabei rutschen ihm schon mal die Jahre und manchmal sogar die Jahrzehnte durcheinander. Die 60er und 70er Jahre, als er auf Tonband aufnahm. Die 80er, als Kassetten aufkamen, die 90er mit den CDs. Aber die wichtigen Momente seines Lebens beschreibt er, als hätte er sie erst gestern erlebt. Und nach und nach verstehe ich, wie das Geschäft eines Tonbandproduzenten im Odessa der 70er Jahre funktioniert hat und wie es heute funktioniert. Der entscheidende Unterschied zwischen Leningrad und Odessa bestand darin, dass es im Odessa der 60er und 70er Jahre nie ein Problem war, Musiker aufzutreiben. »Ach, die Musiker, das sind alles Juden! Die sind so schlau und richtig professionell. Ich sag: ›Spiel mal so – ein bisschen flott. Ah, passt nicht – dann eben so.‹ Und sie verstehen sofort, was man will! Die meisten meiner Konzerte sind ja live aufgenommen. Ich sag den Musikern: ›So und so, das Lied muss schnell sein, das nächste hat einen lyrischen Text aus dem Lager – also sieh zu, dass du was Schönes spielst.‹ Wenn er schlecht spielt, nehm ich ihn nicht noch mal, und er verdient nichts! Aber das geht schon, die sagen: ›Gib uns den Text, wir können alles spielen!‹ Und so soll es auch sein. Die können wirklich alles, schön mit Geige und Saxofon, ein bisschen Klavier.«

Der Holocaust hatte die jüdische Bevölkerung Odessas erheblich dezimiert, aber nicht ausgelöscht. Und so bewahrte auch das Nachkriegsodessa immer deutliche Spuren jener jüdisch dominierten musikalischen Hochkultur, die die Stadt zu Beginn des 20. Jahrhunderts und bis in die 30er Jahre ausgezeichnet hatte. Auch nach dem Krieg und erst recht nach Stalins Tod spielten in den Odessaer Restaurants und Kinofoyers Orchester. Das Gorki-Kino war die Heimat des legendären Petr Rosenker, zu dessen Orchester auch die Sängerin Kapitalina Lasarenko gehörte. Im Schewtschenko-Park sang die Jazzdiva Larissa Dolina, es gab Tanzveranstaltungen, es gab Jazzklubs, viele Firmen hatten Tanzorchester, selbst die Gilde der Odessaer Taxifahrer betrieb eine Big Band, wie mir ein über Siebzigjähriger Klezmer-Klarinettist im jüdischen Museum erzählt hatte. Im Restaurant des *Roten Hotels* spielte der berühmte Schlagzeuger Lew Saksonskij mit seiner Band, im Restaurant *Kiew* wurde Ende der 60er Jahre ein Varieté eröffnet, in dem nach Oleg Gubars Erinnerung jahrelang ein Mann auftrat, der wie Frank Sinatra sang. Es gab das in der ganzen Sowjetunion berühmte Odessaer Operettentheater, es gab natürlich auch die Oper, es gab die Philharmonie. Und es gab die Odessaer Hochzeiten. Als die gröbsten Kriegsfolgen beseitigt waren und sich das ökonomische Leben langsam wieder eingerenkt hatte, kehrte man im warmen Süden Russlands genau wie in Georgien, Armenien und Abchasien zurück zu jenen traditionellen Formen überschwänglicher Gastlichkeit, für die die Gegend von jeher berühmt ist. Ausschweifende Hochzeiten mit Livemusik spielten dabei immer eine zentrale Rolle. So gut wie alle fähigen Musiker in Odessa verdienten sich ein sattes Zubrot mit Auftritten auf Hochzeiten.[87]

Seit den 70er Jahren hat der größte Teil der jüdischen Gemeinde Odessa in Richtung Israel, USA oder Deutschland verlassen, darunter auch viele Musiker, mit denen Stas Jeruslanow in den 60er, 70er und 80er Jahren zusammengearbeitet hat. »Viele sind emigriert, und manchmal sagen die Leute: ›Wen willst du denn noch aufnehmen? Die Juden sind doch alle weg!‹

Aber ich sag nur: ›Ich find schon welche, keine Sorge!‹ Die spielen auf Hochzeiten und in Kneipen, bis heute. Wenn ich morgen Musiker brauche, ruf ich an und sage: ›Ich hol euch ab, oder ihr kommt in euren Autos – seid jedenfalls um 9 Uhr da.‹ Hier ist das Geld – spiel! Haste was verdient! 100 Dollar sind das höchste der Gefühle, für die ganze Band. Der Sänger oder die Sängerin, die kriegen meistens 50 Dollar. Wenn dann die CD rauskommt, gibt es ein paar CDs als Geschenk, vielleicht. Kommt darauf an, wie viel die Firma schickt. Ein paar für den Texter, ein paar für mich, ein paar für die Sängerin.«

»Das heißt, im Grunde läuft das Geschäft heute noch genau so wie in den 70er Jahren?«

»Sicher. Früher gab es 10 Rubel oder vielleicht 25, je nachdem. Jetzt sind es schon Dollar. Ja aber, was denkst denn du! Früher war es leichter!«

»Und wie war das mit Sewernyj? 1977? Wie sind Sie mit ihm zusammengekommen? Wie haben Sie ihn überhaupt gefunden?«

Jeruslanow blickt mich streng an und legt bedeutsam den Konfitürelöffel aus der Hand. Wir sind, so scheint die Geste zu sagen, bei einem Thema angelangt, über das man nicht mal eben so nebenher schwatzt: »Er hat mich gefunden! Nach der Armee hab ich ja ein Jahr im Hafen gearbeitet, in Leningrad. Da gab es einen Sergej Maklakow, der hat Sewernyj in Piter aufgenommen. Wie es dann genau lief, weiß ich nicht mehr, jedenfalls taucht Sewernyj plötzlich hier auf und sagt: ›Stanislaw, ich hab nur 2 Kopeken in der Tasche!‹ Na ja, ich hab ihn untergebracht, wir waren die ganze Zeit zusammen, wir haben uns unterhalten und ständig aufgenommen. Solokonzerte zur Gitarre. Damals hab ich ihn in der Moldawanka aufgenommen – da war meine Bude, da hab ich alles aufgenommen, in der Chutorskaja-Straße. Neben mir wohnte ein Alter, der immer erzählte, dass er als Kind mit Mischa Japontschik Räuber und Gendarm gespielt hat! Da gab es große Lagerhallen und viel

Gestrüpp. Der ist jetzt auch schon tot, der Alte. Vor zwanzig Jahren hat er mir das erzählt.«

Aus Jeruslanows fragmentarischen, ungenauen Auskünften, einigen seither veröffentlichten Erinnerungen und der auf Tonband veröffentlichten Musik lässt sich Sewernyjs Zeit in Odessa zumindest schemenhaft rekonstruieren. Der seltsame Schleier, der über den Odessaer Jahren liegt, ist vor allem aus Alkohol gewebt. Es scheint, als hätten Sewernyj selbst und nahezu alle Leute um ihn herum das Frühjahr und den Sommer 1977 im permanenten Rausch verbracht. Das Gipfeltreffen mit Wyssozkij war geplatzt, aber auch die Aufnahmen mit Schandrikow versanken in Wodka, Wein und Tränen. Schandrikow erinnerte sich:

»Kozischewskij wollte, dass Sewernyj und ich immer abwechselnd jeweils zwei, drei Lieder singen. Aber es kam vor, dass Arkascha gar nicht singen konnte. Und dann ich. Ich schiebe ihn in Richtung Mikrofon, dann er mich: ›Geh du, dir geht's heute besser, oder?‹ Es gab da einen Moment, wo er sang und ich zu weinen anfing, so nahe gingen mir seine Lieder. Er schaute mich an, und in seinen Augen standen auch Tränen. In den Odessaer Aufnahmen ist viel Schund. Ich nahm das nicht so ernst. Die Aufnahmen begannen vormittags. Zwischen 9 und 12 Uhr probten wir und nahmen zwölf, dreizehn Lieder auf. Dann gingen wir ins Restaurant, aßen gut zu Mittag, gingen zurück nach Hause und nahmen noch mal auf, so viel wir konnten. Meistens machten wir die andere Seite des Bandes voll, noch mal zwölf, dreizehn Lieder. Wir haben jeden Tag getrunken, aber nicht zwischen allen Liedern.«[88]

Schandrikow und Sewernyj verbrachten drei Wochen zusammen in Odessa und nahmen jeden Tag auf. Aus den dreiwöchigen Sessions montierten die Produzenten später drei Tonbandkonzerte von zweifelhafter Qualität. Durchaus möglich, dass mehr aufgenommen wurde: Wladislaw Kozischewskij erzählte Jahre später, Sewernyj und Schandrikow hätten Originalaufnahmen ihrer eigenen Konzerte versoffen, während er nicht da war. Ein Foto aus jenen Tagen zeigt die beiden Helden in Schlips und Anzug, ordentlich frisiert und heillos betrunken. Schandrikow und Sewernyj sitzen nebeneinander auf einer Wiese, im Mund eine Zigarette, im Arm mannshohe Plüschtiere. Die vielen neuen Eindrücke in der aus Büchern und Liedern vertrauten, in Wahrheit aber vollkommen fremden Stadt, die südliche Sonne, die endlosen Odessaer Weinkeller und Bierkneipen, das Glück, endlich am Ort seiner Träume zu sein – es war wohl alles zu viel des Guten für Arkadij Sewernyj. Erst ein Jahr später, im Sommer 1978, nimmt Sewernyj in Odessa Konzerte auf, die sich mit seinen besten Leningrader Aufnahmen messen können.

Wladimir Schandrikow reist nach drei Wochen ab und kehrt nie wieder nach Odessa zurück. Seine letzten, auf Tonband verewigten Worte waren an den Produzenten Kozischewskij gerichtet: »Wadim, bitte verzeih uns! Arkascha und ich haben dir viel Mühe gemacht. Aber so wird die Kunst geboren!«[89]

Arkadij Sewernyj bleibt in Odessa und verbringt den gesamten Sommer 1977 bei Kozischewskij und Jeruslanow. »Er war wirklich ein schlimmer Trinker«, sagt Jeruslanow, schüttelt den Kopf und gießt Tee nach. Mir fällt ein, was Oleg Gubar mir ein paar Tage zuvor zum Thema Odessa und Alkohol erzählt hatte. Ich hatte Gubar gefragt, was Mitte der 70er Jahre nach sechzig Jahren Sowjetmacht eigentlich noch übrig war vom alten Odessa, vom wunderbaren, freien Leben am Schwarzen Meer, das Sewernyj in den Odessaer Chansons so kenntnisreich besungen hatte. Was konnte Sewernyj selbst erleben, als er endlich in Odessa war? War das alles nicht verzweifelte Nostalgie?

Gubar sagte mir, dass das freie Leben in Odessa ein Mythos sei, der aber, wie alle Mythen, seine Wurzeln in der Realität habe, auch in den 70er Jahren. Er erzählte vom illegalen Handel in der Hafenstadt, von den Märkten und vom *Interklub*, in dem sich Matrosen, Geheimdienstler und neugierige Teenager wie Gubar selbst ein Stelldichein gaben. Und dann kam Gubar, selbst ein begnadeter Trinker, wie von selbst auf das Thema Alkohol: »Es gab in Odessa immer eine Menge Cafés und Weinkeller – das gab es in keiner anderen Stadt der Sowjetunion. Aus dem ganzen Süden kam Wein nach Odessa! Es gab da folgende Tradition, die auch mit der Musik zu tun hat – ich bin ja unter anderem auch ein Spezialist für die alkoholische Topografie der Stadt: Gäste wurden immer entweder auf der großen oder auf der kleinen Tour durch Odessa geführt. Die große Tour begann am Bahnhof und führte dann die Puschkinstraße entlang, die gesäumt war von diesen Weinkellern. Bodegas, eine nach der anderen. Und dort tranken wir die *Reine Isabella*, die *Reine Lilia* – solche Weine gab es damals! Und für die Leute aus den inneren Gouvernements, wie man so sagte, für die war das natürlich der Duft der Freiheit. Aber das war hier ganz normal. Man trank, ging spazieren, und man scheute sich auch nicht, laut zu reden … Und wenn wir mit unseren Gästen auf diesen Touren waren, wenn wir Geld hatten, dann spielten dort auch diese Orchester, da wurden die alten Lieder gesungen. Also, das freie Odessa ist eine Legende, natürlich, aber eine Legende, die sich auf konkrete Dinge im Leben der Stadt stützen konnte!«

Und je mehr Details der Experte für die alkoholische Topografie von Odessa vor mir ausbreitet, umso plastischer wird mir, wie Arkadij Sewernyj den Sommer 1977 verbracht hat. Sewernyj war tatsächlich im Paradies angekommen, im Alkoholikerparadies. Und kein Zweifel, es wird nicht lange gedauert haben, bis er auf seinen Streifzügen durch die Bars und

Weinkeller Odessas auf Gestalten stieß, die er aus seinen eigenen Liedern gut kannte: kleine und große Gauner, leichte Mädchen und Zuhälter. Vor allem aber zuverlässige Trinkgenossen.

»Der große Rundgang begann ganz in der Nähe des Hauptbahnhofs, in einer Bodega in der Bolschaja Arnautskaja. Dann ging es weiter zur Remeslennaja-Straße, dann auf die Puschkinskaja und über die Basarnaja zur Leninstraße. Dort war noch eine Weinstube. Dann etwas essen! Da, wo heute das muslimische Kulturzentrum ist, gab es damals einen erstklassigen Pelmeni-Laden. Leider ist dieses Denkmal der alkoholischen Gesellschaft zerstört worden. Dann zum *Zwei-Karl* – das war ein ganz berühmtes Lokal. Es hieß so, weil es an der Ecke Karl-Marx-Straße, Karl-Liebknecht-Straße lag. Das Volk hat sich den Namen ausgedacht. Das Lokal existierte seit dem Ende des 18. Jahrhunderts, ich habe das erforscht. Und schließlich weiter zur Deribasowskaja, ganz ins Zentrum, wo der große Rundgang endet. Der kleine Rundgang, das war hier in der Nähe, rund um den Neuen Markt herum und entlang der Sadowaja-Straße. Da gab es ein Lokal, wo moldawischer Wein verkauft wurde. Moldawischer Calvados! Solche Sachen gab es! Und ich habe die Leute auf diese Exkursionen geführt. Ach so, und dann gab es noch meine geliebte kleine Gasse, die Majakowskij-Gasse. Dort gab es einen Weinkeller namens *Sosa*. Da trank man Liköre. Dann gab es in der Preobrazhenskaja einen Weinkeller, über den ich ein ganzes Buch geschrieben habe, über den Weinkeller und seine Gäste. Und schließlich das *Dekanat*: Die Uni war direkt daneben. Wenn man also sagte: ›Lass uns ins *Dekanat* gehen oder in die *Fakultät*‹, dann hieß das, dass man was trinken gehen wollte.«

Der Vollständigkeit halber muss hinzugefügt werden, dass in Odessa auch an anderen Drogen kein Mangel herrschte. Marihuana, im russischen Slang *Plan* oder *Anascha* genannt, wurde am Kirow-Platz verkauft: »Jeder wusste das, das war kein Problem. Eine Portion hieß *Basch*. ›Sabit Basch‹ sagte man, wenn man einen Joint rauchen wollte. Die wurden aus Papirossi-Papier gedreht. Das kannte ich seit meiner Kindheit in den 60er Jahren. Eine Portion kostete einen Rubel.«

Ob Sewernyj Gras geraucht oder sogar härtere Drogen probiert hat, ist mir nicht bekannt. Dass er ganz unbotmäßig viel trank, ist gewiss. Hartnäckig halten sich darum auch Gerüchte über improvisierte Auftritte in Odessaer Weinkellern. Dass unter diesen Umständen an geordnete Aufnahmen im Studio nicht zu denken war, versteht sich von selbst. Die Produzenten Kozischewskij und Jeruslanow dürften fast verzweifelt sein, aber es half nichts. Im Juli und im Spätsommer entstanden zwei wenig bemerkenswerte Tonbandalben. Das war's.

Als die Aufnahmen beendet sind, kauft Arkadij Sewernyj einen Eisenbahnfahrschein und begibt sich ohne Zwischenstopp in eine Moskauer Entzugsklinik.

Vom Spätsommer 1977 bis zum Spätsommer 1978 ist Arkadij Sewernyj trocken. Er lebt in Odessa, stattet dem heimatlichen Leningrad aber mehrfach Kurzbesuche ab. Manche seiner Bekannten vermuten, er sei genau wie Wladimir Wyssozkij von Wodka auf Morphium und Heroin umgestiegen. Wyssozkijs Heroinabhängigkeit (und die diverser anderer sowjetischer Künstler und Musiker der 70er Jahre) ist inzwischen zweifelsfrei belegt. Bei Sewernyj bleibt es eine Vermutung. In jedem Fall ist Sewernyj bei den Kurzbesuchen stimmlich in bester Verfassung und singt mit wechselnden Musikern einige seiner größten Alben ein: *Dixieland* (Oktober 1977), *Provody 77ogo goda* (Abschied von 1977, Dezember 1977) und *1. und 2. Konzert mit dem Ensemble Chimik* im Februar und März 1978.

Besonders bei den beiden *Chimik*-Konzerten ist Sewernyj in großer Form. Die neue Band ist elektrifiziert, hat offensichtlich amerikanische Funk-Platten gehört, und außerdem singt neben Sewernyj eine junge Jazzsängerin.

Der Hauptgrund für Sewernyjs große Form dürfte ein privater gewesen sein. Irgendwann im Herbst 1977 hat er seine letzte große Liebe kennengelernt. Die Dame heißt Sina, und Emissäre aus Odessa haben in Leningrad verbreitet, sie sei die Tochter oder möglicherweise sogar die Ehefrau eines bulgarischen Diplomaten. Bulgarien liegt nicht weit von Odessa entfernt am Schwarzen Meer. Möglicherweise ist Sina aber auch »nur« eine moldawische Glücksritterin, die den berühmten Sänger auf einem der legendären Märkte Odessas aufgegabelt hat. In jedem Fall wird Sinaida Kostadinowa irgendwann Ende 1977 oder Anfang 1978 Arkadij Sewernyjs dritte und letzte Ehefrau[90], kurz darauf taucht sie mit ihrem Gatten in Leningrad auf. Fotos aus jenen Tagen zeigen einen extrem dünnen, streng, aber erfüllt blickenden Arkadij Sewernyj in den Armen einer drallen südlichen Schönheit. Beide tragen erkennbar nicht aus sowjetischer Produktion stammende Jeans und dunkelblaue Rollkragenpullover. Offenbar hat Sinaida Kostadinowa sich der Garderobe ihres Mannes angenommen. Auf allen anderen bekannten Fotos trägt Sewernyj unausweichlich Hemd und Krawatte. Über dem verzückten Paar, das Arm in Arm mit einem gelben E-Bass vor blauem Hintergrund posiert, hängt ein Foto des im vergangenen Sommer verstorbenen Elvis mit Cowboyhut. Wie ein Geist blickt der milde gestimmte King auf die russischen Kollegen. Was er sieht, scheint ihm zu gefallen.

Zum Erstaunen und größten Unbehagen seiner Leningrader Produzenten verlässt Sewernyj jedes Mal nach den Aufnahmesessions Leningrad in Richtung Odessa. Sewernyj ist inzwischen so berühmt, dass Maklakow und die anderen Produzenten mit den Tonbandlieferungen kaum noch nachkommen. Die Bänder werden mittlerweile paketweise in die gesamte Sowjetunion verschickt. Anders als heute funktionierte die russische Post damals hervorragend. Bloß Sewernyj funktioniert nicht mehr so wie früher. Er hat sich emanzipiert und entscheidet jetzt selbst, für wen, wann und wie oft er ins Studio geht. In Odessa, in Moskau oder eben in Leningrad. Die ordnende Hand einer geschäftstüchtigen Ehefrau wirkt wahre Wunder. Sewernyj selbst war zeit seines Lebens nicht in der Lage, die geschäftliche Seite seiner Kunst zu überblicken und ernst zu nehmen, und er scheint sich wohl zu fühlen in seinen neuen Kleidern.

Auch in Odessa singt Sewernyj in den zwölf Monaten zwischen September 1977 und September 1978 große Alben ein. Der Höhepunkt kommt im Juni 1978 mit dem unsentimental betitelten Album *7. Konzert mit der Schwarzmeermöwe*. Die Band, mit der Sewernyj seit einem Jahr regelmäßig arbeitet, ist in Hochform. Doch bemerkenswert ist das Album aus einem anderen Grund. Für das *7. Konzert* hat ein unbekannter Odessaer Songschreiber einen der größten Hits der 70er Jahre aus dem Ärmel geschüttelt. »Reschili dwa Jewreja« (»Zwei Juden beschlossen«) greift mit der jüdischen Emigration aus der Sowjetunion eines der zentralen Themen der Zeit auf. Wie gesagt: Seit Beginn der 70er Jahre hatten Zehntausende Juden die Sowjetunion verlassen, darunter sehr viele prominente Künstler, Schriftsteller, Wissenschaftler, Ärzte und Musiker – nicht zuletzt aus Odessa. Andere Sänger hätte das Thema vielleicht zu sentimentalen Reminiszenzen inspiriert oder zu wütenden Anklagen wahlweise gegen die unterdrückerische, antisemitische Sowjetunion oder eben gegen die vaterlandsverräterischen Juden. Sewernyj und der unbekannte Dichter nahmen die Emigrationswelle stattdessen zum Anlass, eine grandiose, burleske Abenteuergeschichte zu erzählen. »Reschili dwa Jewreja« erzählt von zwei jüdischen Männern, die beschließen, ein Flugzeug zu entführen, um sich, wie es zweideutig heißt, fliegend zu den Ihren aufzumachen.

Poletim, poletim, poletim
nakonez-to my skoro k swoim
Ty da ja, kak odin cheruwim
Poletim, poletim, poletim

Wir fliegen, wir fliegen, wir fliegen
endlich bald schon zu den Unsrigen.
Du und ich wie ein einziger Cherub.
Wir fliegen, wir fliegen, wir fliegen[91]

Die beiden braten sich ein Hühnchen, trinken jeder 200 Gramm Wodka, kaufen im Spielzeuggeschäft Pistolen, basteln zwei kleine Bomben und besteigen so gerüstet den »Liner Moskau – Wladiwostok«. Als das Flugzeug 7000 Meter Flughöhe erreicht hat, dringen die beiden nervösen Helden ins Cockpit ein, bedrohen den Piloten versehentlich statt mit der Spielzeugpistole mit dem Brathühnchen und verlangen, das Flugzeug möge in »jüdische Gebiete« umgelenkt werden. Der Pilot allerdings ist kein Angsthase, überwältigt die Luftpiraten und übergibt sie in Wladiwostok der Polizei mit den Worten, die beiden hätten ihn zwingen wollen, nach Israel zu fliegen! Genau in diesem Moment bricht der eigentliche Skandal los: »Wieso Israel?«, rufen die beiden Entführer. »Wir wollten doch nach Birobidschan, haben wir nicht klar und deutlich gesagt, wir wollen in die jüdischen Gebiete?«

Birobidschan ist der Name eines jüdischen autonomen Bezirks, der 1934 von Stalin im ostsibirischen Amurbecken eingerichtet wurde, um Juden aus aller Welt in die Sowjetunion zu locken. Das Experiment misslang, aber der jüdische autonome Bezirk Birobidzhan existiert bis heute.

Das Lied endet damit, dass die beiden jüdischen Luftpiraten ins Lager an die Kolyma verfrachtet werden, während der Pilot eine Strafe dafür bekommt, dass er »für Israel Birobidschan vergessen hat«. Zum Schluss singen alle noch einmal den Refrain:

Poletim, poletim, poletim
och, ne skoro teper my k swoim
Ty da ja, kak odin, kak odin
Poletim, poletim, poletim
Poletim, poletim, poletim
Ty da ja, kak odin cheruwim

Wir fliegen, wir fliegen, wir fliegen
ach nun leider nicht sehr bald zu den Unsrigen.
Du und ich, zusammen, zusammen.
Wir fliegen, wir fliegen, wir fliegen.
Wir fliegen, wir fliegen, wir fliegen.
Du und ich, wie ein einziger Cherub

»Reschili dwa Jewreja« wurde mit an Sicherheit grenzender Wahrscheinlichkeit von einem jüdischen Gelegenheitsdichter in Odessa verfasst, der nicht vergessen hatte, dass im Jahr 1970 tatsächlich eine Gruppe sowjetischer Juden geplant hatte, per Flugzeugentführung aus der Sowjetunion zu fliehen. Die Gruppe um Mark Dymschiz und Eduard Kusnezow flog jedoch auf, sechzehn Personen wurden zu hohen Haftstrafen verurteilt, und ein internationaler Proteststurm brach los.

Odessaer Juden waren von jeher die talentiertesten Lieferanten für jede Art von Liedern, Scherzen oder Witzen über Juden. Und das Thema der Emigration bot jede Menge Anhaltspunkte für humoristische Bearbeitungen. Viele sowjetische Juden erinnerten sich genau in dem Moment an ihre jüdische Identität, als sich die Möglichkeit der Emigration eröffnete. Juden wie Nichtjuden waren von den unaufhörlichen Diskussionen pro und contra Emigration schon bald über alle Maßen genervt.

Der Leningrader Schriftsteller Sergej Dowlatow, der 1979 selbst in die USA emigrierte, hat darüber komische Erzählungen geschrieben:

> Es vergingen etwa sechs Jahre, die Emigrationswelle setzte ein. Die Juden fingen an, von ihrer historischen Heimat zu reden. Früher hatte ein wahrer Mann einen Schafsfellmantel und einen Doktortitel benötigt. Nun gehörte noch eine Einladung aus Israel dazu. Jeder Intellektuelle träumte davon. Selbst wenn er gar nicht vorhatte zu emigrieren. Einfach so, für alle Fälle.
>
> Zuerst emigrierten die echten Juden. Danach strömten Bürger zweifelhafter Abstammung aus dem Land. Noch ein Jahr später ließ man auch die Russen raus. Auch ein Bekannter von uns, Pater Mawriki Rykunow, reiste mit israelischen Papieren aus. Da beschloss meine Frau zu emigrieren. Und ich beschloss zu bleiben.
>
> Schwer zu sagen, warum. Offenbar hatte ich noch keinen kritischen Punkt erreicht, wollte ich noch immer irgendwelche vagen Chancen nutzen. Vielleicht sehnte ich mich aber auch unbewusst nach Repression. Das gibt es ja. Ein russischer Intellektueller, der noch nicht im Gefängnis war, ist keinen roten Heller wert ...[92]

Mit der Emigration waren aber auch zahllose persönliche Dramen verbunden, die auf humorvolle Weise verarbeitet werden mussten, um den Schmerz von Trennung und Abschied zu mildern. »Reschili dwa Jewreja« erfasst das hochkomplexe Thema der jüdischen Emigration aus der Sowjetunion in wenigen, naturgemäß perfekt gereimten Strophen, treibt jüdischen wie nichtjüdischen Hörern bis heute Lachtränen in die Augen und verfügt zu allem Überfluss auch noch über eine fabelhafte Ohrwurm-Melodie. Das Lied ist ein Geniestreich, und Arkadij

Sewernyj war genau der richtige Mann, um diesen Geniestreich vom Papier in lebendige Musik zu übersetzen und auf die Reise in alle Winkel der Sowjetunion und überall dahin zu schicken, wohin russische Juden emigrierten. Wer heute im Internet nach dem Text des Liedes sucht, wird von Google zu Diskussionsforen russischer Juden in Israel und den USA gelenkt. Ein Fan hat sogar eine Übersetzung ins Hebräische angefertigt.

Endspiel mit Jessenin

Am 1. und 2. September 1978 wird Arkadij Swesdin alias Sewernyj, wohnhaft in der Sowjetskaja-Straße 44, Wohnung Nr. 3, zweimal von 9 bis 17 Uhr im Polizeirevier von Odessa verhört. Die Aktennotiz zu diesem Verhör ist der einzige Hinweis darauf, dass Sewernyjs Leben im Spätsommer 1978 ein weiteres Mal aus den Fugen geriet. Der letzte Akt hatte begonnen.

Welche Fragen die Odessaer Miliz hatte, ist in den Akten nicht vermerkt. Gerüchteweise ging es um einen mysteriösen Todesfall infolge eines tagelangen Saufgelages. Es heißt, Sewernyjs Ehefrau sei von einer mehrtägigen Reise zurückgekehrt und habe in ihrer Wohnung nur Scherben und einen unbekannten Mann vorgefunden, der sich an der Deckenlampe aufgehängt hatte.

Ob Sewernyj nach einem Jahr Abstinenz wieder zu trinken begann, weil seine Frau ihn verlassen hatte, oder ob Sinaida ihn verließ, weil er wieder trank – wir wissen es nicht. Doch zeigten die Ereignisse des Sommers 1978 ein weiteres Mal, dass Arkadij Sewernyj ein Mann war, dessen Leben in vielem dem des großen texanischen Troubadours Townes van Zandt glich. Beide waren große Sänger, die ihre Zeitgenossen überragten, beide waren große Trinker, die ihre Sucht mit dem Leben bezahlten, rastlose Sucher ohne Bindung und Heimat – Männer zu allem

Überfluss, deren Herzen, in einer Formulierung von Townes van Zandt, so oft gebrochen waren, dass nur noch Sand übrig geblieben war.

Am 23. oder 24. Dezember 1978 gießt Arkadij Sewernyj seinen Schmerz, seine Einsamkeit und wohl auch seine Todessehnsucht in eines seiner besten Alben. *Na Slowa Jessenina* (Zu Texten von Jessenin) ist ein Werk, über das ein eigenes Buch geschrieben werden müsste. Es ist das einzige Konzert, das Sewernyj zwischen dem Sommer 1978 und dem Sommer 1979 aufnahm. Eine derart lange kreative Pause hatte der Maestro seit 1972 noch nie eingelegt – oder benötigt. Wie es zu der für Sewernyj vollkommen untypischen Instrumentierung mit akustischer Gitarre und Akkordeon kam – wir wissen es nicht. Aber wir hören etwas. Neunzehn Lieder und einige kurze Ansagen.

Das Konzert beginnt, wie praktisch alle Sewernyj-Alben, mit einer kleinen Ansprache. Über die Jahre hat Sewernyj diese obligatorischen Einleitungen häufig zu Scherzen und Mystifikationen benutzt, Geschichten erzählt über seine angeblichen Reisen durch die halbe Welt oder über irgendwelche imaginären Abenteuer von Marseille bis Vietnam. Doch im Dezember 1978 ist Sewernyj nicht nach Scherzen zumute. Nicht mehr. Sewernyj ist, man kann das wirklich hören, in einem absoluten Grenzzustand, als die Mikrofone eingeschaltet werden. Bevor er das erste Lied anstimmt, ist schon klar, dass Sewernyj an diesem Tag singen wird, wie er noch nie gesungen hat:

»*Postoj, parovos!* Halt ein, Dampflok!«, sagt Sewernyj zu Beginn, dann besinnt er sich kurz. Will er den gleichnamigen Blat-Klassiker anstimmen, den seit seiner Verwendung in der Kinokomödie *Operation Y* auch Millionen von ordentlichen Sowjetbürgern kennen, die sonst noch nie ein verbotenes Lied gehört haben? Nein.

»Man hat mir gesagt ...«
Eine weitere Pause.
»Dass, nein, also dass Sewernyj schon dort ist ...«
Seit dem Sommer geistern Gerüchte durchs Land, Arkadij Sewernyj habe sich erhängt.
»Also gut, ich sage, ich bin wieder in Odessa. Einige der Jungs aus der Schwarzmeermöwe sind mit einem Dampfer unterwegs, und mir ist ein bisschen traurig zumute.«
Ein bisschen.
»Ich bin allein, sitze herum. Da kommt Wronskij und sagt: ›Na los, Arkascha, lass uns irgendwas machen ...‹ Und ich sage: ›Na gut. *Dawaj*.‹«
Nach den ersten beiden Liedern schiebt Sewernyj dann noch eine Erklärung nach, damit auch wirklich jeder versteht, worum es geht:
»Also, entschuldigt bitte, dass die erste Ansage ein bisschen ... Ich würde euch ja neue Lieder spielen. Aber die Sache ist die: Es ist Dezember, und bald haben wir den 25. Dezember, der Tag, an dem Jessenin, wie mir scheint, etwas Dummes gemacht hat. Er hat sich aufgehängt. ... Darum möchte ich ein paar Sachen von ihm singen.«
Sewernyj vertut sich um ein paar Tage mit Jessenins Todestag. Es war nicht der 25., sondern der 28. Dezember 1925, als Sergej Jessenin, dreißigjähriges Dichtergenie, Alkoholiker, Berserker, depressiver Star, mehrfach verheiratet, mehrfacher Vater, sich in einem Zimmer des Leningrader Hotels *Angleterre* an einem Heizungsrohr erhängte. Aber naturgemäß geht es Arkadij Sewernyj auch gar nicht darum, den Todestag zu begehen. Es ist einfach so, dass ihm der Todestag von Sergej Jessenin gerade recht kommt. Er entspricht seinen Bedürfnissen.
Sewernyj hat auch früher schon gelegentlich Jessenin-Lieder gesungen, daran ist wenig Erstaunliches. Von allen russischen Dichtern steht Sergej Jessenin der Welt der Gauner und Ver-

brecher am nächsten. Der große Warlam Schalamow hat in *Sergej Jessenin und die Welt der Diebe*[93] beschrieben, warum Jessenin für die russischen Ganoven, »die eigentlich keine Gedichte mögen«, der »einzige ›akzeptierte‹ und ›eingeführte‹ Dichter« ist. Warum viele russische Gangster sich Jessenin-Gedichte haben eintätowieren lassen. Warlam Schalamow, der selbst keinerlei Verständnis für die Gauner erkennen lässt, erklärt das mit der unverhohlenen Sympathie für deren Welt, die aus vielen Gedichten Jessenins spricht. Gelegentlich formuliert Jessenin diese Sympathie ganz direkt:

Und wäre ich kein Dichter geworden –
ein Gauner wär heut ich und Dieb.[94]

oder

Jener Mensch war ein Abenteurer und Vagant
doch von der besten
und berühmtesten Marke.[95]

Noch häufiger beschreibt Jessenin aber Stimmungen, Situationen und Gefühle, mit denen – so Schalamow – die Ganoven sich identifizieren können: »Der Unterton der Herausforderung, des Protestes, der Ausweglosigkeit«, »Trunksucht, Gelage, das Lob der Ausschweifung«, »Töne der Wehmut, alles, was Mitleid weckt, alles, was der ›Gefängnissentimentalität‹ nahekommt«, »die unflätigen Flüche, die Jessenin in die Gedichte einbaut, stoßen auf immerwährende Begeisterung«.[96]

Arkadij Sewernyj hat all das im Kopf, all das ist ihm ebenso nahe und verständlich wie den russischen Ganoven, die Jessenin romantisieren und Schalamow hasst, auch wenn Sewernyj selbst kein Verbrecher ist und nie im Gefängnis saß. Jessenins

Gedichte und seine Weltwahrnehmung gehören zu Sewernyjs Grundausstattung als Sänger. Jessenin zu lieben und seine Gedichte auswendig zu können ist für ihn ebenso selbstverständlich, wie es für Bob Dylan selbstverständlich ist, Woody Guthries Lieder, alte Bluesballaden und Chain-Gang-Songs zu kennen, zu begreifen und zu verehren.

Doch an diesem Tag Ende Dezember 1978 greift Sewernyj aus einem ganz konkreten Grund zu Jessenin. Es geht heute nicht um den Rowdy und Säufer Jessenin, es geht heute nicht um Ausschweifung, unflätige Flüche, Moskauer Schenken oder ausweglosen Protest. Es geht heute um Sergej Jessenin den depressiven Selbstmörder und damit um den zentralen Aspekt des Jessenin-Mythos, für den wirkliche Verbrecher, wie Warlam Schalamow schreibt, nicht das geringste Verständnis haben. Wirkliche Verbrecher töten, aber sie begehen keinen Selbstmord.

Fast alle Lieder auf *Na Slowa Jessenina* sind sterbenstraurige Balladen. Sewernyjs Biografen Jefimow und Petrow nennen das Album eine psychedelische Séance, einen Akt höheren Schamanentums. Daran ist viel Wahres. Arkadij Sewernyj klingt auf diesem Album, als singe er aus einer Zwischenwelt. Noch nicht ganz dort, aber definitiv schon lange nicht mehr hier. Hier singt ein Mann, der abgeschlossen hat, der nicht mehr kann. Das Einzige, was Sewernyj noch hält, ist das, was ihn immer gehalten hat: Lieder. Singen. Der Klang seiner Stimme, die Art, wie er die Worte dehnt und betont, wie er Pausen setzt, zögert, noch einmal zögert – es ist phänomenal. Der Mensch Arkadij Sewernyj ist am Ende. Der Sänger Arkadij Sewernyj ist auf dem Höhepunkt seiner Kunst. Weiter und weiter, ein wildes, trauriges, lebensmüdes Meisterwerk nach dem anderen, an diesem Tag werden sie alle gesungen.

Da ist der Klassiker »Poj zhe, poj na proklajtoj gitare« (»Sing! Und spiel die verfluchte Gitarre«, 1922), den Sewernyj auch früher schon gelegentlich gesungen hat. An diesem Tag aber dehnt er Jessenins Gedicht zu einer zehnminütigen Orgie:

Sing! Und spiel die verfluchte Gitarre,
Daß die Hand wirr im Halbkreise streunt!
Sich vergessen – wie gut das wäre,
Du mein einziger, letzter Freund.

Sieh nicht hin: weich in Seide die Schulter,
Sieh nicht hin: das Gelenk ihrer Hand.
Ach, das Glück war, was ich in ihr suchte,
Doch der Untergang war, was ich fand.[97]

In ganz ähnlicher, seltsam kampfeslustiger Endzeitstimmung: »Syp Garmonika, Skuka, Skuka« (»Los, Harmonika, wimmer«, 1922):

Los, Harmonika, wimmer.
Alles ist fad.
Und du sauf mit mir, Flittchen.
Sauf, hab ich gesagt.
Durchgeknutscht bist du, zerpimpert –
Kotzt du mich an.
He, was gaffst du aus blauen Plinkern.
Willst du paar in die Fresse haben?

(...)

Ob die oder jene –
Die mich schleift, macht mich scharf.
Ich den Trick nehmen?

Ha, kein Bedarf.
Mit uns zwein hats ein Ende!
Kannst mich, kreuzweis!
Ich und flennen? Ich flenn.
Verzeih. Du, verzeih.[98]

Schließlich das todtraurige »Ne zhaleju, ne sovu, ne platschu« (»Kein Bereuen, Tränen nicht, noch Klage«, 1921):

Kein Bereuen, Tränen nicht, noch Klage.
Alles geht, wie Apfelblütenrauch.
Golden welken nun auch meine Tage,
meine Jugend hab ich schon verbraucht.[99]

Sewernyjs Zeit ist abgelaufen, und er weiß es. Aber noch ist nicht Schluss, noch ist der Grund nicht erreicht, noch geht es tiefer, immer tiefer in die Depression. Ein Lied kommt noch. Aber bevor Sewernyj »Do swidanija, drug moj, do swidanija« – »Leb wohl, mein Freund, leb wohl« singt, macht er eine Pause. Noch einmal wendet er sich direkt an sein Publikum, es ist Zeit für eine letzte Erklärung, eine Entschuldigung: »Freunde, verzeiht mir … Ich verabschiede mich von euch mit diesem Lied von Jessenin, das er im letzten Moment schrieb.« Und dann singt Arkadij Sewernyj Sergej Jessenins letztes Gedicht, das dieser ziemlich genau dreiundfünfzig Jahre zuvor mit seinem eigenen Blut geschrieben hatte, einen Tag bevor er sich erhängte:

Freund, leb wohl. Mein Freund, auf Wiedersehn.
Unverlorner, ich vergesse nichts.
Vorbestimmt, so wars, du weißt, dies Gehen.
Da's so war: Ein Wiedersehn verspricht's.

Hand und Wort? Nein, laß – wozu noch reden?
Gräm dich nicht und werd mir nicht so fahl.
Sterben –, nun, ich weiß, das hat es schon gegeben,
doch: auch Leben gabs ja schon einmal.[100]

Anfang 1979 kommt Arkadij Sewernyj zum ersten Mal seit dem Frühjahr 1977 wieder für längere Zeit nach Leningrad. Doch dieses Mal ist alles anders. Der Elan der letzten beiden Jahre ist dahin. Sewernyj ist pleite, er weiß nicht, wo er wohnen soll, und er trinkt wieder. Da läuft ihm ein letztes Mal sein alter Freund Rudolf Fuks über den Weg. Fuks hat, wie immer, einen Plan. Die Moskauer, Leningrader, Kiewer, Charkower und Odessaer Juden verlassen die Sowjetunion in hellen Scharen – was liegt da näher, als eine Rockoper über die jüdische Emigration aus der Sowjetunion zu schreiben? Das Libretto wird Fuks selbst schreiben, der Titel ist schon gefunden: *Der Prophet Moses*. Es kommt zu einer Probe mit Sewernyj, der die Hauptrolle übernehmen soll. Doch dann trennen sich die Wege des großen Chansonniers und seines Entdeckers und ersten Impresarios ein letztes Mal. Fuks selbst erhält im Juni 1979 die Ausreisegenehmigung und geht auf der üblichen Route jüdischer Emigranten über Wien in die USA, genauer: in den New Yorker Stadtteil Brighton Beach, auch bekannt als Little Odessa.

»Ich habe darüber nachgedacht, Sewernyj mit ins Ausland zu nehmen«, sagt Fuks und seufzt kurz. Fünfundzwanzig Jahre sind vergangen seit seiner Emigration, die Grenzen sind gefallen, Sewernyj ist lange tot. »Aber dafür hätte man eine fiktive Ehe organisieren müssen. Als ich dann etwas vorbereitet hatte, verschwand er für eine Weile, betrunken. Ich wollte ihn mitnehmen, weil ich sah, dass er stirbt. Ich sah, dass er trinkt, und als Freund fürchtete ich um ihn. Genau so ist es ja dann auch gekommen.«

Fuks wollte aber nicht nur den leibhaftigen Sewernyj mit in die USA nehmen, sondern naturgemäß auch die Originalbänder ihrer gemeinsamen Aufnahmen. Eine offizielle Genehmigung für die Ausfuhr illegal produzierter und vertriebener Tonbänder zu bekommen war unmöglich. Aber Fuks war erfinderisch:

»Als ich emigrierte, gab ich die Aufnahmen, die ich mit Sewernyj und Band gemacht hatte, einem Freund aus Afghanistan. Damals war dort alles gut, er studierte hier. Nach dem Studium wollte er wieder zurück nach Afghanistan. Er hatte zehn Kühlschränke gekauft, die er mitnehmen wollte. Na, in Kühlschränken ist ja Platz, und mir gefiel diese Idee einfach, ich durfte ja nichts mitnehmen. Also legte ich ihm einige Aufnahmen in die Kühlschränke, um sie später bei ihm in Afghanistan abzuholen. Als ich in Amerika ankam, fing der Krieg an, und seitdem hab ich keinen Kontakt mehr mit ihm. Ich habe eine Adresse – er hatte einen Verwandten in New York. Aber die Adresse, die er mir gab, stimmte nicht. Und so sind die ganzen Originalaufnahmen mit Arkadijs Stimme nach Afghanistan gegangen, und was dort aus ihnen geworden ist, weiß ich nicht.«

Während Rudolf Fuks zu einem neuen Leben in die USA aufbricht, beginnt für Arkadij Sewernyj der letzte Akt. Im Sommer 1979 reist er ein letztes Mal in den russischen Süden, nach Tichorezk, an den Kuban, nach Rostow und nach Odessa. Sein Ruhm ist mittlerweile so groß, dass auch in abgelegenen Kleinstädten und Dörfern nach dem großen Maestro aus Leningrad gefragt wird. Und Sewernyj ist verzweifelt genug, diese Einladungen anzunehmen. Mitte Juli singt er ein letztes Album in Odessa ein. Sein Zustand ist erschreckend. Noch einmal singt Sewernyj das Repertoire, mit dem er berühmt geworden ist. Doch auf den Bändern von 1972 und 1975 sang ein Mann, dem man anhörte, dass er die Welt nicht nur erobern wollte, sondern auch über die Möglichkeiten verfügte. Auf den Bändern von 1979 singt ein gebrochener alter Mann.

Dann reist Arkadij Sewernyj zum letzten Mal mit dem Zug von Odessa nach Norden. Auf dem Bahnhof in Kiew nimmt ein Freund das einzige Interview auf, das Sewernyj je gegeben hat. Obwohl Interview ein starkes Wort ist für das fünfzehnminütige Tonbandfragment, das unter dem Namen »Interview für *Wremja*« bekannt geworden ist. Die Fernsehsendung *Wremja* war so etwas wie die sowjetische Tagesschau. Sewernyj ist heillos betrunken, die vorgeblichen Journalisten ebenso. Und so entsteht weniger ein Interview als ein dadaistisches Geplapper, das noch jahrzehntelang ausländischen Studenten den Schweiß auf die Stirn treiben wird, so wahnwitzig wird hier hochinteressanter spätsowjetischer Slang mit kaum dechiffrierbarem Nuscheln und Gläserklirren vermengt. Und dann, wie aus heiterem Himmel, sagt Sewernyj, als sei der Teufel persönlich in ihn gefahren, unter Kichern:

»Die BBC hat gemeldet, Arkadij Sewernyj habe sich aufgehängt. Hi-hi-hi!« Es ist der 30. August 1979, Sewernyj hat noch sieben Monate zu leben. Zeit für ein letztes Abenteuer. Zeit genug, um dem Monster direkt in den Rachen zu springen. Zeit, nach Moskau zu gehen.

Moskau: Blat für Kohle

Vom September 1979 bis Februar 1980 lebt Arkadij Sewernyj in Moskau. Odessa ist passé, nach Leningrad will er nicht zurück. Was bleibt, ist Moskau, die Hauptstadt des Imperiums. Es scheint, als habe Sewernyj versucht, in Moskau dem beengenden Kreis der Leningrader Produzenten und Undergroundunternehmer zu entkommen. Nicht zuletzt wohl auch in der Hoffnung, durch die richtigen Bekannten eventuell doch noch einen Weg auf die offiziellen Bühnen des Landes zu finden. Und die Situation in Moskau ist tatsächlich anders als in Leningrad. Einerseits ist die staatliche Kontrolle des Lebens hier strenger und umfassender als irgendwo sonst. Andererseits bestehen enge Verbindungen zwischen krimineller, politischer und kultureller Elite. Für Musiker vom Schlage Sewernyjs heißt das: Konzerte vor Publikum sind zwar offiziell verboten, aber trotzdem möglich. Und weil in Moskau sehr viel mehr Geld im Umlauf ist als in Odessa oder Leningrad, werden auch weit höhere Honorare gezahlt.

Über Sewernyjs Moskauer Konzerte ließ sich wenig herausfinden, denn es gibt keine Aufnahmen, und die geschäftlichen Hintergründe liegen erst recht im Dunkeln, vor allem deshalb, weil die meisten Freunde des Meisters und seine Biografen aus Leningrad stammen und nicht bei diesen Konzerten anwesend waren. Einige Vermutungen und Rückschlüsse lassen sich allerdings aus der Biografie des Moskauer Sängers Michail Swesdinskij ziehen, der zur selben Zeit wie Sewernyj illegale Konzerte in Moskau spielte und offenbar auch mit Sewernyj bekannt war. Aus Swesdinskijs Erinnerungen und Berichten seiner Zeitgenossen lässt sich zumindest ansatzweise rekonstruieren, wie das Geschäft mit den illegalen Konzerten in Moskau funktionierte.[101] Der junge Swesdinskij wächst mit den Mythen des zaristischen Russland auf und beginnt als Jugendlicher Lieder zu verfassen, die von ebendiesen Mythen handeln: heldenhafte Offiziere, Loyalität zum Zaren, der orthodoxe Glaube, Hass auf die Bolschewiken. Mit fünfzehn beginnt Swesdinskij, in Moskauer Cafés aufzutreten. Es sind die frühen 60er Jahre, seit Stalins Tod 1953 weht ein frischer Wind im Land. In Moskaus Innenstadt haben Cafés wie das *Aelita* aufgemacht, wo die junge Boheme der Stadt verkehrt. Und in diesen Cafés beginnt nicht nur Swesdinskijs Karriere als Sänger, sondern auch seine

Bekanntschaft mit den Sicherheitsorganen. Als Swesdinskij allerdings 1962 seine erste von insgesamt vier Haftstrafen antritt, hatte das mit verbotenen Liedern nichts zu tun, mit banalem Diebstahl wohl eher viel. Swesdinskij selbst schweigt sich aus über die genauen Gründe seiner ersten drei Haftstrafen. Was aber 1982 zu seiner letzten und längsten Verurteilung führte, ist bekannt. Swesdinskij hatte die Zeit in Lagern und Gefängnissen, wie es das Genre verlangt, dazu genutzt, neue Liederzyklen zu verfassen. Zurück in Moskau, wollte er diese Lieder nun auch singen. Swesdinskij wusste, dass Blat-Chansons zwar verboten, aber auch beliebt waren, nicht nur beim einfachen Volk, sondern auch bei der Elite des Landes. Also stellte er eine Band zusammen und begann, nächtliche Konzerte in ausgewählten Restaurants zu geben. Das Prinzip war ebenso einfach wie einträglich. Zunächst musste ein Restaurantmanager gefunden und durch Zahlung einer erheblichen Summe dazu überredet werden, seinen Laden für ein nächtliches Konzert zur Verfügung zu stellen. Dann wurden per Telefon einhundertfünfzig oder zweihundert zahlungsfähige Besucher eingeladen, die zwischen 50 und 100 Rubel Eintritt bezahlten. Für sowjetische Verhältnisse waren das enorme Summen, die sich normale Arbeiter und Angestellte unmöglich, gut postierte Beamte, Künstler oder Gangster hingegen schon leisten konnten. Was nach Abzug von Bestechungsgeldern und Betriebskosten übrig blieb, wanderte in die Taschen der Künstler und der Organisatoren derartiger Konzerte. Da Swesdinskij beides in einer Person war, sollen ihm in den späten 70er Jahren sieben Konzerte an den sieben Hauptfeiertagen des Jahres genügt haben, um ein bequemes Leben zu finanzieren: zu Weihnachten, zu Neujahr, am 8. März zum Internationalen Frauentag, am 1. Mai, am Tag des Sieges am 9. Mai, zu Ostern und am Jahrestag der Oktoberrevolution.[102]

Das System funktionierte vier Jahre lang reibungslos. Nicht

zuletzt deshalb, weil Swesdinskij Schutz von ganz oben hatte. Wie es heißt, gehörte zu seinen ergebensten Anhängerinnen die Schwester von Generalsekretär Breschnew. Doch dann kam das Jahr 1980 und mit ihm die Olympiade in Moskau. Schon Monate im Voraus machten Gerüchte die Runde in der Moskauer Halbwelt, die Polizei werde die Stadt vor dem großen Ereignis von jeglichem illegalen Schmutz befreien. Wie jede Olympiastadt wollte auch Moskau vor den Augen der Weltöffentlichkeit ein möglichst gutes Bild abgeben. Und illegale nächtliche Konzerte gehörten nicht zu den Attraktionen, die man den Gästen aus aller Welt vorführen wollte.

Michail Swesdinskij aber fühlte sich sicher. Zu sicher.

In der Nacht vom 7. auf den 8. März 1980 umzingelten mehr als 500 Mitarbeiter des Innenministeriums in Zivil und Uniform das Restaurant *Asow*, in dem Swesdinskij auftrat. Es wurde der Befehl gegeben, niemanden herauszulassen. Die Miliz drang in den Saal ein und begann die »Reinigung«. Die Personalien der Gäste wurden überprüft, dann wurden sie alle zum Polizeirevier gebracht. Die Legende will es, dass man Swesdinskij lange nicht finden konnte und erst nach zwei Stunden in der Küche des Restaurants aufspürte, wo er sich in einem riesigen Suppentopf versteckt hatte und den Deckel von innen zuhielt.[103]

Swesdinskij wurde wegen Bestechung und illegalem privaten Unternehmertum zu sechs Jahren Lager verurteilt.

Rudolf Fuks war zu dieser Zeit schon in New York, erzählt aber trotzdem mit Überzeugung davon, dass ebendieser Swesdinskij und seine mafiösen Moskauer Freunde Arkadij Sewernyj endgültig zugrunde richteten: »Es gibt da einen gewissen Swesdinskij, einen Sänger, gar nicht schlecht. Den Namen hat er wohl von Sewernyj, der hieß ja eigentlich Swesdin. Swesdinskij jedenfalls hatte Kontakte zur Moskauer Mafia, und auf Mafiakosten hat er Arkadij Sewernyj nach Moskau eingeladen.

Samstags ist er da irgendwo aufgetreten, in einem geschlossenen Restaurant. Dann haben sie ihn ins Flugzeug gesetzt, gaben ihm einen Haufen Geld für die damalige Zeit, 1000 Rubel. Und das hat ihn erledigt. Er kam zurück, vertrank das Geld und wachte nicht mehr auf. Er war jung, vierzig Jahre, und er starb. Was soll man sagen – so ist das Schicksal.«

Ganz so schnell ging es in Wahrheit doch nicht, und ob Swesdinskij wirklich die entscheidende Figur bei Sewernyjs Moskauer Abenteuern war, ist fraglich. Aber im Grunde hat Fuks recht. Sewernyj hat in Moskau tatsächlich Zugang zu erstaunlich hochgestellten Kreisen. Er singt privat für die weltberühmten Eishockeyspieler von ZSKA Moskau, der junge Wjatscheslaw Fetisow ist dabei und auch Wladimir Lutschenko, zweifacher Olympiasieger und siebenfacher Weltmeister. Organisiert haben das Treffen die Moskauer Undergroundgeschäftsleute Lew Orlow und Genrich Setschkin. Auch der Sohn des greisen Außenministers Gromyko soll zu Sewernyjs Fans gehört haben. Im Herbst und Winter 1979/80 soll es dann eine Reihe von Konzerten in Moskauer Restaurants gegeben haben. Und das sind keine zufälligen Gelegenheiten wie zuvor in Odessa und auch in Leningrad. In Moskau werden die Restaurants speziell für Sewernyj gebucht, und das Publikum zahlt, um den legendären Sänger zu sehen. Ein Konzert ist mit Ort und Datum sicher verbürgt: Am 31. Januar 1980 singt Sewernyj im *Café Petschora* auf dem Kalinin-Prospekt im Herzen Moskaus. Ein Foto zeigt ihn nun wieder mit Krawatte, Hemd und Jackett. Die Haare sind lang geworden, Sewernyj erinnert entfernt an den Schachweltmeister Anatolij Karpow, der 1975 Bobby Fischer entthront hatte.

Aber der Erfolg in Moskau und das Geld, das Sewernyj hier verdienen kann, es kommt alles zu spät. Um sich im Moskauer Haifischbecken zu behaupten, braucht es Nerven aus Stahl, gute Kontakte und Glück. Sewernyj hat nichts von alledem. Sicher, er verdient gut. Aber er vertrinkt noch mehr, er verbummelt riesige Honorare, lässt sich beklauen und ausbeuten. Am besten verdienen ohnehin jene Männer, die Sewernyjs Konzerte organisieren. Wahre Freunde sind nicht darunter. Sewernyj schläft in Hauseingängen, Sewernyj landet verletzt im Krankenhaus, er wiegt keine 50 Kilo mehr, kann kaum noch ein paar hundert Meter gehen. Und er singt immer noch.

Am 24. Februar ist Sewernyj wieder in Leningrad, ein letztes Mal versammelt sich die alte Band bei Wolodja Ramenskij, ein letztes Album wird eingespielt, es wird *Das Olympische* heißen.

»Ich frage euch: In welcher Stadt sind wir?«, beginnt Arkadij Sewernyj. Die Antwort kommt prompt:

»In Leningrad, Arkascha!«

»Und welches Jahr haben wir, Kolja?«

»Das olympische!«

Kurz darauf scherzt der Bandleader Nikolaj Resanow: »Arkascha, lass uns darauf trinken, dass wir das Leben nicht wie Serjoscha Jessenin beenden!« Die Leningrader haben Sewernyjs *Zu Texten von Jessenin* gehört. Doch Sewernyj geht auf den Scherz nicht ein und stimmt noch einmal Jessenins Selbstmordlied an:

Do Swidanija, drug moj, do swidanija

Freund, leb wohl. Mein Freund, auf Wiedersehen.
…
Sterben –, nun, ich weiß, das hat es schon gegeben,
doch: auch Leben gabs ja schon einmal.

Im März ist Arkadij Sewernyj wieder in Moskau. Am 12. März feiert er ein letztes Mal Geburtstag, ein paar Tage später nimmt er ein letztes Gitarrenkonzert bei seinem Freund Pisarew auf.

Wieder endet Sewernyj mit einem lebensmüden Abschiedslied von Sergej Jessenin: »Otgoworila roschtscha solotaja« (»In seiner frohen Birkensprache«).

Am 3. April 1980 fährt Arkadij Sewernyj mit dem Nachtzug zurück nach Leningrad. In der folgenden Woche trinkt er ununterbrochen mit Bekannten. Am 11. April, einem Freitag, kippt Arkadij Sewernyj um. Der Krankenwagen kommt spät. Am nächsten Morgen rufen die Freunde im Metschnikow-Krankenhaus an und erfahren, dass Arkadij Dmitrijewitsch Swesdin um 1 Uhr 15 gestorben. Es ist der 12. April 1980. Russlands größter Chansonnier ist tot.

Drei Tage später versammeln sich einige hundert Leute auf dem Friedhof. Die Nachricht von Sewernyjs Tod hat sich schnell im ganzen Land verbreitet, auch wenn die staatlichen Medien seinen Namen nicht erwähnen. Sewernyjs Sarg wird ins Grab gelassen, er selbst singt das Abschiedslied. Irgendwer hat ein Tonbandgerät mitgebracht und verabredet, dass anstatt der üblichen Chopin-Abschiedsmusik »Süße Beere« (»Sladka Jagoda«) gespielt werden kann. Kein Blat-Lied, sondern ein bitter-trauriges Lied des hochdekorierten sowjetischen Dichters Robert Roschdestwenskij.

Zum Abschied schenkt Rudolf Fuks mir die einzige LP von Arkadij Sewernyj, die je in Russland erschienen ist. In den Wirren der Perestroika gelang es Fuks und Maklakow, den staatlichen Schallplattenkonzern Melodija zu überreden, eine Sewernyj-LP herauszubringen. Ein Jahr später war die Sowjetunion Geschichte, kurz darauf wurde die LP-Produktion in der Sowjetunion eingestellt. Es wird nicht lange dauern, dann sind CDs mit Arkadij Sewernyjs Liedern an jedem Straßenkiosk in Russlands großen Städten zu haben.

Einer von Fuks' Freunden fährt mich in einem quietschenden alten Moskwitsch zur Metro. Es ist spät geworden, von mittags um zwei bis nach Mitternacht habe ich bei Fuks gesessen und mir vom Leben im sowjetischen Musikunderground erzählen lassen. Als ich aussteige, winkt mich der Fahrer noch mal zurück und sagt:

»Du musst das richtig verstehen, Söhnchen, all diese Blat-Lieder: In Wahrheit hat das mit den Lagern nichts zu tun. Das ist Kunst. Richtige Kriminelle hören diese Musik nicht.«

Was aber ist aus den Leuten geworden, die für Arkadij Sewernyjs Karriere so wichtig waren? Seine Hausband, die Zhemtschuzhiny-Brüder, nahm 1982/83 zwei Alben mit dem jungen Sänger Alexander Rosenbaum auf. Danach war für lange Zeit Schluss. Erst 1994, die Sowjetunion war lange zerfallen, kam die Band wieder zusammen, spielte umjubelte Konzerte und nahm neue CDs auf. Nichts davon war musikalisch von Bedeutung.

Wladimir Ramenskij, der in der zweiten Hälfte der 70er Jahre Dutzende Lieder für Sewernyj geschrieben und außerdem seine Wohnung für zahlreiche Aufnahmen zur Verfügung gestellt hatte, starb 1982.

Rudolf Fuks und Sergej Maklakow sind, während ich dies schreibe, gesund und munter. Beide leben in Leningrad.

Ruslan Bogoslowskij, der Veteran des illegalen Schallplattengeschäfts in Leningrad, starb 2003 im Landhaus seines Vaters, ein vergessenes Genie der sowjetischen Musikgeschichte. Jewgenij Sankow verfiel Ende der 70er Jahre dem Alkohol, vergiftete sich mit schlecht gereinigter Möbelpolitur und starb auf seinem Stuhl, ein Akkordeon in der Hand. Boris Taigin verbrachte die meiste Zeit seines offiziellen Lebens als Straßenbahnfahrer. Nebenher wurde er zum wichtigsten Undergroundverleger für zeitgenössische Leningrader Lyrik und schrieb jahrzehntelang Gedichte. In Taigins Wohnzimmerverlag Be-Ta erschienen seit den 60er Jahren mehrere hundert Gedichtbände in Auflagen zwischen fünf und einhundert Exemplaren. Unter Taigins Autoren waren der spätere Nobelpreisträger Iosif Brodskij und viele andere bekannte und unbekannte Dichter der späten Sowjetunion. Im Herbst 2008 starb Taigin, kurz bevor ein Dokumentarfilm über seine Plattenfirma Goldener Hund erstmals im russischen Fernsehen ausgestrahlt wurde. Der Höhepunkt des Films kam, als der gebrechliche Taigin zu seinem Kleiderschrank ging, einen silbrigen kanadischen Schlips hervorholte, mit dem er fünfzig Jahre zuvor über den Newskij spaziert war, und altersweise hinzufügte: »Damals war das Leben interessanter. Es gab mehr Verbote.«

3
Kostja Beljajew – Ein byzantinischer Dandy in Breschnews Moskau

Zu Gast bei Dosja Schenderowitsch

Moskau, 30. Mai 1976. Der offiziell als Lehrer tätige sowjetische Undergroundgeschäftsmann David Schenderowitsch hat Geburtstag, und zu diesem Geburtstag lässt er sich ausgiebig feiern. Viele Freunde haben sich in seiner Wohnung eingefunden, der Tisch biegt sich unter Flaschen, Tellern und Schüsseln, die Gläser klingen. Man isst, man trinkt, man scherzt und: man singt. David Schenderowitsch, von seinen Freunden Dosja oder Dodik genannt, ist zu dieser Zeit nicht nur ein bekannter Bohemien, sondern wie Rudik Fuks in Leningrad auch Plattensammler und Musikproduzent. Inoffiziell natürlich. Es heißt, Schenderowitsch habe in den 70er Jahren die größte *Plasty*-Sammlung Moskaus besessen. *Plasty* ist Moskauer Slang und eine Abkürzung von *Gramplastinki*, dem russischen Wort für Schallplatten. Das zärtliche Slangwort bezeichnete allerdings nicht die Produktion des staatlichen Monopolisten Melodija, sondern allein heiße, sündhaft teure ausländische Ware. Mit der handelten die auf Russisch *Farzowtschiki* genannten Schwarzmarktaktivisten, und David Schenderowitsch war einer der begabtesten und furchtlosesten.

Zu seinem Geburtstag hat Schenderowitsch sich gewünscht, dass Moskaus angesagtester Sänger bei ihm auftritt. Der heißt Kostja Beljajew, ist einundvierzig Jahre alt und beginnt, auch auf Drängen des Publikums, mit der obligatorischen Datierung des Konzertes und einer ironiegetränkten Ansage:

Publikum: »Kostja, du musst eine Ansage machen!«
Beljajew: »Auf jeden Fall, ich mach eine Ansage. David Grigorjewitsch!«
Publikum: Am 30. ...«
Beljajew: »Genau: Am 30. Mai 1976, aus Anlass seines Geburtstages, widme ich unserem berühmten Moskauer Juden David Grigorjewitsch Schalam ..., eh, Schenderowitsch folgendes Poem ...«

Allgemeines Kichern. Aus dem Hintergrund mischt sich eine Frau ein:
»Kostja, du musst auch sagen, dass er ein Patriot ist und nirgendwohin ausreist.«
Beljajew: »Sicher, sicher. David Grigorjewitsch ist ein großer Patriot, aber ein Patriot, der, sozusagen, seine eigenen Interessen nicht vergisst ...«

Allgemeine Heiterkeit. Und dann singt Beljajew voller Leidenschaft:

Of all the Jews I've known,
and I've known some.
Until I first met you, Dodik,
I was lonesome!
And now I have a friend
who has never really meant
just to have me
in among his friends.

Allgemeines Gelächter. Jeder der Anwesenden erkennt die Parodie auf den jiddischen Hit »Bei mir bistu shein«, den auch Leonid Utjosow und Arkadij Sewernyj gecovert hatten. Utjosow hatte den brandneuen Hit im Zweiten Weltkrieg zu einem burlesken antideutschen Kriegslied verwurstet, Sewernyjs Impresario Rudolf Fuks produzierte 1972 eine wenig werktreue, dafür aber rasend komische Übersetzung. Kostja Beljajew nutzt die Steilvorlage der Andrews Sisters, die im Original haarklein auseinandersetzen, was ihre große Liebe vor allen anderen Boys auszeichnet, um dem Jubilar Schenderowitsch zur Erheiterung des Publikums ordentlich die Leviten zu lesen. Nicht auf Englisch, wie in der kurzen Einleitung, sondern auf Russisch, damit es auch jeder versteht. Beljajew beschimpft seinen jüdischen Freund als gewissenlosen Geschäftemacher und behauptet, Schenderowitsch traue weder seiner Frau noch seinem Hinterteil, habe für das Geld und die Plasty sogar die Weiber aufgegeben und überhaupt vergessen, was das Leben schön macht. In Deutschland hätte eine solche Ansammlung auf den ersten Blick deutlich antisemitischer Klischees naturgemäß bittere Folgen, im Moskau von 1976 sind das offenbar gängige Witze, jedenfalls unter Freunden. Das Geburtstagskind und seine Gäste, unter denen viele Juden sind, amüsieren sich jedenfalls prächtig. Beljajew formuliert hart und erbarmungslos, aber immer witzig und nie gemein. Nach der Breitseite zum Auftakt singt er dem Geburtstagskind Dosja Schenderowitsch siebzehn Lieder, in denen er in aller Ausführlichkeit erläutert, wie man in der Sowjetunion zu leben hat und was das Leben schön macht. Nun ist Beljajew, wie schon nach wenigen Sekunden klar ist, kein sentimentaler Lügner, der seinen Freunden um den Bart geht. Darum gibt es in seinen Liedern nicht nur die Liebe, sondern auch ihren Verlust, nicht nur guten, sondern auch sehr viel schlechten Sex, nicht nur Alkohol, sondern auch Kopfschmerzen. Ein zügelloser Humor durchzieht Beljajews Konzert und paart sich aufs wunderbarste mit groben Flüchen und Anzüglichkeiten. Es gibt noch mehr Scherzlieder von und über Juden, es gibt lyrische Liebeslieder und geniale Satiren auf die sowjetische Zivilisation, wie zum Beispiel das Lied

»Dnewnik Zampolita« (»Tagebuch eines Politoffiziers«). Der arme Mann hat die undankbare Aufgabe, die Matrosen eines sowjetischen Handelsschiffes in den Häfen der Welt von sexuellen Kontakten mit lokalen Prostituierten abzuhalten: »Also bitte, in unserem Land wurde die Prostitution nach der Revolution abgeschafft!« Ganz ähnlich gelagert ist »Instrukzija« (»Instruktion«). Das Lied beschreibt detailliert und mit hinreißender Präzision, was einem arglosen, nicht eben weltgewandten Sowjetmenschen alles auf Dienstreisen im demokratischen Ausland droht. Beljajew singt das beste Sauflied aller Zeiten und Völker (»Gimn Alkogolikow« – »Die Hymne der Alkoholiker«), er gibt grobe Sexlieder (»Kuplety« – »Die Couplets« und »Do chego nas baby-to doveli?« – »Was haben die Weiber aus uns gemacht?«, mit der unsterblichen Zeile: »Pora li mne pomenjat grazhdanku?« – »Ob es für mich vielleicht an der Zeit ist, die Bürgerin auszutauschen?«), und er singt sogar ein seidenweiches, hochpoetisches Sexlied (»Seksualno-Liritscheskaja« – »Das sexuell-lyrische Lied«). Das wiederum handelt von einer Frau, die in ihrem Bett liegt und keine Leidenschaft mehr für ihren Mann aufbringen will oder kann. Umgekehrt gilt wohl dasselbe. Auf der anderen Seite der Wand erinnern leider die frisch verheirateten Nachbarn hörbar daran, wie schön es einmal war. Und dann kommt ein Refrain, den Beljajew mit fabelhaftem Schmelz in der Stimme singt, als ginge es um eine frisch aufgeblühte Blume nach langem Winter:

Ot togo-to, ot togo-to,
ismenit' jemu ochota

Genau deswegen (wegen der Geräusche auf der anderen
 Seite – Anm. d. A.),
hat er Lust (sie) zu betrügen.[104]

Der größte Lacher im Publikum kommt, wenn Beljajew, noch immer mit feinstem Schmelz in der Stimme, den Namen des deutschen Sozialdemokraten August Bebel auf Bumsen reimt, was sich im Russischen leicht und effektvoll machen lässt. »Bebel – Jebel«. Doch das nur nebenbei. Wichtig ist vor allem eines: Die Leute, die bei Schenderowitsch sitzen und Beljajew zuhören, gehören keinem sektiererischen Zirkel von Musikspezialisten an, der sich an obskuren Liedern berauscht, die sonst keiner kennt. Konstantin Beljajew singt an diesem Abend fast durchweg Stücke, die viele Leute in der Sowjetunion der 70er Jahre kennen, bis hinauf in die Parteiführung. Nicht unbedingt jedes Lied, nicht unbedingt alle Strophen, oft wissen die Leute nicht, dass die Lieder einen Autor haben und wer das ist. Der Name Kostja Beljajew sagt, anders als der von Arkadij Sewernyj, kaum jemandem etwas. Während sich um Sewernyjs Person schon zu Lebzeiten zahllose Legenden ranken, führen Beljajews Lieder eine Existenz, die von ihrem Schöpfer oder besten Interpreten weitgehend losgelöst ist. Viele seiner Lieder werden für Volkslieder gehalten: die »Hymne der Alkoholiker«, die Beljajews Freund Igor Ehrenburg geschrieben hat, die alten Odessaer Gaunerlieder aus Beljajews Repertoire und die Parodien auf die alten Odessaer Gaunerlieder, die Lagerlieder und die Parodien auf Lagerlieder, die Sexcouplets, die nahezu ausschließlich aus jenen vier Worten gemacht sind, auf denen die in der Öffentlichkeit tabuisierte russische Gossensprache *Mat* beruht.[105] All das sind kleine und größere Hits in der Sowjetunion von 1976.

Ein interessantes, verdächtig friedliches Jahr übrigens, dieses 1976. Der Kalte Krieg ist gerade nicht besonders kalt. Es wird gerüstet, aber der Raketenbeschluss der Nato ist noch nicht gefallen. Der Westen hat genug mit sich selbst zu tun, die Ölkrise von 1973 hat eine schwere Wirtschaftskrise ausgelöst. In der Sowjetunion dagegen gibt es scheinbar keine Krise. Hier erfreut man sich an hohen Einkünften aus dem Erdölexport, die Geschäfte sind vergleichsweise voll. Dass Vollbeschäftigung und kostenlose medizinische Rundumversorgung eine Errungenschaft sind, werden die Leute erst Jahrzehnte später verstehen, wenn beides Vergangenheit ist. 1976 findet in Montreal die vorerst letzte Olympiade statt, an der sowohl Sowjets als auch Amerikaner teilnehmen. Kurz zuvor waren beide sogar zusammen in den Weltraum geflogen. Das Sojus-Apollo-Programm hatte große Hoffnungen auf Verständigung geweckt. Im Westen regieren Jimmy Carter und Helmut Schmidt, in Moskau hält Leonid Breschnew die Zügel in der Hand, nach zwölf Jahren als Generalsekretär schon zu alt für den Job, aber noch nicht völlig senil. Die Perestroika und das Ende der Sowjetunion liegen im grauen Nebel der Zukunft verborgen. Wo Afghanistan liegt, wissen nur Geografen. Noch. Der sowjetische Staat tut so, als sei er für die Ewigkeit konsolidiert, die Bürger nutzen nach Kräften die vielen Nischen, die es in Russland immer gegeben hat, egal wie totalitär die Regierung sich gibt. Schon 1970 hat Wenedikt Jerofejew mit *Die Reise von Moskau nach Petuschki* den Roman der Epoche verfasst. Das Buch zirkuliert in der Undergroundszene. In Leningrad formiert sich die Rockszene des Landes, in Moskau arbeiten die Konzeptualisten um Ilja Kabakow, Andrej Monastyrskij, Dmitrij Prigow an einer neuen, anderen sowjetischen Kunst. Tausende Juden emigrieren Jahr für Jahr. Viel später werden kluge Leute behaupten, es seien die allzu zufriedenen, fetten 70er Jahre gewesen, die der Sowjetunion letztlich das Genick gebrochen haben. In den Geschichtsbüchern nennt man die Zeit heute die »Epoche der Stagnation«. Man könnte auch vom *fin de siècle* der Sowjetunion sprechen.

Doch egal, ob Stagnation oder *fin de siècle,* Kostja Beljajew ist am 30. Mai 1976 in absoluter Hochform. Seine Stimme klirrt erbarmungslos, wenn nötig, dann wieder ist sie schmelzzart und friedlich. Beljajew flucht und zischt, er haucht und quietscht, und zum Glück für die Nachwelt hat David Schenderowitsch ein Tonband eingeschaltet und das Ganze mitgeschnitten. Zum Glück deshalb, weil *W gostjach u Dosi Schenderowitscha* (Zu Gast bei Dosja Schenderowitsch) eines der zentralen Werke der sowjetischen Kunst der 60er und 70er Jahre ist. Ein Meisterwerk, das geeignet ist, über Jahrzehnte gehegte Vorstellungen über das Leben in der Sowjetunion jener Jahre mindestens zu relativieren. Dieses Album, auf den ersten Blick nicht viel mehr als die Dokumentation einer Geburtstagsfeier voller privater Scherze, Anspielungen und Zoten, verändert das Antlitz einer ganzen Epoche. Wer einmal *Zu Gast bei Dosja Schenderowitsch* war, sieht die Sowjetunion neu und anders. Plötzlich tritt neben Alexander Solschenizyn, Andrej Sacharow und die vereinigte Gemeinde der grimmigen, regimekritischen Künstler, Literaten und Dissidenten auf der einen und neben den ebenso grimmigen Leonid Breschnew, die Kommunistische Partei und den KGB auf der anderen Seite eine ganz andere Sowjetunion, ein ganz anderes Leben, treten plötzlich ganz andere Akteure. Akteure, denen all das fehlt, was Regime und Regimekritiker so häufig miteinander teilten: die Verbissenheit, die Rechthaberei, das Pathos, der Anspruch, mindestens die ganze Welt retten zu müssen, die bleierne Ernsthaftigkeit, die Humorlosigkeit, die Freiheit von jeder Ironie, von Selbstironie ganz zu schweigen, die granitharte Überzeugung, wichtig zu sein. Beljajew und seine Freunde setzen alldem Lachen, Lieder, Alkohol, Arbeitsscheu, Sex, Reisen, illegale Geschäfte, Feiern, Gedichte und das Baden entgegen. Außerdem, in jedem Fall und allen Lebenslagen, ein unbedingter Stilwille in Kleidung, Sprache, Habitus und ein gesundes Maß an krimineller

Energie. Beljajew und seine Freunde verstehen intuitiv, dass dem heiligen Ernst des Regimes nicht mit dem heiligen Ernst des Regimekritikers beizukommen ist. Und überhaupt: Wie langweilig muss einer sein, der seine Zeit damit vergeudet, die Regierung zu kritisieren?

Dabei entspricht die Situation, in der *Zu Gast bei Dosja Schenderowitsch* aufgenommen wurde, auf den ersten Blick perfekt den landläufigen Vorstellungen von den sowjetischen 70er Jahren. Schließlich ist die sowjetische Küche der wichtigste Kulturort jener Jahre. Hier sitzt, wenn man den gängigen Mythen glaubt, die permanent schlecht gelaunte sowjetische Intelligenzija beieinander, um den Zustand der Welt im Allgemeinen und das totalitäre Regime im Besonderen zu diskutieren. Geschützt vor den Ohren des Regimes, in heiliger Privatheit.

Bei Dosja Schenderowitsch ist auch alles privat, aber ganz anders. Man sitzt nicht in der Küche, sondern im Wohnzimmer, und man hat ganz offensichtlich genug zu essen und zu trinken. Vor allen Dingen aber hat man Spaß. Kaum jemand, im Westen genauso wenig wie in der Sowjetunion, hat je darüber geschrieben, dass die Menschen in der Sowjetunion der 60er und 70er Jahre trotz aller materiellen, rechtlichen, politischen Sorgen Sex hatten, tanzten, Musik hörten, auf Reisen gingen, Drogen nahmen – dass sie sich, in einem Wort, amüsierten. Hier kann man es hören.

Als *Zu Gast bei Dosja Schenderowitsch* 2001 erstmals auf CD erschien, nachdem es fünfundzwanzig Jahre lang tausend- und zehntausendfach als Kassette und Tonband kopiert und von Hand zu Hand weitergereicht worden war, schrieb der Moskauer Kritiker Michail Korojedow: »Es irren diejenigen, die davon ausgehen, dass man in den Büchern von Oscar Wilde und Henri de Régnier suchen müsse, um Antwort zu finden auf die Frage: Was ist ein wirklicher Dandy? Die Dandys des neuen Jahrtausends nehmen sich jene noch lebendigen und doch schon in die Geschichte eingegangenen Moskauer Dandys zum Vorbild, deren Blüte zusammenfiel mit der goldenen Ära des verwelkenden sowjetischen Regimes. Angeführt wird dieses Pantheon von dem berühmten Chansonnier Kostja Beljajew und seinem Freund, dem legendären Bonvivant David Schenderowitsch. Darum ist die Veröffentlichung der Aufnahmen, die am 30. Mai 1976 zum Geburtstag von Schenderowitsch entstanden, ein Ereignis, dessen Bedeutung man mit der Publikation von Jules Barbey d'Aurevillys Buch über George Brummell[106] vergleichen kann, das die Ambitionen und Ziele der besten Vertreter des Silbernen Zeitalters vorherbestimmte.«[107]

Der Sänger und Radio-DJ Garik Osipow, einer der Männer, denen Beljajew sein Comeback in den späten 90er Jahren verdankte, ergänzte: »Der Dandy ist nicht derjenige, der Levi-Strauss-Jeans besitzt. Die Dandys schufen ihren eigenen Stil und waren mutig genug, diesen zu zeigen: wider die Herrschaft des Uniformismus.« Wobei sich von selbst versteht, dass Jeans die ultimative Uniform der westlichen Kultur sind. »Sie bügelten die Hosen des Lebens nach ihrem Geschmack und Gutdünken neu. Lebensfroh, klug und risikofreudig eroberten sie auch eine große ökonomische Freiheit, ohne Aufrufe an die Weltgemeinschaft, gleichgültig auch gegenüber offiziellem Ruhm. Das Regime und der Dandy ignorieren sich gegenseitig.«[108]

Ein Odessit in Moskau

Wer also ist dieser Kostja Beljajew? Nun, zunächst mal kann man sagen, dass der erste, äußere Eindruck verwirrend ist. Der korpulente ältere Herr mit weißen Haaren, der mich da an der

Tür seiner kleinen Neubauwohnung auf der trefflich benannten Straße der Initiativen im Südosten von Moskau begrüßt, der sieht beim besten Willen nicht aus wie ein verwegener Dandy und Undergroundchansonnier. Allerdings sind auch dreißig Jahre vergangen, seit *Zu Gast bei Dosja Schenderowitsch* aufgenommen wurde. Zudem klingen aus dem Wohnzimmer schon Blat-Lieder herüber, und so kann kein Zweifel bestehen. Vor mir steht Konstantin Beljajew, eine lebende Legende.

Beljajew bittet mich in sein Wohnzimmer und nimmt selbst in einem roten Ohrensessel Platz. Der Sessel passt hervorragend zu seinem Strickpullunder, der roten Krawatte und dem weißen Hemd. Auf den Beistelltischen liegen gehäkelte Deckchen, die Schrankwand mit Stereoanlage ist aufgeräumt, es ist pieksauber, alles ist an seinem Platz. Die milde Moskauer Herbstsonne scheint durch frisch geputzte Fenster. Der Kontrast zu Rudolf Fuks' staubigem Junggesellenparadies in Petersburg könnte nicht größer sein. Beljajew schaltet die Musik aus, nimmt die CD aus der Anlage, fasst sie dabei betont akkurat an den Rändern an und legt sie in die Hülle. Dann erzählt er mir sein Leben.

Konstantin Beljajew wird am 23. November 1934 in Odessa geboren. Seine Jugend besteht vor allem aus Hunger, Armut und Krieg. Der Vater fällt 1941 an der Front, der Sohn nutzt die Freiheit, um die Schule zu schwänzen und sich mit Freunden herumzutreiben. 1946 schickt ihn seine geplagte Mutter auf ein militärisch geführtes Internat mit intensivem Englischunterricht, das zukünftige Diplomaten und Agenten ausbildet. Die Ausbildung ist gut und streng: »Am Eingang stand so ein Zerberus mit Schnurrbart, ein harter Kerl, der die ganze Zeit die Tür verschlossen hielt. Wenn man Zigaretten holen wollte, musste man aus der zweiten oder dritten Etage runterklettern.

Wer dabei erwischt wurde, der wurde mit der Maschine kahl geschoren. Das war ganz schlimm, kahl rasiert zu sein galt als unmännlich.« Nach der Schule wechselt Beljajew ans Moskauer Institut für Militärübersetzer, eine Elitehochschule. »Die meisten wurden irgendwann Hauptmann oder General. Alle sprachen gut Englisch, viele arbeiteten im Ausland, zum Beispiel als Journalist getarnt. Viele waren Agenten in östlichen Ländern, in Kambodscha oder Vietnam. Einer lernte noch Deutsch und arbeitete lange in Deutschland.« Beljajew aber hat Pech. Im Oktober 1955 verkündet Nikita Chruschtschow eine große Demobilisierung. Mehr als 1,5 Millionen Soldaten werden aus dem Dienst entlassen, Beljajew ist einer von ihnen. Er verbringt ein Jahr als Englischlehrer in einem kasachischen Dorf und setzt sein Studium dann am Institut für Fremdsprachen in Moskau fort. Auch dieses Institut gehört damals wie heute zu den Eliteuniversitäten des Landes. 1960 ist Beljajew ausgebildeter Dolmetscher und nimmt einen Job an Moskaus Internationalem Flughafen in Scheremetjewo an. Er ist endlich frei. »Das war Schichtarbeit – alle drei Tage eine Vierundzwanzig-Stunden-Schicht. Entsprechend hatte ich viel Zeit und begann, Gitarre zu lernen. Ich wohnte damals im Wohnheim, kaufte mir eine Gitarre und begann bald, Lieder zu schreiben. Von Anfang an liebte ich diese ans Gangstermilieu angelehnten Lieder, Straßenlieder, Scherzlieder. Odessaer Lieder. Ich habe nie Lieder offizieller sowjetischer Komponisten gesungen, mich zog es immer zu diesen Undergroundliedern.«

Es ist genau die Geschichte, die ich von Fuks in Leningrad und von vielen anderen wieder und wieder gehört habe. Und es geht um genau dieselben Lieder: Sie sind allesamt verboten, es existieren keinerlei offizielle Aufnahmen, sie werden nie im Radio oder auf offiziellen Bühnen gesungen. Trotzdem liegen die Lieder in der Luft, und Beljajew atmet sie in Moskau ein, genau wie der vier Jahre jüngere Arkadij Sewernyj sie zur selben Zeit in Leningrad einatmet. Die Lieder werden auf den Straßen gesungen (selbst zu Stalins Zeit) und bei Partys. Man kauft Aufnahmen auf Flohmärkten, man tauscht und kopiert Tonbänder: »Da stand nicht drauf, wer der Autor ist oder wer singt – das war nicht wichtig. Damals war das nicht entscheidend. Wichtig war, die Texte abzuschreiben, die Melodie zu lernen und die Lieder zu singen.«

Beljajew lernt viele dieser Lieder, er singt sie, und irgendwann beginnt er, auch eigene Stücke zu schreiben. Ab Mitte der 60er Jahre hat Beljajew sein Leben ideal organisiert. Offiziell arbeitet er inzwischen ein paar Stunden pro Woche als Englischlehrer für diverse Universitäten. Das ist wichtig, denn Leuten ohne Anstellung droht eine Verurteilung wegen Schmarotzertums. »Ich habe so wenig wie möglich gearbeitet«, sagt Beljajew und blickt mich ernst an. Er will sicher sein, dass der auswärtige Gast begreift, dass das keine Frage der Faulheit war, sondern eine von Weltanschauung und Lebensphilosophie. »Ich arbeitete stundenweise. Was bedeutet das? Nun, ich unterrichtete pro Tag ein oder zwei Doppelstunden Praxis der englischen Sprache. Dann war ich frei. Ich ging auf keine Versammlungen, ich war kein Mitglied des Kollektivs. Ich komme, gebe meine Stunden, und das war's: Ich bin frei! Ich hatte einen Haufen Freizeit. Das hab ich speziell so eingerichtet.«

Allerdings war Beljajew nie ein asketischer Hippie, der von Luft und Liebe gelebt hätte. Beljajew gab in seiner Freizeit gut bezahlten Privatunterricht, mit dem sich Abiturienten auf die Aufnahmeprüfungen für die Uni vorbereiteten. »Ich war immer ein Typ, der herumzog und seine Freiheit liebte. Die Löhne waren sowieso niedrig. Für meine offiziellen Unterrichtsstunden bekam ich ungefähr 50 Rubel im Monat. Mit einer vollen Stelle wäre ich auf 130 oder 150 Rubel gekommen. Das ist doch kein Geld. Von den Abiturienten bekam ich pro Stunde 40 Rubel, von jedem der beiden Schüler 20. Ich habe jeden Tag Stunden gegeben, Montag bis Freitag, 40 Rubel jeden Tag!« Im Sommer, wenn die sowjetischen Schulen und Universitäten für drei Monate geschlossen waren, verdiente der unternehmerisch begabte Beljajew noch viel mehr. Befreit von den obligatorischen Doppelstunden an seinem Institut, konnte Beljajew für einige Wochen acht Stunden am Tag Privatunterricht geben. An guten Tagen verdiente er so das Zwei- bis Dreifache seines offiziellen Monatslohns. Englisch zu lernen war angesagt, gute Englischlehrer offenbar selten.

Sowjetische Lebemänner

Mitte der 60er Jahre lernt Kostja Beljajew zwei Männer kennen, die auf Jahrzehnte zu seinen besten Freunden werden. Beide sind Juden, beide werden entscheidenden Einfluss auf Beljajews Karriere als Sänger nehmen. Igor Ehrenburg ist vier Jahre älter als Beljajew, lebt als freischaffender Künstler und Dichter und wird über die Jahre viele der größten Hits zu Beljajews Repertoire beisteuern. Über Ehrenburgs Leben ist, abgesehen von ein paar nackten Fakten, so gut wie nichts bekannt. Geboren 1930, aufgewachsen in einer typischen Moskauer Intelligenzija-Familie, gestorben 1989. Ende der 50er Jahre wurde Ehrenburg für mehrere Jahre in ein Arbeitslager nach Sibirien verbannt, wegen Schmarotzertums und Nichtstuerei, auf gut Sowjetisch: *Tunejadstwo*. Ehrenburg destillierte aus dieser Erfahrung das unsterbliche »Pustite, pustite, pustite«, ein Lagerlied, in dem auf völlig neue Weise die Trauer über den Verlust der Freiheit in scheinbar primitive Reime gepackt und mit weiser, zenhafter Selbstironie abgefedert wird:

Pustite, pustite, pustite! Ja domoj chotschu.
Prostite, prostite, prostite Tunejadzu-Moskwitschu.

Sizhu ja, rebjata, na kamne – i tschizhu zhiwot.
Taiga mne, taiga mne, taiga mne – nadoela vot!

Ach, lasst mich, ach, lasst mich, ach, lasst mich! Ich will
nach Hause.
Verzeiht doch, verzeiht doch, verzeiht doch dem Schma-
rotzer aus Moskau!
Ich sitze, liebe Freunde, auf einem Stein und kratze mir
den Bauch.
Die Taiga, die Taiga, die Taiga – steht mir bis hier nun
auch.[109]

Die einzigen detaillierten Erinnerungen an Ehrenburg schrieb
Beljajew viele Jahre nach dem Tod seines Freundes nieder:

Igor war sein ganzes Leben lang ein freier Künstler, er war
ein Sybarit im besten Sinne des Wortes. Er liebte es, das
schöne Leben in vollen Zügen zu genießen, ohne sich mit
Arbeit abzumühen. Igor war ein bezaubernder, gesprächiger
Mensch, der von der Natur mit der Seele eines Epikureers
beschenkt worden war. Das Leben, das war für ihn die Freude
am Gespräch mit Freunden, Tischgesellschaften, Wein, die
Gitarre, Lieder, ein begeisterter Kreis von Zuhörern, in den
ersten Reihen Mädchen, schön und jung. Igor reiste gern
durchs Land, besonders in den Süden: auf die Krim, in den
Kaukasus, nach Pizunda, wo sich um ihn herum immer und
überall Dutzende Anhänger beiderlei Geschlechts versam-
melten. Er war die Seele einer jeden Gesellschaft, er war der
Organisator, er hielt alles zusammen.[110]

Das sind Sätze, die wohl fast ebenso gut auf Beljajew selbst oder
auf David Schenderowitsch passen. Vor allem aber beschreiben sie die ausgelassene Boheme-Atmosphäre, in der die drei

Freunde in den 60er und 70er Jahre lebten, gut. Das Leben war für lange Zeit eine einzige ununterbrochene Party, und die charmanten Sänger Beljajew und Ehrenburg standen überall im Mittelpunkt. »Ich wurde ständig zu Hochzeiten, Geburtstagsfeiern, Partys eingeladen, nicht nur in Moskau, sondern auch in Kiew und Odessa. Ständig. Ich hatte viele Freunde und Bekannte, und deren Freunde und Bekannte haben dann gesagt: ›Zu uns soll er auch kommen und singen‹. So ging das quer durch die 70er Jahre. Es gab fast keine Woche, in der ich nicht irgendwo aufgetreten wäre. Im Gegenteil, oft musste ich sagen: ›Oh, das geht nicht, ich bin schon da und da eingeladen.‹ Damals wurde viel mehr gefeiert als heute, Geburtstage und alles. In den Geschäften hieß es ja immer: ›Es gibt nichts.‹ Aber trotzdem haben alle wunderbar getafelt. Heute feiern nur noch die reichen Leute Geburtstag.«

Geld wurde bei diesen privaten Konzerten nie bezahlt. Sagt Beljajew. Dass der Chansonnier die Zuneigung der Zuhörer und vor allem Zuhörerinnen in vollen Zügen auskostete, steht hingegen außer Frage. »Mit Igor Ehrenburg haben wir oft bei Nadja Telegina gefeiert. Nadja war ein schönes Mädchen, und sie war zwei oder drei Jahre mit Igor verheiratet. Sie hatte eine Riesenwohnung, vier Zimmer am Kutusow-Prospekt. Ihre Mutter war eine berühmte Schauspielerin, sie hatte diese Wohnung schon in den 30er Jahren bekommen. Nadja lud ihre Freundinnen ein, und Igor brachte seine Freunde mit, darunter mich. Wir haben dort oft getrunken, gesungen, getanzt. Partys eben, mit Mädchen flirten, ganz normal war das.«

Im Sommer verlagerten Ehrenburg und Beljajew ihre Aktivitäten auf die Halbinsel Krim. Dias aus den 60er und frühen 70er Jahren zeigen die beiden Playboys umgeben von Scharen junger Frauen. Beljajew, meist mit mehreren jungen Frauen im Arm, sieht auf diesen Bildern aus wie eine Mischung aus Sean Connery und Nicholas Cage: behaarte Brust, Sonnenbrille, breite Schultern, blitzende Zähne. Direkt am Strand versammelt er bei improvisierten Konzerten Hunderte Zuhörer um sich, die seinen tollkühnen Liedern begeistert folgen. Gleichzeitig nutzen Beljajew und Ehrenburg die Reisen in den Süden, um mit dem Verkauf von Hauptstadtwaren ein paar Rubel nebenbei zu verdienen. Nicht umsonst heißt eins von Beljajews Tonbandalben *W Moskwu sa pokupkami* (Nach Moskau zum Einkaufen). Auf Konzerten in den 90er und 200er Jahren erzählte Beljajew häufig von einer unerwartet abenteuerlichen Geschäftsreise nach Odessa. Ehrenburg und Beljajew waren mit seltenen Moskauer Klamotten und Schuhen im Gepäck angereist und hatten in einem Hotel in der Deribasowskaja-Straße ihr Hauptquartier aufgeschlagen. Als alter Odessit wusste Beljajew genau, wo ein Kleinkrimineller von Format in Odessa abzusteigen hat. Von ihrem Hotelzimmer aus wollten Beljajew und Ehrenburg die *Schmotki* – die Schwarzmarktklamotten – unter die Leute bringen. Davon allerdings bekam die örtliche Konkurrenz Wind und verlangte einen Anteil am Geschäft. Als Beljajew und Ehrenburg sich weigerten, schickten die offenbar gut vernetzten Gauner den beiden Moskauer Abenteurern die Polizei auf den Hals. Ehrenburg entfloh eilends nach Moskau, Beljajew verbrachte einige Tage bei der Miliz. Schlimmeres konnte verhindert werden, weil auch Beljajew über Verbindungen verfügte. Sein Bruder lebte nach wie vor in Odessa und konnte nicht nur den Sänger, sondern auch die konfiszierten Waren aus den Fängen der Miliz befreien.

Die Fotos aus jenen Jahren zeigen, dass Beljajew und Ehrenburg ein Leben führten, wie es sich, trotz aller offensichtlichen Unterschiede, ganz ähnlich auch in Kalifornien abgespielt haben könnte. Wie Amerika war auch die Sowjetunion riesengroß und in einem bestimmten Sinne sehr frei. Man konnte ohne Pass und weitgehend ohne Geld riesige Gebiete durchqueren, von den Stränden an der Ostseeküste bis auf die Krim, von Mittelasien und Sibirien ganz zu schweigen. In zahllosen Memoiren sind wochen- und monatelange Reisen über Tausende Kilometer und durch diverse Zeit- und Klimazonen beschrieben. Per Autostopp, zu Fuß, zu Pferd, in Lkws oder in den Schlafwagen der sowjetischen Eisenbahn. Jack Kerouac hätte seine Freude gehabt. Reisen war billig und das Leben auch: »Wir konnten immer in ein Café gehen und ein paar Blini essen mit Smetana, einen kleinen Kefir dazu, Tee. Alles. Darüber dachte man gar nicht nach. Abends dann eine Flasche trockenen Weißwein, das war billig, 2 Rubel 30 Kopeken. Im Süden trank man weißen Wein, ging tanzen, amüsierte sich. Keiner dachte an Geld, wo man noch mehr verdient. Und heute?«

Immer im Gepäck: Gedichtbände, Gitarren und Lieder. Beljajew und seinen Freunden war wohl bewusst, dass ihr Lebensstil gewisse Parallelen im Amerika der 50er und 60er Jahre hatte. Auf mehreren Fotos aus dem Jahr 1965 sehen wir Beljajew mit jungen Frauen am Strand posieren. Direkt über seinem Kopf wird eine Zeitschrift ins Bild gehalten. Die gut lesbare Überschrift lautet: »Unter Beatniks«. Und das passte genau. Denn mit der Hippiebewegung, die Ende der 60er, Anfang der 70er Jahre auch in der Sowjetunion aufkam, hatten Beljajew und Ehrenburg genauso wenig am Hut wie die amerikanischen Beatniks der 50er und frühen 60er Jahre. Unsere beiden Helden trugen gebügelte Anzüge, wenn sie nicht gerade am Strand sangen oder den Mädchen hinterherpfiffen. Außerdem waren sie stets frisch rasiert und schneidig frisiert. Ob Kostja Beljajew damals schon *James Bond*-Filme gesehen hatte?

Doch so viel Ehrenburg, Schenderowitsch und Beljajew auch feierten und flirteten, sie arbeiteten auch fleißig am Repertoire und seiner Verbreitung. Igor Ehrenburg war so etwas wie ein

Jakow Jadow der 60er und 70er Jahre. Er schrieb unter anderem die »Hymne der Alkoholiker«, das wunderbare »Twist, Twist, Twist & Madison« oder auch das frivole »Pustite Raja« (»Lassen Sie mich raus, Raja«), in dem es heißt:

Pustite Raja, mne pod wami tesno!
Lassen Sie mich raus, Raja, mir ist es zu eng unter Ihnen![111]

Ganz nebenbei hat Ehrenburg das Genre des russischen Gaunerliedes im engeren Sinne um eine ganze Reihe phänomenaler Lieder ergänzt, in denen auf unnachahmlich ironische Weise Geschichten aus dem Alltag der kleinen und großen Schieber, Devisen- und Schwarzhändler, der *Farzowtschiki*, *Waljutschiki* und *Spekulanty*, erzählt werden. Alle diese Gaunerlieder strahlen eine umwerfende spielerische Leichtigkeit aus, die sich zum einen auf Ehrenburgs Temperament zurückführen lässt, zum anderen aber wohl auch darauf, dass sie zu einer Zeit entstanden, als man für derartige Vergehen nicht mehr mit dem Tod oder fünfundzwanzig Jahren an der Kolyma bestraft wurde, sondern nur noch mit ein paar Jahren Gefängnis oder Arbeitslager. Normales Berufsrisiko also, kein Kältetod in Stalins Höllenlagern am Polarkreis. Ehrenburgs Lieder atmen den Geist großer Gaunerkomödien der 60er und 70er Jahre, wie etwa *Der Clou* (1973). Seine Helden stehen den von Paul Newman und Robert Redford gespielten Gangstern in nichts nach, was Charme, Stil, Schlagfertigkeit und kriminelle Energie angeht. Ihre Waffen sind Witz und Geschick, nicht Gewalt und Kugeln.

Ehrenburgs größter Gaunerhit trägt den unverfänglichen Titel »Moj Prijatel' Student« (»Mein Kumpel, der Student«). Der ganze Zauber des durchgehend gereimten Textes entfaltet sich naturgemäß nur auf Russisch, aber auch eine schlichte Inhaltsangabe macht klar, welche Art von Humor Beljajew und Ehrenburg schätzen. Das Lied handelt von einem kleinen

Ganoven, dessen Freund – der Student – Ausweise jener sowjetischen Behörde fälscht, die mit dem Kampf gegen Korruption und Diebstahl von Volkseigentum befasst ist: *OBCHSS – Otd'el Borby s Chischtschenijami Sozialistitscheskoj Sobstwennosti* (Abteilung für den Kampf gegen den Diebstahl von sozialistischem Eigentum). Die Abkürzung OBCHSS war sowjetischen Bürgern ähnlich vertraut wie FBI amerikanischen. Ausgestattet mit dem gefälschten Ausweis begibt sich der lyrische Held schnurstracks zu einem der Manager des GUM. Das GUM ist das berühmteste Kaufhaus in ganz Russland und befindet sich direkt gegenüber vom Kreml. Der Manager hat furchtbare Angst vor einer Kontrolle, weil er seinen privilegierten Zugang zu seltenen Importwaren auf ungesetzliche Weise in bare Münze verwandelt und mit diesem Geld eine Datscha baut. So fällt es unserem Helden nicht schwer, einen schicken finnischen Anzug und andere modische Kleider zu erpressen. Als er dann in den feinen Klamotten auf die Straße tritt, rennen die schönsten Moskauer Mädchen ihm mit offenem Mund hinterher.

Der Teufel steckt auch hier natürlich im Detail. Das Chanson entfaltet seine ganze anarchistische Wucht aus dem Umstand, dass sowohl das lyrische Ich wie auch sein Opfer Ganoven sind. Der eine ist ein wenig charmanter als der andere, aber das sozialistische Eigentum ist beiden schnur, genau wie der Mehrheit der sowjetischen Bevölkerung. Auf einer anderen Ebene wiederholt sich diese Doppelung und verleiht dem Lied zusätzliches Kolorit: Der Manager im GUM ist genau wie der Autor des Liedes – Igor Ehrenburg – Jude. Das Lied spielt zwar in Moskau, seine Wurzeln liegen aber ganz klar in den Chansons über die jüdisch dominierte Gangsterwelt im Odessa der ersten Jahrhunderthälfte. Da man dort von jeher hohen Respekt vor Gaunern aller Art hatte, kommt es auch nicht überraschend, wenn das Stück mit einer Zeile endet, in der der

Held dem Gaunermanager seinen Respekt zollt: »Ja jewrejew teper' uwazhaju otschen! – Juden achte ich jetzt sehr!«

Ehrenburgs Lieder wurden seit den 60er Jahren von vielen Chansonniers eingesungen, auch Arkadij Sewernyj hatte »Mein Kumpel, der Student« im Programm. Die gewissermaßen kanonischen Aufnahmen sind allerdings die, die Kostja Beljajew Mitte der 70er Jahre produzierte. Igor Ehrenburg selbst fand, dass Beljajews Stimme ideal zu seinen Liedern passte. Zum Glück hat aber auch ein Tonband aus dem Jahr 1978 die Zeiten überdauert, das Ehrenburg selbst gemeinsam mit Arkadij Sewernyjs Gitarristen Nikolaj Resanow in Leningrad aufgenommen hat. Das Band versammelt sechsunddreißig Lieder – das Beste vom Besten, was Ehrenburg geschrieben hat. Weitere Aufnahmen von Igor Ehrenburg schlummern mit einiger Sicherheit in privaten russischen Archiven.

Der zweite neue Freund, den Beljajew Mitte der 60er Jahre gewinnt, heißt David Schenderowitsch. Schenderowitsch unterrichtet wie Beljajew Englisch an der Außenhandelsakademie. Nebenher ist er in der ganzen Stadt bekannt als unternehmerisch begabter Mann mit besten Kontakten. Schenderowitsch hat beide Hände tief im Schwarzmarkt, organisiert private Konzerte, ist offenbar recht vermögend und seit einem Unfall so gut wie blind. »Ich bin kein armer Mann«, sagt Schenderowitsch Jahre später gern, »aber wenn ich sehen könnte, käme Roman Abramowitsch heute auf meine Jacht zu Besuch!«[112] Es ist kein Zufall, dass Beljajew und Schenderowitsch sich kennenlernen, als Beljajew auf der Suche nach einem Grundig-Tonband ist. Schenderowitsch bekommt Wind davon und kann, natürlich, helfen. Kurz darauf organisiert Schenderowitsch Beljajews erste Tonbandaufnahmen. Wann genau die ersten Aufnahmen stattfanden, Beljajew kann sich nicht mehr erinnern. Sicher ist, dass Beljajew 1968 im Kulturhaus der Wissenschaft und Technik aufgenommen wird, nicht irgendwo am Ende der Stadt, sondern in der Wolchonka-Straße in unmittelbarer Nachbarschaft des Kreml, direkt gegenüber des weltberühmten Puschkinmuseums. Dort arbeitet ein Bekannter von Schenderowitsch als Toningenieur. »Aufnahmen von mir wurden an verschiedenen Orten gemacht, auf Tonband. Nicht nur in Moskau. Aber mich entdeckte damals niemand, so wie Sewernyj in Leningrad von einer ganzen Szene von Leuten entdeckt wurde. Dort gab es ja eine große Gruppe von Leuten, die ihn ständig aufnahmen, mit Bands, an verschiedenen Orten. Er wurde immer populärer – ich leider nicht.«

Der entscheidende Unterschied zwischen Moskau und Leningrad, zwischen Sewernyj und Beljajew: Sewernyj verfügt in Rudolf Fuks über einen Impresario und Manager, der weiß, dass es nicht reicht, ein paar verbotene Lieder einzusingen, egal wie gut man singt, egal wie verboten die Lieder sind. Fuks erfindet den Markennamen Arkadij Sewernyj, verschafft Sewernyj ein klares, wiedererkennbares Image und sorgt dafür, dass neue Aufnahmen immer unter dem Namen Sewernyj in Umlauf geraten. Vor allem aber weiß Fuks, dass es sich auch im Tonbandunderground auszahlt, wenn man den Markt regelmäßig mit neuen Alben versorgt, die sich voneinander so unterscheiden, wie sich die Alben von den Beatles, Stones oder Pink Floyd voneinander unterscheiden: wiedererkennbare Künstler, neues Material. Kostja Beljajew fehlt all das. Er hat keinen Impresario wie Fuks, er hat kein Pseudonym, seine Bänder werden oft anonym verkauft, und sie unterscheiden sich über die Jahre nur in Nuancen voneinander. Schon auf den ersten Aufnahmen von 1968 singt Beljajew einige der Hits, die auch auf *Zu Gast bei Dosja Schenderowitsch* zu hören sind.

Odessaer Konzerte, made in Moskau

Warum die Hauptstadt Moskau keine ausgekochten Produzenten wie Rudolf Fuks oder Sergej Maklakow hervorbrachte, ist schwer zu sagen. Moskau war die größte und reichste Stadt des Landes und damit auch der größte Markt für unzensierte Musik und Gaunerlieder. Warum also wurde dieser Markt nicht von lokalen Produzenten bedient? Leningrader, Kiewer und Odessaer Lokalpatrioten behaupten bis heute gern, Moskau sei eben nie mehr als ein riesiges kulturloses Dorf gewesen, in dem sich alles immer nur ums Geld dreht. Auf allen Ebenen, im offiziellen Kulturbetrieb genauso wie im Underground. Das ist naturgemäß eine schamlose Übertreibung, aber sie enthält ein Korn Wahrheit. Moskau zog Talente aus allen Ecken des Landes magisch an, weil hier und nur hier die wirklich großen Karrieren gemacht wurden. Leningrad und Odessa hingegen produzierten Talente. Vielleicht ist es wirklich kein Zufall, dass in Leningrad Produzenten wie Fuks aktiv waren, während Moskau das ideale Betätigungsfeld für Schwarzmarktwunderkinder wie Schenderowitsch war. Auch der sowjetische Rockunderground entsteht ab Mitte der 70er Jahre in Leningrad, nicht in Moskau. Hinzu kommt, dass im Herzen des Imperiums die Kontrolle des kulturellen Lebens, des legalen wie des illegalen, etwas besser funktionierte als in den Hafenstädten Leningrad und Odessa am Rande der Sowjetunion.

Wie dem auch sei: Kostja Beljajews beste Aufnahmen entstehen im Frühjahr und Sommer 1976 innerhalb weniger Wochen in Moskau. Aber sie entstehen nur deshalb, weil sich ein vor Energie und Unternehmungslust sprühender kleiner Mann in seinen besten Jahren nicht scheut, mit schwerem Gepäck die lange Reise von Odessa nach Moskau zu machen. Mehrfach. Der Mann ist untersetzt und sportlich, ein ehemaliger Boxer, wie man an der Nase erkennen kann. Sein Name: Stanislaw

Jeruslanow. Ein Jahr später wird er in Odessa Arkadij Sewernyj aufnehmen. Im Gepäck hat Jeruslanow ein Grundig TK 340 4-Spur-Tonbandgerät mit drei Tonköpfen, das allein schon 17 Kilo wiegt. Bei seiner Markteinführung in Deutschland 1967 kostet das Gerät 698 DM. Mitte der 70er ist es in Moskau Tausende Rubel wert – bei durchschnittlichen Monatslöhnen zwischen 100 und 200 Rubeln.

Kennengelernt hatten sich Jeruslanow und Beljajew ein paar Monate vorher auf dem Odessaer Flohmarkt, dem Toltschok. Jeruslanow in Odessa und Beljajew in Moskau erzählten mir die Geschichte in nahezu identischen Formulierungen. Jeruslanow stand vergnügt an seinem Stand, ein Lied auf den Lippen, und verkaufte illegal produzierte Kassetten und Tonbänder mit illegaler Musik. Die Miliz hatte er geschmiert, die Sonne schien, das Geschäft lief wie am Schnürchen.

»Jedenfalls kommt eines schönen Tages Kostja Beljajew an meinen Stand und sagt:

›Ty tschego moi sapisi krutisch?‹ – ›Wie kommst du dazu, mit meinen Aufnahmen zu handeln?‹ Ich sage: ›Wer bist du denn überhaupt?‹ – ›Kostja Beljajew!‹ – ›Zeig mal deinen Ausweis.‹ – Er zeigt ihn: Konstantin Nikolajewitsch Beljajew.«

So lernten sie sich kennen, Beljajew, der Sänger, und Jeruslanow, der Produzent. Viele Jahre später kichern beide auf ganz ähnliche Weise, als sie sich an ihre erste Begegnung erinnern. Zwei begnadete Odessaer Dandys. Freie Menschen in einer unfreien Welt. Leute, wie man sie überall auf der Welt mit der Lupe suchen muss.

Ob zur Beilegung des kommerziellen Konfliktes schon bei der ersten Begegnung Geld geflossen ist, konnte ich weder aus Jeruslanow noch aus Beljajew herausbekommen. Geschäftsgeheimnisse sind auch dreißig Jahre später Geschäftsgeheimnisse. Oder vergessen. Wichtiger war ohnehin, dass Jeruslanow Beljajew sofort vorschlug zusammenzuarbeiten.

»Ich sag: ›Ich könnte Aufnahmen mit dir machen!‹ Er sagt: ›Ich wohne jetzt in Moskau. Wenn du kommst, können wir Aufnahmen machen!‹ Er gibt mir also seine Nummer, ich fahre nach Moskau, ruf ihn an, und los geht's. Damals hatte ich ein Grundig-Tonband. Er sagt: ›Wie viel bezahlst du?‹ – Ich: ›Wie viel willst du?‹ – Er: ›Zweihundert.‹ Das war viel Geld damals. Ich sag: ›Okay‹. Er: ›Erst das Geld!‹ Ich: ›Da hast du dein Geld!‹ Und los ging's.«

Das Ergebnis der Kooperation zwischen Stanislaw Jeruslanow und Kostja Beljajew sind drei der schönsten Alben des sowjetischen Magnitisdat. Drei Alben, die mit hinreißendem Understatement schlicht als *1., 2.* und *3. Odessaer Konzert* bezeichnet wurden. Wobei man bedenken muss, dass das schlichte Wörtchen Odessa ganz unvorhersehbare Auswirkungen auf die Psyche des sowjetischen Publikums haben konnte. Leonid Utjosow hatte das als Erster begriffen, Arkadij Sewernyj und Kostja Beljajew waren in dieser Hinsicht seine gelehrigen Schüler. Ein Artikel über Beljajew, der in den 90er Jahren in Moskau erschien, trägt den Titel: »Kostja Beljajew – Die Kunst, Odessa zu leben«. Beljajews Odessa, heißt es dort, sei nicht mehr Utjosows Gangsterhauptstadt Odessa-Mama gewesen, sondern eine Art antitotalitärer Traum, ein Eldorado, ein vollkommenes Shangri-La.[113] Es spricht für die Sowjetunion, dass sich die Bürger des Landes ihr Shangri-La nicht ohne feuchtfröhliche Gelage mit Ganoven und Nutten vorstellen mochten.

Die *Odessaer Konzerte* beginnen, wie üblich, mit Ansagen und Widmungen. Wie Sewernyj ist auch Beljajew in diesem Genre ein Meister. Doch es gibt signifikante Unterschiede: In den Ansagen zu Sewernyjs Alben fällt sehr häufig sein eigener Name, mal der Vorname, mal der Nachname, mal beides. Beljajew nennt seinen Namen nie, vielleicht schon allein deshalb, weil er nie ein Pseudonym benutzte. Da die Bänder in der Sowjetunion ohne Cover vertrieben wurden, wurden viele von Beljajews Liedern und Alben berühmt, ohne dass die Leute wussten, wer der Sänger war. Zu Beginn des *2. Odessaer Konzerts* belehrt Beljajew seinen Produzenten Jeruslanow mit schneidender Ironie in der Stimme: »Also, mein lieber Stanislaw, wenn ich mich recht erinnere, ist das hier das zweite Konzert, das wir beide zusammen machen. Also will ich es dir widmen, mit Vergnügen, lieber Stanislaw. Aber vergiss nicht: Diese Lieder sind nur für gute Menschen und die engsten Freunde! Hast du verstanden?«

Ein Moment erhabener Komik. Wenn Beljajew maliziös »mit Vergnügen, lieber Stanislaw« sagt, dann läuft es einem kalt den Rücken hinunter.

Das *1. Odessaer Konzert* für Jeruslanow wird am 25. Mai 1976 aufgenommen, fünf Tage vor David Schenderowitschs Geburtstag. Das *2.* und *3. Odessaer Konzert* spielt Beljajew nach dem Sommer ein, den er mit Sicherheit auf der Krim verbracht hat. Insgesamt nehmen Beljajew und Jeruslanow fünfundneunzig Lieder auf. Die ersten beiden Konzerte sind dem gewidmet, was Beljajew in der Einführung sein *chuliganskij*-Repertoire nennt, wilde, grobe, ironische Hooligan-Lieder. Dazu gehören uralte Odessaer Gaunerlieder, Parodien auf uralte Odessaer Gaunerlieder und neue Odessaer Gaunerlieder, diverse Chansons von Igor Ehrenburg, Lagerlieder und Parodien auf Lagerlieder, Lieder von Rudolf Fuks und uralte Straßen- und Volkslieder. Im dritten Konzert verzichtet Beljajew fast vollständig auf das Blat- oder Hooligan-Repertoire und singt stattdessen, wie er sagt, »angenehme, lyrische Lieder voller Seele«. Darunter sind Romanzen aus der Vorkriegszeit, Lieder nach Gedichten von Sergej Jessenin, Tangos und Zigeunerballaden von Petr Leschtschenko und auch Lieder sowjetischer Singer-Songwriter wie Jewgenij Kljatschkin. Der Kontrast zu den »Sexuellen Couplets« oder zu der brutalen Parodie auf den offiziellen sowjetischen Odessa-Hit »Schalandy polnyje kefali« (»Boote voller Meeräschen«) könnte nicht größer sein. Aber wie sich zeigt, kann Beljajew nicht nur beißen, sondern auch streicheln.

Die drei Odessaer Konzerte sind, neben dem im selben Jahr aufgenommenen Konzert bei David Schenderowitsch, das Vermächtnis von Kostja Beljajew. Sie bilden gleichzeitig eine nahezu perfekte Anthologie der sowjetischen Underground-Liedkultur der 60er und 70er Jahre. Künftige Generationen von Forschern werden in der Lage sein, allein anhand dieser drei Konzerte eine Vorstellung von der Sowjetunion jener Jahre zu entwickeln, wie sie kein Geschichtsbuch liefern kann. Wer zum Beispiel verstehen will, wie das Verhältnis zwischen Staat, offiziellen Künstlern und Bürgern in der Sowjetunion strukturiert war, braucht sich nur Beljajews geniale Satire über den Schriftstellerkurort Koktebel anzuhören. Der Text stammt ursprünglich von dem Barden Juli Kim, aber die genialisch böse Note bekommt das Lied erst durch Beljajews schneidende Stimme, dank seines phänomenalen Talents, tiefste Verachtung auszudrücken, ohne sich zu beschweren, ohne zu lamentieren, ohne moralisch zu werden. Anders als der typische sowjetische Dissident jener Jahre ist Beljajew kein Heiliger und behauptet auch nie, einer zu sein. Beljajew ist ein Teufel, der voller Begeisterung den Finger in die Wunden legt, um ihn dort genüsslich hin und her zu bewegen.

Beljajews Interpretationstalent ist auf den drei Odessaer Konzerten ebenso unüberhörbar, wie sein Mut in der Repertoireauswahl grenzenlos ist. Niemand in der Sowjetunion hat eine derart radikale Kombination explosiver Lieder im Programm, niemand mischt wie er politische Satire mit ironischen Anzüglichkeiten und hochexplizitem sexuellem Klamauk. Niemand punktiert russische Gauner- und Straßenlieder so genial mit kurzen »La-La-Las« und »Bap-Ba-Baps«. Niemand, und das ist von zentraler Bedeutung, niemand weiß die russische Gossensprache Mat und ihre kurzen *Bljas* effektvoller einzusetzen.[114] Jedes Beljajew-Album hätte einen dicken Parental-Advisory-Sticker für explizite Texte benötigt, wenn der sowjetische Tonbandunderground so prüde gewesen wäre wie die amerikanische Unterhaltungsindustrie. Dass Beljajew in seinen Liedern Mat benutzte, war im Übrigen keineswegs eine genretypische Selbstverständlichkeit. Bei Leonid Utjosow wären Mat-Vokabeln absolut undenkbar gewesen. Auch Arkadij Sewernyjs Tonbandalben sind zwar, wie alle Blat-Chansons, über und über gespickt mit Gauner- und Verbrecher-Slang, doch die verbotenen Wörter *chuj*, *bljad*, *pisda*, *jebat'sja* und ihre vielen Derivate benutzte er so gut wie nie. Warum, zeigen einige eklatant gescheiterte Versuche aus dem Frühjahr 1978. Sewernyjs Image des romantischen, ewig getriebenen Chansonniers und seine warme Baritonstimme vertrugen den Mat nicht. Zu Beljajews anarchistischem, freundlich-zynischem Gestus und zu seiner metallisch-kalten Stimme passte er perfekt. Zudem gilt im Russischen wie in jeder anderen Sprache auch: Schlimme Wörter verwenden kann jedes Kind, künstlerisch wertvolles Fluchen hingegen will gelernt sein. Kostja Beljajew war ein begnadeter Mat-Stilist, der sich über die Wirkung seiner Worte jederzeit im Klaren war.

Und so verbreitet sich sein Ruhm trotz aller Schwierigkeiten mit Produzenten und Vertrieb langsam, aber stetig, erst quer durch die Sowjetunion und dann, mit der zunehmenden jüdischen Emigration, auch in Israel und in den USA. David Schenderowitsch berichtet in einem Dokumentarfilm von 2008, die ersten Beljajew-Bänder seien schon 1973/74 in Brighton Beach (Little Odessa) gesichtet worden.

Die meisten jüdischen Emigranten aus der Sowjetunion lachten genau wie Beljajews jüdische Freunde in Moskau über seine Chansons über die jüdische Emigration, über jüdische Gauner und über das Verhältnis zwischen Russen und Juden. Sie lachten, und sie wussten, dass die meisten Lieder ohnehin von Juden verfasst waren. Die offizielle Kulturpolitik, furchtsame Parteibonzen und die Zensur waren ängstlicher und dümmer. Dass Beljajew es überhaupt wagte, über Themen wie diese zu singen, genügte, um erst das wachsame Auge und dann den revolutionären Zorn der Behörden auf sich zu ziehen. Eine erste Warnung erhielt Beljajew zu Beginn der 70er Jahre. Eine Bekannte hatte ihn eingeladen, beim Silvesterempfang der Moskauer Schauspieler ein paar Lieder im Haus der Allrussischen Theatergesellschaft in der Gorkistraße zu spielen. »Da hatte sich schon eine riesige Gesellschaft versammelt, sehr viele Gäste, die Tische waren zu einem U zusammengeschoben, haufenweise berühmte Schauspieler. Es gab Toasts. Na, ich hab die Gitarre genommen und gesagt: ›Genossen, ich singe euch jetzt ein Lied.‹ Und dann hab ich ihnen ›Slutschaj na imeninach u Ljowy‹ (›Was sich an Ljowas Namenstag zutrug‹) gesungen.« Beljajew muss kichern, als er sich an die Situation erinnert, ich frage lieber noch einmal nach, um mich zu vergewissern, dass ich nichts falsch verstanden habe: »Sie haben dort ›Slutschaj na imeninach u Ljowy‹ gesungen, vor Hunderten Leuten, in aller Öffentlichkeit?« – »Ja, ja, warum nicht? Das ist doch ein lustiges Lied!« Beljajew zieht die Augenbrauen hoch, zuckt mit den Schultern und schaut mich unschuldig an.

Woher der zu Beginn der 70er Jahre knapp vierzigjährige Beljajew die Chuzpe nahm, ein solches Lied in der Öffentlichkeit zu singen, vor einem Publikum, in dem massenhaft Parteikader, Politaufpasser und Spitzel gesessen haben müssen, ist schlicht unbegreiflich. Das Haus der Allrussischen Theatergesellschaft war zu sowjetischen Zeiten die erste Adresse für die

Schauspieler des Landes, hier gingen die Stars aus Kino und Theater genauso ein und aus wie die Parteikader, die das Kulturleben des Landes lenkten und kontrollierten. Am 30. Oktober 1938 hatten auch Leonid Utjosow, Lasar Brontman und der Pilot und Volksheld Anatolij Ljapidewskij hier zusammengestanden und sich schmunzelnd daran erinnert, wie Stalin ein paar Jahre zuvor Utjosow persönlich gebeten hatte, südliche Lieder zu singen.

Knapp vierzig Jahre später sang Kostja Beljajew, nachgeborenes Genie des südlichen Liedes, ohne Aufforderung von ganz oben.

»Was sich an Ljowas Namenstag zutrug« beschreibt eine Geburtstagsfeier im Hause des Gewürzhändlers Ljowa, die heftig aus dem Ruder läuft. Geladen sind zahlreiche wohlhabende Gäste aus der jüdischen Gemeinde und, aus unerfindlichen Gründen, ein armer Russe namens Iwan Iwanow, der sich vor den reichen Leuten fürchtet, keine Manieren hat und sein eigenes Glas mitgebracht hat. Iwanow ist ein Bauerntrampel, ein typischer russischer *Muzhik*. Die jüdischen Figuren sind ebenso grobe Karikaturen wie der unglückliche Iwanow. Das fängt bei Namen wie Rabinowitsch und Abraham an, setzt sich über die Berufe fort und endet beim dicken Hintern von Abrahams Braut Sarah. Nachdem sich die Gäste an eigens aus Odessa eingeflogenen Nachtigalleneiern und Haifischfleisch gelabt haben, beginnt eine wüste Schlägerei, bei der massenhaft Möbel und Porzellan zu Bruch gehen. Die Hausfrau bekommt eins vor die Zähne. Ljowa erstattet Anzeige gegen seine Gäste, doch aus unerfindlichen Gründen wird nur der ängstliche Iwan verurteilt, der schwer von Begriff ist und sich vor lauter Schreck unter einem Tisch versteckt hat. In perfekten Reimen und gespickt mit zahlreichen witzigen Details ist das Lied im Grunde eine Variation auf die klassische Slapstick-Wirtshausschlägerei. Man denkt unwillkürlich an frühe Schwarz-Weiß-

Filme mit den Marx Brothers oder Charlie Chaplin, stellt sich fliegende Torten, kreischende Frauen in aufwendiger Abendrobe und hochrote Männer in weißen Hemden vor, deren Augen vor Wut aus dem Kopf quellen. Gelegentlich bekommt irgendwer eine Champagnerflasche über den Kopf gehauen. Alles in allem ein fantastisches Lied für eine Silvesterfeier. Aber es gab ein Problem: »Als ich fertig bin, kommt so ein Dicker auf mich zu und sagt: ›Kann ich Sie mal bitte im Flur sprechen? – Bitte!‹ Wir gehen in den Korridor, er sagt: ›Wie können Sie es sich erlauben, solche Lieder an einem öffentlichen Ort zu singen?‹ Ich sage: ›Was denn, das ist doch ein lustiges Lied. Das ist Humor!‹ Und er: ›Sie halten es für Humor, dass Iwanow nach Magadan geschickt wird und die Juden zufrieden sind und weiterfeiern?‹«

Ob es der dicke Mann lieber gesehen hätte, wenn alle Beteiligten nach Magadan verschickt worden wären, oder ob er eine ethnisch ausgewogenere Verteilung der Strafe bevorzugt hätte, konnte nicht mehr geklärt werden. Beljajew packte seine Gitarre und ging nach Hause. Schwer zu sagen, was passiert wäre, hätte Beljajew es gewagt, sein bis heute berühmtes Lied zu singen. Die »Jewrejskie Kuplety« (»Jüdische Couplets«), entstanden ab 1969 als Work in Progress und wurden über die Jahre mehrfach erweitert. Nach dem Sechstagekrieg von 1967 stellten immer mehr sowjetische Juden Ausreiseanträge, die zunächst fast durchweg abgelehnt wurden. 1970 änderte die sowjetische Regierung auf internationalen Druck ihre Politik. Zwischen 1970 und 1980 durften etwa 250 000 Juden die Sowjetunion verlassen. Da Nichtjuden diese Möglichkeit nicht hatten, durchforsteten überall im Land Menschen, die seit Jahrzehnten kaum einen Gedanken an ihre ethnische Zugehörigkeit verschwendet hatten, ihre Stammbäume nach Spuren einer jüdischen Abstammung. Das ganze Thema wurde quer durch die 70er Jahre heiß diskutiert und brachte eine Unmenge von Witzen hervor. Der Einfluss des selbstironischen Humors der Odessaer Schule war dabei überwältigend. In einem dieser Witze, die bis heute gern erzählt werden, beschenkt der greise Generalsekretär Leonid Breschnew die internationale Reporterschaft in seinem schwerfälligen, immer wieder stockenden, fast schon lallenden Sprechstil mit folgendem genialischen Stück sowjetischer Lose-Lose-Dialektik: »Die westliche Presse behauptet, die Juden leben in der Sowjetunion schlecht! Ich aber möchte Sie fragen, liebe Freunde: Leben die Russen etwa besser?«

In dieser ebenso humor- wie spannungsgesättigten Situation entstanden die »Jüdischen Couplets«. »Die ersten Couplets habe ich auf irgendeinem Tonband gehört, das ich vom Flohmarkt hatte. Es war unklar, wer der Sänger war. Das waren vielleicht zehn oder zwölf Couplets. Dann kam mein fünfunddreißigster Geburtstag im November 1969. Ich wohnte damals auf der 2. Twerskaja-Jamskaja-Straße. Da waren fünfunddreißig oder vierzig Leute zu Gast, und wir machten einen kleinen Wettbewerb. Jeder sollte ein Couplet schreiben, für die besten gab es Preise. Am Ende habe ich dann fünfzehn oder zwanzig davon in das Lied aufgenommen. Den Rest schrieb ich selber.«

Beljajew und seine Koautoren erfanden insgesamt über fünfzig zwei-, drei- oder vierzeilige Couplets, die auf die eine oder andere Weise allesamt in derselben Behauptung gipfeln: »Krugom odni Jewreji – Überall nur Juden!« Ihre Wirkung entfalten die Couplets vor allem durch ihre schiere Menge. Eine absurde Behauptung folgt der nächsten, immer mehr Berühmtheiten von Hemingway über Gorki bis hin zum Bürgerkriegsgeneral Budjonny und sogar der Revolutionsführer Lenin selbst erweisen sich plötzlich als Juden. Die Juden kontrollieren in Beljajews delirierender Wahnsinnssuite nahezu alle Bereiche des Lebens, von der Stomatologie in der Hauptstadt Moskau über das Wasser in den Wasserhähnen der Bürger bis hin zur sowjetischen Lotterie. Sogar der »modische« Roquefort-Käse riecht nun wie ein Jude. Die schiere Menge der Strophen und die Absurdität der meisten Behauptungen lassen keinen Zweifel daran, dass Beljajew sich hier über die nicht selten komisch anmutende Suche weitgehend areligiöser moderner Sowjetmenschen nach einer jüdischen Herkunft ebenso mokiert wie über den real existierenden Antizionismus und Antisemitismus in der Sowjetunion. Auf der einen Seite stand dabei die klar antiisraelische und propalästinensische/proarabische Politik der sowjetischen Führung nach dem Sechstagekrieg von 1967, auf der anderen der großrussische Chauvinismus von Dissidenten wie Igor Schafarewitsch oder Alexander Solschenizyn. Beljajew hatte mit beidem nichts am Hut. Er und seine jüdischen Freunde und Fans waren traurig darüber, dass immer mehr Freunde und Bekannte aus Moskau und Odessa nach Israel und in die USA ausreisten. Sie waren aber wohl auch frustriert von dem Zwang, sich immer wieder mit dem Thema jüdische Emigration auseinandersetzen zu müssen.

Den Vorwurf, seine Lieder seien antisemitisch, weist Kostja Beljajew jedenfalls weit von sich: »Ich bin doch kein Antisemit, ich hab einen Haufen jüdische Freunde, überall rund um mich herum sind Juden. … Das sind ja meistens sehr kluge Leute, scharfsinnig, mit einem guten Humor. Und sie schätzen das. Das hat mit Antisemitismus überhaupt nichts zu tun. Ich teile die Leute nicht nach der Nationalität ein. Ich hab auch tatarische Freunde, na und! Tschetschenen sind allerdings nicht in meiner Umgebung.« Beljajew reagiert zuerst leicht unwirsch auf meine Frage, muss dann aber kurz lachen. »Aber Juden? Massenhaft. Die schätzen meinen Humor, und keiner war je beleidigt.«

Kostja Beljajew, der sich sehr viel lieber über alte Tonbänder, den Zusammenbruch der Schallplatten- und Musikindustrie in Russland und vor allem über seine eigene dicke Backlist unterhalten würde, gießt Tee nach, grübelt. Und dann weist mich der alte Odessit, der sein Leben am Schwarzen Meer, in Kasachstan und in der Hauptstadt Moskau als Bürger eines ethnisch extrem bunt gemischten Imperiums verbracht hat, auf einen wichtigen Unterschied zwischen Russland und Deutschland hin: »Sehen Sie, bei uns gibt es keine solche Verneigung vor den Juden. Es war immer so und es ist auch heute so, dass man über seine jüdischen Freunde auch Witze machen darf. Man muss unterscheiden. Das eine ist die Politik, Stalins Politik. Besonders in seinen letzten Jahren ging es wirklich gegen die Juden. Auch in der Breschnew-Zeit gab es das. Aber im Volk? Nein. Vielleicht irgendwo weitab in kleinen Städtchen und Siedlungen. Aber in Metropolen wie Petersburg oder Moskau, da gibt es das nicht, dass das Volk gegen die Juden gewesen wäre.«

Egal, ob Beljajew es sich hier vielleicht ein bisschen zu einfach macht, eines ist unbestreitbar: Sein begeistertes Publikum bestand, ob an seinem eigenen Geburtstag 1969, an dem die meisten der »Jüdischen Couplets« geschrieben wurden, oder 1976 auf David Schenderowitschs Geburtstag, immer zu großen Teilen aus Juden. Sein Repertoire, gerade das zu jüdischen Themen, stammte von jüdischen Autoren wie Igor Ehrenburg oder Rudik Fuks. Und noch etwas ist offensichtlich: Selbst wenn Beljajews Scherze nach deutschen Standards hier und da zu weit gehen oder leichtfertig mit antisemitischen Klischees spielen, ist es ein Unterschied, ob solche Scherze in Moskau oder in Berlin gemacht werden. Scherze über clevere jüdische Geschäftsleute sind keine Scherze mehr, wenn man diese Geschäftsleute gewaltsam enteignen will oder schon enteignet hat. In Moskau sind Scherze über Juden Scherze über Nachbarn, Freunde, Arbeitskollegen, es sind Scherze über lebende Mitmenschen, denen man tagtäglich begegnet.

Spekulantentum.
Beljajew in Haft und ein dritter Frühling

Wenn Beljajews Lieder über die jüdische Emigration in der Sowjetunion nicht gut gelitten waren und ihn schließlich doch in ernste Schwierigkeiten brachten, dann lag das nicht daran, dass sie die Gesetze der politischen Korrektheit oder der Pietät verletzten. Das erledigte die Regierung selbst gut und gern. Beljajew durfte seine Lieder nicht öffentlich singen, weil die offizielle Sowjetunion sich ungern an drängende Probleme der Zeit erinnern ließ. Man kann nur raten, was der Rektor der Moskauer Außenhandelsakademie wirklich dachte, als er beim Strandspaziergang auf der Krim hörte, wie sein Lehrer Beljajew die »Jüdischen Couplets« sang. War er geschockt? Oder doch amüsiert? Gewiss ist nur, dass er schließlich tat, was getan werden musste. »Leider erkannte mich der Rektor am Strand von Gursuf. Als er mich später auf dem Gang in seiner Akademie sah, bestellte er den Fakultätsleiter zu sich und fragte: ›Was macht dieser junge Mann bei uns?‹ – ›Er unterrichtet Englisch!‹ – ›Bei uns kann niemand unterrichten, der am Strand antisowjetische und antisemitische Lieder singt!‹ So war das. Und man bat mich, meinen Abschied zu nehmen. Das war 1977 oder 1978«

Kostja Beljajews Entlassung aus der Akademie fiel zusammen mit dem vorläufigen Ende seiner Karriere als Sänger. 1978 ist für lange Zeit das letzte Jahr, in dem Beljajew auf Tonband aufgenommen wird. Das Album *Kostja Morjak* (Kostja, der Seemann) vereint noch einmal viele von Beljajews großen Hits, fügt dem schon Bekannten und vor allem den Meisterwerken von 1976 aber wenig Nennenswertes hinzu. Ob beides miteinander zusammenhing, die Entlassung aus der Akademie und das vorläufige Ende von Beljajews Karriere als Chansonnier? Beljajew kann sich nicht daran erinnern. Aber aus dem freiheitsliebenden, risikofreudigen Undergroundchansonnier, Dandy und Lebemann Kostja Beljajew wurde auch jetzt kein gesetzestreuer Sowjetbürger. Das Ende seiner illegalen Gesangskarriere fällt allem Anschein nach zusammen mit dem Beginn noch verstärkter Schwarzmarktaktivitäten. Seit Ende der 70er Jahre verdient Beljajew viel Geld, indem er seine stetig wachsende Schallplattensammlung gegen Gebühr auf Kassetten überspielt. Genau wie Ruslan Bogoslowskij und Boris Taigin in den 50ern oder Rudolf Fuks und Stanislaw Jeruslanow in den 60er Jahren bringen auch Kostja Beljajew nicht die verbotenen Lieder ins Gefängnis, sondern seine illegale unternehmerische Tätigkeit. Während er im Winterurlaub ist, wird versucht, in seine Wohnung einzubrechen. Die Miliz wird gerufen und ist erstaunt über die Besitztümer, die sie in Beljajews Wohnung vorfindet: »Ich hatte ungefähr achthundert Platten, deutsche, englische, amerikanische – alle neu. Die waren ja bei uns sehr teuer: Ich kaufte sie für 65 oder 70 Rubel. Also stellen sie sich vor: Ein junger Ingenieur verdient nach der Uni 120 Rubel. Und ich kaufe für 70 Rubel eine Platte. Also: nicht viel weniger als ein Monatslohn eines jungen Ingenieurs. Das waren Rockplatten. Alle berühmten Bands: Queen, Pink Floyd, Black Sabbath, Beatles, alles. Discoplatten und Big Bands. Achthundert Platten. Und die waren alle neu, ohne Kratzer. Ich kaufte sie noch versiegelt. Also: 800 x 70 Rubel = 56 000 Rubel. Ein Wolga kostete damals 10 000 oder 12 000 Rubel. Man hätte also fünf Wolgas kaufen können für diese Platten. Dazu die Anlage. Na, jedenfalls die Bullen sahen mich, die Platten, die Anlage. Wie kann das sein? Dann haben sie sich erkundigt, wer das ist, dieser Beljajew. Und man hat ihnen gesagt, dass dieser Typ Lieder singt, dass man ihn aus dem Institut entlassen hat, weil er antisowjetische, antisemitische Lieder singt. Da haben sie sofort gewusst: Ach, der ist das, den werden wir uns vornehmen!« Es dauert nicht lange, bis die Staatsanwaltschaft herausbekommt, womit Beljajew seinen Lebensunterhalt bestreitet: »Leider fanden sie bei mir zehn oder fünfzehn Briefumschläge mit den Adressen von meinen Kunden, denen ich Musik aufnahm, meine eigenen Sachen, aber auch Rockplatten. Also haben sie mich verhaftet und erst mal alles mitgenommen. Ich hatte ja keine eigene Wohnung, sondern wohnte zur Miete. Also haben sie die Vermieterin gerufen und alles eingesackt: die Tonbänder, die Platten, die Anlage. Mich haben sie ins Gefängnis geworfen, und die Untersuchung begann. Zuerst haben sie Leute zu all den Adressen geschickt, die auf den Umschlägen standen. Denen haben sie dann gedroht: ›Wenn Sie nicht gestehen, werden wir Sie verhaften!‹, und dann haben die gesagt: ›Ja, Beljajew nimmt Kassetten auf für mich, fünf Tonbänder.‹ Der Nächste sagte ›Sieben Tonbänder‹, der Dritte ›Zehn‹.«

Beljajews Fall erregt große Aufmerksamkeit, und die landesweit in hoher Auflage verbreitete Regierungszeitung *Iswestija* widmet ihm einen langen, erstaunlicherweise überaus lesenswerten Artikel. Dass die *Iswestija* Beljajews illegale Tätigkeit und seinen unsozialistischen Lebenswandel verurteilen würde, verstand sich von selbst:

Zu Beginn seiner Undergroundtätigkeit arbeitete Beljajew noch im Institut für Stahl und Legierungen als Englischlehrer. Doch nach und nach wurde die Unterrichtstätigkeit für ihn immer lästiger. Er gab sie auf und begann im Restaurant *Aragwi* zu arbeiten. Doch bald störte ihn auch diese Arbeit. Von seiner Unverwundbarkeit und seinen bedeutenden finanziellen Mitteln überzeugt, hörte Beljajew ganz auf zu arbeiten und lebte von den Einnahmen aus dem verbotenen Gewerbe.[115]

Dann aber schleichen sich deutliche Untertöne der Bewunderung in den Artikel ein. Der Autor zollt Beljajew unmissverständlich Respekt für sein unternehmerisches Geschick, sein unionsweites Netzwerk und nicht zuletzt für seine hohen Einnahmen:

> Viele Zeugen leben weit entfernt von der Hauptstadt, in fast allen geografischen Zonen des Landes. Zeugenaussagen kamen aus Astrachan, Ulan-Ude, Uljanowsk, Tomsk, Ust-Kamenogorsk, aus Komsomolsk im Magadaner Gebiet und aus Karschi im heißen Usbekistan. Mit einigen Kunden unterhielt Beljajew langfristige Beziehungen. Der Bewohner der Stadt Kurgan Brjuchanow kaufte in zwei Jahren hundert Kassetten für 1245 Rubel bei Beljajew. Der Beitrag des Bewohners der Stadt Beweg betrug ungefähr 1000 Rubel. Der Bewohner der Stadt Karschi Schtandenko kaufte zweiundneunzig Aufnahmen für 595 Rubel.
>
> Schritt für Schritt wurde so eine der wichtigsten Quellen der ungesetzlichen Einkünfte Beljajews aufgedeckt. Ein indirektes Zeugnis dieser Tätigkeit ist auch die Apparatur, über die Beljajew verfügte – sie wurde auf ca. 20 000 Rubel geschätzt, was den hohen Lebensstandard des Arbeitslosen Beljajew beweist.[116]

Gegen den Repertoiremix aus Gaunerchansons und westlichem Pop und Rock, den Beljajew vertrieb, hat die Zeitung keinerlei Einwände. Das ist erstaunlich, hatte doch die Partei kurz zuvor noch einen letzten verzweifelten Versuch unternommen, den Einfluss schädlicher westlicher Popmusik einzudämmen. Für den *Iswestija*-Journalisten ist aber offensichtlich, dass der unsowjetische Angeklagte sein Geld mit einer Dienstleistung verdiente, an der im Grunde wenig auszusetzen war. Beljajew war kein Drogendealer. Der Staat, so scheint der

Artikel zu suggerieren, ist selbst schuld daran, dass die Leute sich an Undergroundaktivisten wie Beljajew wenden müssen, um die Musik zu bekommen, die sie hören wollen:

> Als Hilfe händigte der gewandte »Aufklärer« den neuen Fans eine Art Katalog aus, dem man die Interpreten der Melodien entnehmen konnte. Der Untersuchungsrichter erhielt so eine ganze Preisliste mit den Namen der musikalischen Werke, die auf die verkauften Kassetten aufgezeichnet wurden. (Kein schlechtes Prinzip übrigens. Daran hätten die Organisationen, die bei uns offiziell Tonaufzeichnungen vertreiben, schon lange denken sollen!) Beljajew verlieh auch die Schallplatten selbst. Dem ging eine genaue Prüfung der Apparatur des potenziellen Kunden voraus – auch das sollte nachgeahmt werden! Wenn der Zustand der Apparatur Beljajew nicht zufriedenstellte, sagte er ab. Die Leihgebühr betrug 5 Rubel. Eine Übertretung der Leihfrist war nicht erlaubt. »Die Platten wurden von 10 Uhr abends bis 10 Uhr früh verlieren«, erzählte eine Zeugin. Klienten aus anderen Städten bezahlten per Post. Meistens wurden die Kassetten und das Geld in Büchern versteckt. Ja, Bücher wurden geopfert! Man schnitt aus ihnen ein geheimes Versteck aus, in dem die Kassetten versteckt wurden.[117]

Der *Iswestija*-Artikel ist ein großartiges Beispiel für die Widersprüche, die die Sowjetunion zu Beginn der 80er Jahre von innen auffraßen. Weniger als ein Jahr nach Erscheinen des Artikels begann die Perestroika. An Kostja Beljajew aber wird noch einmal die ganze Härte des sowjetischen Justizwesens vorexerziert. Der sündige Dandy verbringt zunächst ein Jahr in den Moskauer Gefängnissen Butyrka, Matrosskaja Tischina, Krasnopresnenskaja und Wologorskaja, während die Untersuchung gegen ihn läuft. Dann wird das Urteil verkündet. Sämtliche

Schallplatten und das musikalische Equipment werden konfisziert, Beljajew muss für dreieinhalb Jahre ins Gefängnis. Nicht wegen seiner Lieder, nicht wegen staatsfeindlicher Witze oder Antisemitismus, sondern wegen Spekulantentum.

Noch während Beljajew seine Strafe verbüßt, werden die Straftatbestände, die ihm zur Last gelegt wurden, hinfällig. Innerhalb weniger Jahre verschwindet die sowjetische Welt mitsamt all ihren Regeln, Werten, Normen und Gewissheiten, jene Welt, in der Beljajew sich wie ein Fisch im Wasser bewegt hatte, bevor er schließlich doch gefangen wurde. Ein Tabu nach dem anderen fällt.

Privates Unternehmertum ist jetzt nicht mehr strafbar, sondern erwünscht.

Was einer singt, egal ob zu Hause oder auf der Bühne, interessiert den Staat auf einmal nicht mehr. Sonst allerdings auch niemanden. Viele Menschen kämpfen ums nackte Überleben, für Kultur hat kaum jemand Zeit oder Geld.

Jeder darf kaufen und verkaufen, was und so viel er will. Viele, die zu sowjetischen Zeiten nicht im Traum daran gedacht hätten, sich mit Handel zu beschäftigen, sind jetzt sogar dazu gezwungen. Eine Generation von Ärzten, Ingenieuren und Wissenschaftlern wird zu Händlern, weil der Staat die ohnehin mickrigen Löhne einfach nicht mehr bezahlt.

Die jüdische Emigration beschleunigt sich um ein Vielfaches. Hunderttausende sowjetische Juden ziehen nun nicht mehr nur nach Israel und in die USA, sondern auch in das Land, dessen Machthaber sie noch fünfzig Jahre zuvor alle umbringen wollte, nach Deutschland. Und jeder, der will, darf darüber schreiben, sprechen oder singen.

Für Gaunerchansons interessiert sich erst einmal niemand mehr. Gegen die realen Gangster, die bald die Fernsehnachrichten dominieren, kommen die imaginären Odessaer Ganoven, Nutten und Zuhälter genauso wenig an wie die späteren sowjetischen Diebe und Gauner. Außerdem strömt nun westliche Popmusik in mächtigen Wellen ins Land. In der Sowjetunion war man zu allen Zeiten sehr viel besser über westliche Popmusik informiert als umgekehrt. Aber was nun passiert, ist beispiellos. In der allgemeinen Umkehrung aller Werte, die das Land mit dem Ende des Kommunismus erfasst, gilt so gut wie alles als schlecht, sinnlos und peinlich, was russisch oder sowjetisch ist. Für einige furchtbare Jahre scheint die Antwort auf die Frage »Gab es in der Sowjetunion irgendetwas, wofür man sich nicht schämen müsste?« zu lauten: »Nein.« Die kurze, aber heftige Generalbegeisterung für alles Westliche verhilft drittklassigen Hollywoodfilmen, miserabler Popmusik und der schnell allgegenwärtigen Pornografie zu nie für möglich gehaltenen Triumphen. Gleichzeitig entsteht auf den Trümmern der sowjetischen Popwelt nach und nach eine an westlichen Vorbildern geschulte Unterhaltungsindustrie. Mit MTV Russia, Boy- und Girlgroups, singenden Töchtern von Multimillionären und allem, was auch überall sonst auf der Welt nervt. Der internationale Glamour-Faschismus erobert Russland im Sturm. Anstelle der alten Verbote und der Zensur reguliert nun das totale Diktat des Geldes die Musikwelt.

Für Chansonniers wie Kostja Beljajew interessiert sich, abgesehen von einigen unverbesserlichen Fans, lange Zeit niemand. Wenn Beljajew singt, dann zu Hause, in der Straße der Initiativen im Südosten von Moskau. Für fast zwanzig Jahre, von 1978 bis ca. 1996, ist der große russische Chansonnier Kostja Beljajew verstummt. Niemand interessiert sich für ihn und sein Werk, niemand interessiert sich für die Zeit, die er wie kein anderer in Liedern verewigt und mit seinem Leben verkörpert hat.

Dann aber, Mitte der 90er Jahre, beginnt in Moskau und

Sankt Petersburg ganz langsam, wie aus dem Nichts, eine Renaissance der russischen und sowjetischen Kultur, des Kinos, der Literatur und der Musik. Mittendrin, wie selbstverständlich: die alten Blat-Lieder. Die alten Helden sind plötzlich wieder gefragt, CDs von Arkadij Sewernyj werden an jeder besseren Straßenecke verkauft, und Kostja Beljajew gibt mit über sechzig Jahren zum ersten Mal in seinem Leben legale, öffentliche Konzerte in Klubs und Konzertsälen. »Da tauchte plötzlich eine neue Generation von Zuhörern auf. Junge Leute, die meine Lieder oft von ihren Vätern kannten. Die Väter wussten noch aus den 70er Jahren, wer Kostja Beljajew ist. Sie kannten die ›Jüdischen Couplets‹. Die waren ja in der ganzen Sowjetunion beliebt. Und jetzt kamen auf einmal die Söhne und Töchter und interessierten sich für meine Lieder!«

4
Garik Osipow und die Renaissance des klassischen sowjetischen Blatnjak

Russische Chansons

Sechstausend Menschen strömten am 3. April 2010 in den staatlichen Kremlpalast in Moskau, um die Award-Zeremonie des von Radio Chanson ausgerichteten Wettbewerbs »Chanson des Jahres« zu besuchen. Weil es in diesem Jahr nicht nur um die besten Chansons eines Jahres, sondern um die größten Hits des Jahrzehnts gehen sollte, war der Run auf die Karten besonders groß. Alle Stars des »russischen Chansons« waren angekündigt: von Michail Schufutinskij bis Irina Krug, von Alexander Rosenbaum bis Willi Tokarew, von Lesopowal bis Alexander Nowikow. Monatelang hatten die Moderatoren des Senders ihre Hörer zur Stimmabgabe aufgefordert, jetzt standen die Gewinner fest, die Goldenen Gitarren konnten verliehen werden. Sergej Zhilins Phonograf-Sympho-Jazz-Band war engagiert worden, die Fernsehsender NTV und Chanson TV übertrugen, die üblichen Stars und Sternchen der Moskauer High Society hatten sich eingefunden, und Bürgermeister Luschkow ließ ein Telegramm verlesen. Luschkow schrieb: »Das Chanson ist mehr als nur ein Lied, es ist ein überaus reicher Teil der musikalischen Kultur Russlands, der das Schicksal unseres Volkes und das Geheimnis seiner großen Seele abbildet.«[118]

Das Publikum applaudierte höflich, die Moderatoren eilten zum nächsten Programmpunkt, niemand wunderte sich. *The show must go on.* Dabei enthielt Luschkows dreizeiliges Grußwort gleich mehrere im Grunde reichlich seltsame Behauptungen. Dass auf einer überdrehten Preisverleihung wie dieser von einer »großen Seele«, von »Geheimnissen« und vom »Schicksal des russischen Volkes« wenig oder nichts zu spüren war, es war wohl für alle Beteiligten besser und verstand sich von selbst. Die Show war eine jener für Russland typischen Veranstaltungen, bei denen Dinge, die im Westen fein säuberlich getrennt werden, überraschend mühelos ihre innere Verwandtschaft offenbaren und zusammenfinden. In diesem Fall die MTV-Pop-Awards und der Musikantenstadl. Industriell inszeniertes, seelenloses Entertainment hier wie dort. Das Moskauer Publikum wäre in kollektive Ohnmacht gefallen, hätte sich die Seele des russischen Volkes tatsächlich auf die Bühne des Kremlpalastes verirrt.

Erstaunlich war etwas anderes: Warum benutzte der Bürgermeister der russischen Hauptstadt bei einer Veranstaltung in Russland für russische Lieder das französische Wort »Chanson«? Und warum behauptet er zu allem Überfluss auch noch, ein Chanson sei mehr als ein *pesnja*, also als ein Lied? Wo ihn doch jedes Wörterbuch darüber hätte belehren können, dass ein französisches Chanson nicht mehr und nicht weniger ist als ein Lied, sondern genau dasselbe?

Wovon sprach Luschkow? Was waren das für Chansons, die er im Sinn hatte? Immerhin war ja offensichtlich, dass es nicht um Serge Gainsbourg gehen würde, auch wenn dessen Vorfahren aus Russland stammten.

Die Verwirrung lichtet sich, wenn man weiß, dass der Begriff »russisches Chanson« nicht aus der musikwissenschaftlichen Fakultät der Moskauer Universität stammt, sondern von pfiffigen Marketingmenschen erfunden wurde und in Russland heute als Marke geschützt ist. Russische Chansons sind grob gesagt die Lieder, die von Radio Chanson gespielt werden. Der Sender hatte am 15. August 2000 ohne viel Werbung und

Tamtam den Betrieb aufgenommen, fünfzehn Jahre nach dem Beginn der Perestroika, neun Jahre nach dem Ende der Sowjetunion. Heute hat Radio Chanson nach eigenen Angaben jeden Tag neun Millionen Zuhörer. Die Show im Kremlpalast war auch eine Geburtstagsfeier: Radio Chanson wurde zehn Jahre alt.

Die Geschäftsidee des Senders war so simpel wie einleuchtend. Warum sollte man die postsowjetischen Freiheiten nicht nutzen, um das russische Publikum mit Blat-Liedern zu erfreuen? Mit Gaunerchansons? Mit jenen Liedern, die das Volk kennt und liebt, obwohl sie jahrzehntelang nach allen Regeln der Kunst unterdrückt wurden? Mit dem Ende der Sowjetunion – im Grunde sogar seit dem Beginn der Perestroika 1985 – waren die ungeschriebenen Verbote gegen die Blat-Lieder nach und nach gefallen. Ende der 80er Jahre erschienen erstmals seit 1932 Blat-Lieder auf Schallplatte, der illegale Kassetten- und Tonbanduntergrund wurde entkriminalisiert, mit der beginnenden Digitalisierung der Musikwelt und dem Siegeszug der CD gab es kein Halten mehr. Textanthologien wurden publiziert, Konzerte waren nicht mehr verboten, jeder durfte hören und singen, was er wollte. Auch im legal operierenden Radio tauchten die verbotenen Lieder nun allmählich auf. 1996 wurde in Petersburg erstmals ein lokaler Sender gegründet, der sich ausschließlich dem Blatnjak widmete. Auch Radio Chanson wurde in Moskau als Lokalsender gegründet, operierte aber bald schon landesweit. Entscheidend für den Siegeszug durch ganz Russland dürfte der Name gewesen sein. Auf geniale Weise bezeichnet der Begriff »russisches Chanson« ausreichend eindeutig, um welche Art von Musik es geht, verschleiert aber gleichzeitig jene Aspekte der Musik, die zumindest Teile des anvisierten Publikums als anrüchig oder nicht standesgemäß abschrecken könnten. In den schönen Worten der Werbeabteilung des Senders: »Kurz gesagt sind das einfach wahre und ehrliche Lieder. Egal wer sie singt, in welche musikalische Richtung sie gehen, egal was sie beschreiben, sie sind wahr. Und die Wahrheit kommt selten im Ballkleid daher. Sie trägt meist weniger romantische Kleider. Wobei die Romantik in diesen Liedern eine große Rolle spielt. Das trifft auf alle Lieder zu, die wir bei Radio Chanson spielen: die Lieder der Barden, die städtischen Romanzen, die alten Verbannungslieder, die Blat-Lieder im engeren Sinne.«[119]

Wobei der Sender unumwunden zugibt, dass es dramatische Unterschiede gibt zwischen den neuen »russischen Chansons« und den alten sowjetischen Gaunerliedern: »Es ist offensichtlich, wie sich das Programm des Senders geändert hat. Anders als früher spielen wir heute keine Lieder mehr, in denen Mat vorkommt. Und die technische Qualität der Aufnahmen ist viel höher.«[120]

Kurz gesagt: Russische Chansons sind bereinigte Gaunerlieder. Sie erschrecken die geneigten Hörer weder durch Lo-Fi-Produktion und ungestimmte Klaviere noch durch schlimme Worte und Gedanken. Es sind Blat-Lieder ohne Blat. Gaunerlieder ohne Gauner. Thrill ohne Gefahr. Abenteuer ohne schmutzige Hände.

Was aber nicht heißt, dass die neuen Lieder nicht mehr von Verbrechern handeln dürften. Eines der erfolgreichsten »russischen Chansons« der letzten zwanzig Jahre, »Wladimirskij Zentral« von Michail Krug, illustriert, wie neurussische Blat-Lieder funktionieren. »Wladimirskij Zentral« handelt von einem Mann, der im Gefängnis sitzt. Man kennt die Situation aus Hunderten alten Blat-Liedern. In diesem Fall ist es das 225 Jahre alte Zentralgefängnis von Wladimir, in dem im Laufe der Zeit russische Revolutionäre, deutsche Kriegsgefangene, sowjetische Dissidenten und für ein paar Jahre sogar Stalins Sohn Jakow gemeinsam mit Generationen gewöhnlicher Diebe und Mörder einsaßen. Für russische Zuhörer ist Wladimirskij Zentral ein klingender Name, so wie Folsom Prison oder Alcatraz für amerikanische. Unser Held ist kein politischer, sondern ein gewöhnlicher Krimineller. Doch wissen wir das nur deshalb, weil über seine Vergehen kein Wort verloren wird. Die Straftat, das Verbrechen selbst, spielt bei Michail Krug keine Rolle. Im Gegensatz zu älteren Blat-Chansons fehlt in »Wladimirskij Zentral« auch die Anklage gegen den tyrannischen Staat und sein barbarisches Rechtssystem. Der Gefangene und der Staat, die illegale Welt der Ganoven und die legale Gesellschaft – das waren in früheren Gefängnis- und Lagerliedern unüberbrückbare Gegensätze. Bei Michail Krug ist davon wenig geblieben, abgesehen von allerlei Begriffen aus dem Gangsterjargon, die Krug einem Wörterbuch entnahm, das die sowjetische Polizei 1924 für den internen Gebrauch zusammengestellt hatte. Krugs Held sitzt im Gefängnis, weil das Genre es verlangt. Vielleicht auch deshalb, weil es in Russland traditionell wahrscheinlicher ist als zum Beispiel in Deutschland oder Schweden, dass ein erwachsener Mann mal im Gefängnis landet. Ansonsten ist »Wladimirskij Zentral« eine wortreiche, sentimentale Klage über den Verlust von Freiheit und Liebe. Es ist ein Lied für eine neue Epoche, genau wie Michail Krug, der 2002 von Einbrechern erschossen wurde, ein Sänger für eine neue Epoche war.

Krugs Karriere begann Ende der 80er Jahre bei einem Talentwettbewerb. In den nächsten Jahren nahm er drei Alben auf, die aber offiziell nicht veröffentlicht wurden. Mitte der 90er gelang ihm der Durchbruch, erst in seiner Heimat, der nordrussischen Provinzstadt Twer, dann auch in Moskau und damit russlandweit. In Interviews offenbarte er immer wieder eine Weltsicht, die sich nicht dramatischer von der sowjetischer Helden wie Beljajew, Fuks oder Sewernyj hätte unterscheiden können. Krug träumte von Monarchie und Imperium, mochte weder Schwule noch Feministinnen, schätzte in der Frau die Hausfrau und sah in der westlichen Kultur den Ursprung alles

Bösen. Fuks, Sewernyj und Beljajew waren im Herzen anarchistische Rock'n'Roller, die gar nicht genug von der coolen westlichen Musik bekommen konnten. Sie ignorierten das Imperium, so gut es ging, und pflegten als Bohemiens einen Lebensstil, der sich von der Idee der traditionellen Kernfamilie, wie Krug sie predigte, dramatisch unterschied.

Nachdem Krug im realen Wladimirskij Zentral aufgetreten war, wurde sein Lied zur inoffiziellen Hymne des Gefängnisses. Inhaftierte und Wachpersonal sangen es gemeinsam. Aber Krug durfte das Lied auch im staatlichen Fernsehen singen. Er war ein bulliger Mann mit dünnem Schnurrbart und großer Brille, der auf der Bühne gern weiße Anzüge und schwarze Fliegen trug und erfolgreich das Image eines zwielichtigen Gebrauchtwagenhändlers produzierte. Fesche, aufwendig geschminkte Frauen zwischen dreißig und fünfzig hingen Krug an den Lippen, sangen den Refrain mit und mussten hin und wieder ein Tränchen wegdrücken. Krug hätte perfekt in jede deutsche Schlagersendung gepasst, auch musikalisch. Wenn er nicht von einem Gefängnis gesungen hätte.

Bei der Gala im Kremlpalast vertrat Krugs junge Frau Irina ihren erschossenen Mann. Ansonsten war es der erwartete Aufmarsch von Untoten dreier Generationen. Die älteste Generation vertraten Sänger wie Michail Schufutinskij und Willi Tokarew, Veteranen des sowjetischen Unterhaltungsgeschäfts der 60er und 70er Jahre.[121] Eine Generation jünger als Tokarew ist Alexander Rosenbaum, geboren 1951, der seine Karriere 1982 noch im Kassettenuntergrund begann.[122] Nach 1990 drängten dann ganz neue Sänger und Bands auf den Blat-Markt, Künstler, die zu sowjetischen Zeiten zu jung oder zu feige gewesen waren, Blat-Lieder zu singen und aufzunehmen. Zu den neueren Stars des postsowjetischen russischen Chansons gehört neben Michail Krug vor allem die Band Lesopowal.[123]

Die Stars der Szene verdienen heute viel Geld durch Auftritte im Fernsehen, auf ausgedehnten Touren durch Russland und die ehemaligen Sowjetrepubliken und nicht zuletzt mit privaten Konzerten für Banker, Manager und Politiker. Wer es sich leisten kann, schmückt seine Hochzeit, seine Geburtstagsfeier oder die Verlobung von Sohn oder Tochter mit Schufutinskij, Tokarew oder Lesopowal.

Hin und wieder versuchen politische Hinterbänkler, sich medial zu profilieren, indem sie den Blatnjak verantwortlich machen für den Verfall der öffentlichen Moral oder die Verkommenheit der Jugend. Gelegentlich sagt man Konzerte ab oder verbietet Bus- oder Taxifahrern, bestimmte Radiosender zu hören. Man kennt das Muster von westlichen Diskussionen über den Zusammenhang von Ego-Shooter-Spielen und Amokläufen von Teenagern. Aber wirklich ernst nimmt das niemand. Der Blatnjak ist heute so frei und so verfügbar wie noch nie in seiner Geschichte. Sogar die *New York Times* ist schon über die seltsame russische Gangstermusik gestolpert und nannte den Blatnjak den »Soundtrack des zeitgenössischen Russland«.[124]

Doch mit dem klassischen sowjetischen Blatnjak der 20er bis 80er Jahre hat all das nur noch wenig zu tun. Ohne Zweifel, vom sowjetischen Blatnjak zum postsowjetischen »russischen Chanson« führt eine direkte Linie. Aber das heißt nicht, dass beides dasselbe wäre. Das Publikum hat sich verändert, die Sänger sind andere, die Lieder klingen anders, haben andere Texte, andere Aufgaben, sie existieren auf andere Weise. Russische Chansons werden nicht mehr gesungen, sondern vor allem konsumiert. Das russische Chanson ist ein einträglicher Sektor der russischen Musikindustrie, der von spezialisierten Firmen versorgt und gemolken wird. Dazu gehören Radio- und Fernsehsender, Studios, spezielle Fernsehsendungen, Zeitschriften und sehr viele Internetseiten.

Das alles ist, natürlich, schlecht. Nicht für die Moral der

Jugend, nicht für das moralische Gefüge der Gesellschaft, sondern für die Musik selbst. Die klassische Jazzbesetzung von Arkadij Sewernyjs besten Konzerten aus Leningrad und Odessa wurde seit den 80er Jahren nach und nach durch Keyboards ersetzt. Die Sänger, Musiker und Produzenten sind keine verzweifelten jungen Undergroundhelden mit feuriger Seele, wilden Ideen und leeren Taschen mehr, sondern korpulente Kerle mittleren Alters in weißen, gelben, roten oder irgendwie glitzernden Anzügen, weit aufgeknöpften Hemden und dicken Goldketten, die häufig von heillos aufgetakelten Backgroundsängerinnen begleitet werden. Manchmal sind Sänger oder Musiker mit Schiebermütze und Ringelpullover als Gauner kostümiert.

Zu sowjetischen Zeiten waren sich die Blat-Sänger, die Produzenten und ihr Publikum darin einig, dass das Singen, Aufnehmen, Vertreiben, Kaufen und Hören der verbotenen Lieder einen Akt der Renitenz gegen das sowjetische System bedeutete. Für die einen war es real gefährlich, die anderen erlebten gegen kleine Gebühr die wohligen Schauer symbolischer Rebellion. Gemeinsam identifizierte man sich mit imaginären Gaunern und Verbrechern, vielleicht auch deshalb, weil die Gauner und Verbrecher der Sowjetunion die einzige organisierte Kraft waren, die dem System mit absoluter Konsequenz als Gegner entgegentrat.

In den 90er Jahren nahmen reale Gangster, ihr Jargon und ihre moralischen Vorstellungen weite Teile des vom Kommunismus befreiten Russland in Besitz, und hohe Politiker wie Premierminister Tschernomyrdin und Präsident Putin begannen, vor laufenden Kameras Gangsterslang zu benutzen. Legendär ist Putins Drohung, man werde die tschetschenischen Terroristen notfalls auch »im Scheißhaus kaltmachen«. Neurussische Chanson-Stars wie Michail Krug passen in diese Welt. Krug war mit realen Unterweltfiguren gut bekannt und streute wohl selbst die Legende, der Petersburger Gangsterkönig Andrej »Rüssel« Wosnesenskij habe ihm einen Diamantring geschenkt. Genau wie ihr Publikum stellen sich Sänger wie Krug der Macht nicht mehr entgegen. Sie sind mit der Macht, sie schauen die Fernsehshows der staatlichen Kanäle oder treten sogar in ihnen auf, sie wählen Putin und Medwedjew. Krug schwadronierte in Interviews gern von einem starken Staat als natürlicher Grundlage der russischen Zivilisation. Alexander Rosenbaum saß zwischen 2003 und 2008 sogar für die Partei »Einiges Russland« von Wladimir Putin und Dmitrij Medwedjew im Parlament. Und fast niemand wunderte sich darüber.

Rebel Rebel:
Ein Graf aus der Ukraine unterrichtet »alte Schule«

Wladimir Schandrikow aus Omsk, der 1977 drei historische Wochen mit Arkadij Sewernyj in Odessa verbracht hatte, bemerkte kurz vor seinem Tode 2003: »Heute werden ja andere Lieder gesungen. Die Seelentiefe ist nicht mehr da.«[125]

Sechs kurze Worte, mit denen 95 Prozent der Musik, die auf Radio Chanson läuft, akkurat beschrieben sind. Die Seelentiefe ist nicht mehr da.

Was Schandrikow im fernen Sibirien nicht mitbekommen hatte, war, dass sich in Moskau und Sankt Petersburg seit den späten 90er Jahren eine neue Generation von Sängern, Musikern, DJs und Produzenten formiert hatte, deren Ziel darin bestand, die Traditionen des klassischen sowjetischen Blatnjak vor den Zumutungen der postsowjetischen Unterhaltungsindustrie zu retten, den Blatnjak behutsam zu modernisieren und für das 21. Jahrhundert nutzbar zu machen. Einer dieser Männer beschrieb den Unterschied zwischen dem »russischen Chanson« und dem ursprünglichen sowjetischen Blatnjak

2001 so: »Heute ist es eine sehr schwierige Sache mit diesem Genre, mit diesen Chansons. Man kann damit viel Geld verdienen, aber das alles hat nichts mehr zu tun mit dem, was Sewernyj, Beljajew oder auch Alexander Schewalowskij gemacht haben. Ich vergleiche das mit dem Unterschied zwischen dem Motown-Soul der 60er – Otis Reading und Aretha Franklin – und dem Gangsta-Rap von heute. Das sind völlig verschiedene Dinge. Das sind doch alles reiche Zombies, an denen heute noch mehr Gold rumhängt als an den Buffetdamen der 70er, die Alla Pugatschowa verehrten und mit geschmuggelten Zigaretten dealten.« Der Name des Mannes, der Jahre vor der *New York Times* die Parallele zwischen Gangsta-Rap und russischen Chansons erkannt hatte, lautet: Garik Osipow, alias Graf Hortiza.

Verwirrung, Staunen, Unglauben. Im Frühjahr 2001 kaufte ich eine seltsame CD an einem Musikkiosk an der Moskauer Metro-Station Kusnetschnyj Most. Piraten beherrschen den Moskauer Markt, die Preise lagen bei 3 oder 4 Euro. Ich hatte die CD in einem Stapel mit aktuellen Pop-CDs gefunden und den Verkäufer gebeten, sie ansehen zu dürfen, weil weder Titel noch Cover den gängigen Stilen der postsowjetischen Musikindustrie entsprachen. Im Zentrum des gezeichneten Covers kniet ein goldener, vom Höllenfeuer angeleuchteter Teufel, der drauf und dran ist, einem liegenden Mann ein Getränk einzuflößen. Keine Milch, so viel ließ sich erahnen. Wer der liegende Mann war, konnte ich nicht erkennen, aber die Haarpracht erinnerte an den Dichter Puschkin. Unter den beiden Männern prangte in lieblicher Schreibschrift der Titel der CD: *Jeschtscho ras o tschorte* (Noch einmal vom Teufel). Dazu ein seltsamer Name: Ensemble Eltern der Jungen. Wer bitte nannte denn seine Band so? Rund um das zentrale Teufelsmotiv hatte der Coverdesigner Platz für weitere Namen gelassen. »The Best of Soviet Restaurant Music 1975–76«, las ich da, auf Englisch. Und dann einen Namen, den ich kannte: Graf Hortiza. War das nicht dieser phänomenale Radio-DJ, der seit einigen Jahren die Musiksendung »Transsylvanien beunruhigt« auf dem Moskauer Lokalsender Radio 101 moderierte? Bei Besuchen in Moskau hatte ich die Show gelegentlich gehört. Zu Beginn warnte der Graf seine Zuhörer mit der Autorität dessen, der die Mächte der Finsternis auf seiner Seite weiß: »Wennnn – Sieee – sich wi-der-set-zen, müssen wir Sie lei-der ein wenig be-un-ruhigen!« Langsam. Drohend. Einschmeichelnd. Und dann beunruhigte er seine Zuhörer, Woche für Woche, mit den erstaunlichsten Kollisionen zwischen aserbaidschanischen Psychedelika, polnischem Beat, rumänischer Discomusik, amerikanischem Soul, sowjetischem Pop, italienischen Schlagern und Perlen der Odessaer Schule. Von Karel Gott bis Gianni Morandi, von Hank Williams bis Arkadij Sewernyj, von Oleg Uchnaljow bis Scott Walker. Zwischendurch predigte der Graf seinen ganz eigenen, seltsamen Privat-Gospel, wortreich und verworren, geheimnisvoll, versponnen, klug, belesen und voller Paradoxe. Hortiza war auf einer Mission, die er seinen Magischen Dschihad nannte. Das Ziel dieses Magischen Dschihad bestand, wenn ich es richtig verstanden hatte, in einer radikalen Revision, ja in der möglichst totalen Demontage jener falschen Vorstellungen vom Leben und vor allem von der Musik auf der jeweils anderen Seite des Eisernen Vorhangs, die der Kalte Krieg und seine Sieger den Menschen aufgezwungen hatten. Dass diese Sieger nicht nur in Washington, London und Bonn saßen, sondern auch im Moskauer Kreml, verstand sich von selbst. Der Graf wollte nichts wissen vom Geist der Freiheit, die westlicher Rock und westlicher Jazz angeblich in die unfreie Sowjetunion getragen hatten. Ihn interessierten die beträchtlichen Zonen der Freiheit, die Leute wie Arkadij Sewernyj, Kostja Beljajew, Rudik Fuks oder

David Schenderowitsch erschaffen und bewohnt hatten. Der Graf verwarf die angeblich totale Trennung zwischen schlechter offizieller und guter inoffizieller Kunst und Kultur in der Sowjetunion. Auf beiden Seiten der falschen Trennlinie gab es genialische Meister, und bei genauem Hinsehen verschwammen die angeblich starren Grenzen bis zur Unkenntlichkeit. Vor allen Dingen aber wollte Graf Hortiza nichts wissen von jenen Leuten, die lärmend behaupteten, in der Sowjetunion, ja im ganzen Ostblock habe es, abgesehen von ein paar subversiven Rockbands, keine gute, interessante Popmusik gegeben. Der Graf wusste es besser, und nun hatte er offensichtlich eine Platte gemacht. Ich war begeistert, kaufte die CD und eilte nach Hause.

Dass Garik Osipow, wie der Graf im wirklichen Leben hieß, nicht nur seit Jahren eine wöchentliche Radioshow produzierte, sondern sich nebenher auch als Sänger, Übersetzer, Zeichner, Publizist, Provokateur, Kulturarchäologe, Schriftsteller, Spinner, Plattensammler, Geheimniskrämer und Allroundgenie der Moskauer Gegenkultur einen Namen gemacht hatte, wusste ich damals noch nicht. Ich wusste nicht, dass Garik Osipow einer ganzen Generation Moskauer Jungintellektueller, Krakeeler, Journalisten, Sänger und Künstler als Lehrmeister, Wegweiser und Erleuchter gedient hatte. Vor allen Dingen aber wusste ich nicht, dass er mit Hilfe seiner Sendung und diverser anderer Aktivitäten nahezu im Alleingang eine Renaissance des klassischen russischen Gaunerchansons eingeleitet, das Erbe verstorbener Meisterchansonniers wie Arkadij Sewernyj und Igor Ehrenburg unaufhörlich propagiert und maßgeblich dazu beigetragen hatte, dass der unermüdliche Kostja Beljajew einen dritten Frühling in den seit Ende der 90er Jahre aus dem Boden schießenden Moskauer Boheme-Klubs erleben durfte.

Nachdem ich *Noch einmal vom Teufel* gehört hatte, wusste ich mehr. Die CD beginnt mit einem offenbar heillos betrunkenen Mann, der zu einem seltsam zerhackten Kinderlied-Gitarrenakkord entrückte und beseelte Scha-la-las und Bam-bambas vor sich hin trällert. Der Mann klingt erst ein wenig wie Helge Schneider, dann aber doch wie der Teufel selbst. Dann setzen ein swingendes Schlagzeug und eine grandios dudelnde 70er-Jahre-Orgel ein, Rhythmus und Ordnung stellen sich ein, die Stimmung hellt sich auf. Bevor wir noch dazu kommen, darüber nachzudenken, wo wir hingeraten sind, ertönt eine in klassischer Tonbandmanier gestaltete Ansage, wie sie Arkadij Sewernyj zu seinen besten Zeiten nicht großartiger hinbekommen hätte. Über einen vergnügt vor sich hin rumpelnden Beat erklärt eine leicht schwankende Stimme:

»Die vorliegende Aufnahme wurde am 17. März 1975 in der Slobodka gemacht und ist für die persönliche Phonothek von Sergej Wassilijewitsch Urzhenko bestimmt. Es begrüßt Sie das Ensemble der Rostower Philharmonie Die Eltern der Jungen.«

Von alldem stimmt, wie es sich gehört, so gut wie nichts. Die Aufnahmen wurden nicht 1975 gemacht, sondern erst 2001, sie waren nicht für die persönliche Phonothek von Sergej Urzhenko bestimmt, wer immer das war, sondern für jeden, der sie schätzen konnte, und die Band hieß nicht wirklich Die Eltern der Jungen, sondern Die Verbotenen Schlagzeuger.

Als Graf Hortiza alias Garik Osipow mit seinem schönen Bariton dann das erste Lied anstimmt, zeigt sich, dass zumindest der englische Untertitel des Albums korrekt ist. Was der Graf und seine Band hier auftischen, ist tatsächlich »The Best of Soviet Restaurant Music«, wenn auch nicht unbedingt genau von 1975 oder 1976. Das Vergnügen beginnt mit »Twoja Fotografija« (»Dein Foto«), einem bizarren Liebeslied, das Arkadij Sewernyj Mitte der 70er mehrfach eingesungen hatte. In dem Lied träumt ein morbide gestimmter Mann sein Ertrinken im Meer herbei, beschreibt, wie er langsam auf den Meeresboden sinkt, ein Foto der Geliebten in Händen. Auf dem Meeresboden verlassen ihn nacheinander die Trauer, die Träume und die Ruhe, bis schließlich ein Hai vorbeischwimmt und der Wasserleiche das Foto aus den Händen schnappt.

Im Laufe des Albums folgen noch weitere Hits aus Sewernyjs Repertoire: die groteske Ballade von den jüdischen Flugzeugentführern und auch Igor Ehrenburgs Hit »Mein Kumpel, der Student«, in dem es einem unternehmungslustigen Gaunerduo gelingt, einen Kaufhausdirektor mit Hilfe eines gefälschten Ausweises der Antikorruptionsbehörde OBCHSS zu erpressen. Doch Graf Hortiza wäre nicht Graf Hortiza, würde er die sowjetischen Gaunerchansons nicht mischen mit italienischen, jugoslawischen und amerikanischen Schlagern und mit Hits offizieller sowjetischer Stars. Und so singt der Moskauer Graf auf Italienisch Riccardo del Turcos »Cosa Hai Messo Nel Caffè« von 1969 und Minas noch weit älteren Hit »Un Anno d'Amore«. Er verschmilzt Perry Comos »Dream On Little Dreamer« mit dem sowjetischen Folksong »Bomzhichi«, in dem beschrieben wird, welch fatale Folgen es haben kann, wenn man sich als junger Mann aus gutem Haus am Bahnhof mit verführerischen Damen zweifelhafter Herkunft einlässt. Um die Internationale des guten Geschmacks komplett zu machen, gibt es auch noch eine russische Version des jugoslawischen Hits »Devojko mala« (»Junges Mädchen«) über eine magische Liebe im nächtlichen Belgrad. Vlastimir Đjuza Stojiljković hatte das Lied 1960 in einem Film gesungen, der Crooner Emil Gorowez machte es in der Sowjetunion zum Hit.

In den sowjetischen Restaurants der 60er und 70er Jahre, nach denen sich Graf Hortiza auch Jahrzehnte später noch verzehrt und deren Atmosphäre er auf *Noch einmal vom Teufel* so genial reproduziert, wurden die ideologischen und kulturellen Schlachten des Kalten Krieges nicht verlängert, sondern nach Kräften ignoriert. Hier amüsierte man sich, hier trank man, tanzte und sang Lieder. Hortizas Band instrumentiert die alten Schlager mit leichter Hand und einem zauberhaften Gefühl für den Sound der 70er Jahre. Die Verbotenen Schlagzeuger sind Lichtjahre entfernt vom Sound jener grausamen Retro-, Nostalgie- und Easy-Listening-Combos, die alternde sowjetische Popstars auf Touren durch das postsowjetische Russland begleiten. Die Verbotenen Schlagzeuger sind großartige Musiker, sie spielen auf Vintage-Geräten aus den 70ern, und sie haben unter den gewiss strengen Augen des besessenen Kenners Graf Hortiza genau studiert, wie die Meister der 70er Jahre ihre Lieder arrangierten. Arkadij Sewernyjs Zhemtschuzhiny-Brüder in ihren besten Tagen hätten den Grafen auf seinem Magischen Dschihad nicht besser begleiten können.

Als ich Osipow im Winter 2001 zum ersten Mal traf, wollte er über sich und seine eigene Musik kaum reden: »Ach, die Auswahl ergab sich vor allem daraus, dass wir das Album sehr schnell, mit heißer Nadel sozusagen, produziert haben. Wir hatten nicht viel Geld. Was wir schnell aufzeichnen konnten, im Vorbeigehen, das ist auf dem Album.« Zum Erbe von Arkadij Sewernyj, Rudolf Fuks, Stas Jeruslanow und Kostja Beljajew gehört auch so etwas wie kühles sowjetisches Understatement. Garik Osipow hat dieses Erbe angetreten: »Ich habe natürlich ein riesiges Repertoire an Liedern, aber man muss die arrangieren und sich etwas einfallen lassen, damit es nicht so klinisch klingt. Bei vielen alten Sängern, die Remakes ihrer frühen Sachen aufnehmen, klingt es ja völlig tot. Man begreift einfach nicht, warum das gemacht wird. Invalidenkunst. Was wir gemacht haben, darüber muss man nicht viele Worte verlieren. Eine bescheidene Arbeit von Leuten, die nicht weiter auffallen. Was soll schon dabei sein: Ich habe ein paar Lieder gesungen, die ich seit Ewigkeiten kenne. Männer haben einfach diese infantilen Tendenzen, unabhängig vom Alter!«

Der Graf lächelte milde und füllte die Wodkagläser nach. Fünfzig Gramm.

Acht Jahre später bewohnen Garik Osipow und seine Frau Irina Schafir wieder eine kleine Neubauwohnung in einer von Moskaus gigantischen Schlafstädten. Diesmal etwa fünfundvierzig Minuten nördlich vom Zentrum. Es ist Ende November, die Luft ist feucht und kalt, der Himmel seit Tagen bleigrau. Noch hat es nicht geschneit. Wenn ich nicht wüsste, dass Osipow und Schafir heute in einem ganz anderen Stadtteil wohnen als vor acht Jahren, ich würde es nicht bemerken. Das Viertel sieht aus wie viele Moskauer Vororte: Hochhäuser, wohin man blickt, Kindergärten, Schulen, dazu ein Supermarkt, ein Fitnessstudio und ein paar wenig einladende Restaurants. Am Ausgang der Metro lungern Teenager herum, Großmütter schleppen schwere Einkaufstaschen nach Hause, ein paar Betrunkene schleichen um die Kioske herum. Am Rande des Häusermeers entdecke ich eine der nach 1991 neu erbauten riesigen Moscheen Moskaus. In der russischen Hauptstadt leben zwei Millionen Muslime. Ich quere eine riesige windzerfurchte Grünanlage ohne Grün, frage ein paarmal nach dem Weg, muss zwei skeptischen, aber freundlichen Streifenpolizisten meinen Pass vorzeigen und finde schließlich das Straßenschild, das Osipows Straße von allen anderen unterscheidbar macht. Ein Haus mit neun Etagen, ein Lift, der wie alle russischen Lifte riecht, ein fester Händedruck, und schon bin ich nicht mehr in einem Moskauer Vorort, sondern in Garik Osipows Universum. Nichts hat sich hier verändert. Die 2009er Wohnung ist genauso eingerichtet wie die 2001er am anderen Ende der Stadt. Nur ein neuer Computer verrät, dass die Zeit nicht stehen geblieben ist. Ansonsten dieselben einfachen Möbel, dieselben sowjetischen Tapeten. Osipow ist ein bekennender Asket, dem an materiellen Gütern wenig gelegen ist. Wichtig sind Zeit, Musik, Schallplatten und Bücher. Wobei sein Archiv und die in den 70er Jahren begonnene Schallplattensammlung sich nach wie vor in Saporoschije in der Ukraine befinden, wo Osipow aufwuchs und bis heute viel Zeit verbringt. In Moskau muss eine wechselnde Auswahl genügen.

Osipow trägt Kordhosen und ein kariertes Hemd, die Haare sind in den letzten Jahren grau geworden. Der Graf ist noch immer ein großer, gut aussehender Mann, aber die sportliche Gestalt von einst hat ein Bäuchlein bekommen. Er lädt mich zu einem Gläschen Wodka ein, Irina, Ehefrau, Managerin und größter Fan des Grafen in Personalunion, bringt Pellkartoffeln und Salat. Osipow beginnt zu reden.

Bevor ich zu Osipow aufgebrochen war, hatte ich noch einen kleinen Lebenslauf gelesen, den der Graf vor einigen Jahren auf einer Internetseite hinterlegt hatte.

Geboren 1961 in Saporoschije, Vater: Saladin Tschartschani. Mutter: Ludmila Osipowa. Verbrachte einen großen Teil des Lebens in Saporoschije. Interessierte sich früh und ohne äußeren Einfluss (älterer Bruder, kluger Onkel) für Musik und »rechtsradikale Ideen«. Erblickt in den Experimenten von Charles Manson den einzigen Versuch, beides zu verbinden. Hasst seit seiner Jugend die schöpferische Intelligenz. Lernt sehr schlecht (bzw. weigert sich, irgendetwas von anderen zu lernen) und sucht parallel nach anderen Abweichlern zur Gründung einer »Organisation« – was der Macht vollkommen egal ist. Erhält kein Abschlusszeugnis und bemüht sich im Folgenden, so wenig wie möglich zu arbeiten.

Kommt auf Rat von Borja Simonow 1995 zu Radio 101, wo er sechs Jahre lang die Sendungen »Transsylvanien beunruhigt« und »Schule der Kadaver« betreibt. Nimmt mit der Rostower Band Die Verbotenen Schlagzeuger das Album

Noch einmal vom Teufel auf (2001), veröffentlicht den Erzählungsband *Ware für Rothschild* (2003). Spielt regelmäßig Kammerkonzerte mit German (seinem Sohn aus erster Ehe) oder allein. Nahm 2000 Irina Schafir zur Frau, die beste Freundin der letzten Jahre. Mag keinen Sport, Jazz und alle, die im Ausland leben. Trinkt. Lieblingsgruppen: Cactus, Budgie, Mountain, Black Sabbath, Rush. Lebensziel, heute wie bisher: leben, bis die Nekrologe derer erscheinen, die es verdient haben.

Osipow ist um die fünfundzwanzig Jahre jünger als Beljajew, Fuks oder Jeruslanow, aber auch in seinen Erinnerungen purzeln inzwischen die Jahre, manchmal sogar die Jahrzehnte durcheinander. Ab und an scheint es, als sei ihm sogar gelegen an einer leichten Verwischung der Daten und Fakten. Stimmungen sind wichtiger als Jahreszahlen. Gesichtsausdrücke interessieren ihn, Gerüche, Dialogsequenzen aus grauer Vorzeit, filigranste Details. Osipow verfügt über ein phänomenales Gedächtnis für beiläufige Gesten aus uralten Filmen, für scheinbar unbedeutende Situationen oder Verhaltensweisen, in denen der Geist einer ganzen Epoche lokalisiert werden kann. Osipow kann präzise beschreiben, wie die Menschen sich in einer Offizierssiedlung im Moskauer Umland kleideten, die er als Kind zu Beginn der 70er Jahre ein paarmal besuchte. Er weiß bis heute, dass aus den Transistorradios, die dort auf den Fensterbänken standen, Lieder aus dem Film *Wie der Stahl gehärtet wurde* schepperten.

Für Musik interessierte sich Garik Osipow schon früh, von Anfang an, grundsätzlich. Und die Musik kommt zunächst aus dem Radio. BBC, Deutsche Welle, Voice of America, Radio Free Europe. Aber auch sowjetische Sender. »Es gab zum Beispiel eine Nachtsendung auf Radio Majak, die von dem Dichter und Sänger Anatolij Gorochow geführt wurde. Gorochow arbeitete mit Komponisten wie Babadschanjan zusammen. Muslim Magomajew sang seine Lieder. Die Sendung ging von Mitternacht bis 2 Uhr morgens, und da konnte man wirklich quer durch die Bank alles hören. Tagsüber hatte Wiktor Tatarskij die Sendung ›Auf allen Breitengraden – der musikalische Globus‹. Als skeptischer Jugendlicher hatte ich zunächst nur Deutsche Welle und Voice of America gehört, bis mir jemand sagte: ›Hör mal das.‹ Und ich hab's mir angehört, das war 1973, und als Erstes kam da ›When a Blind Man Cries‹ von Deep Purple. Eine B-Seite von einer Single, in dieser Sendung! Dort liefen Santana, Tom Jones, Beatles, Mungo Jerry, Ten Years After. Immer so ein, zwei Stücke – aber das war ja auch richtig, man muss ja im Weltmaßstab denken. Man stelle sich mal vor, in Amerika liefe zur Primetime plötzlich osteuropäische oder sowjetische Popmusik!«

Dass es Musik gab, die weder im sowjetischen Radio noch im westlichen Feindfunk gesendet wurde, verstand sich von selbst. Doch auch hier gab es Lösungen: »Als ich elf war, bekam ich ein Radio geschenkt. Ich sah es an und dachte: Mist, das hat ja nur Mittel- und Langwelle. Da kriegt man ja nichts rein. Ich dachte an die BBC, an Voice of America. Dann ging ich spazieren mit dem Radio, und plötzlich hörte ich diese Gitarren-Sachen, urbane Folklore: Wyssozkij, Galitsch, Beljajew – mit Mat! Ich hörte komplette Black-Sabbath-Alben, das Weiße Album von den Beatles. Und dann kam irgendeine betrunkene Stimme und sagte: ›Sie hören …‹« Per Zufall war Osipow auf einen ukrainischen Piratensender gestoßen, einen der sogenannten Radio-Hooligans, die in den 60er und 70er Jahren in der Sowjetunion für Abwechslung und gute Musik sorgten. »Ich weiß nicht, ernste Repressionen gab es da nicht. Die Miliz hat das gemacht, nicht der KGB. Und die Miliz, das sind ja verwandte Seelen! Die ganze Sache passte nicht in dieses

Paradigma des Widerstands gegen die offizielle Sowjetunion. Dieser Widerstand, die Dissidenten, das waren solide Leute. Solschenizyn mit seinem Bart, Andrej Sacharow mit Schlips, die Juden, die nach Israel wollten. Um diese Radio-Hooligans kümmerte sich niemand, genau wie um Black Sabbath. Nur ich brauchte das. Wenn Solschenizyn gesagt hätte: ›Ich‹« – Osipow fährt eine gravitätische, staatstragende Stimme auf – »›vergöttere Paranoid‹, dann hätte ich gesagt: ›Solschenizyn ist mein Schriftsteller!‹ Ich war ja ein Teenager. Und wahrscheinlich hätte die Sowjetmacht ein weiches, delikates Ende gefunden, irgendwann. Wenn Solschenizyn gesagt hätte: ›Sie glauben, ich bin für den Zaren? Ich bin für Black Sabbath! The Fall! Suicide!‹ Das wäre alles viel leichter und verständlicher gewesen. Wahrscheinlich hätten sogar diese Opas im Kreml gelacht und gesagt: ›Alles klar, wir hören mit all diesen kontraproduktiven, idiotisch sinnlosen Projekten auf. Wenn Solschenizyn für Black Sabbath ist!‹« Aber das gab es nicht, nirgends! Ich war ein Teenager, und ich war mit Mädchen verabredet und legte ihnen Bowie und T-Rex auf, und dann stellte sich heraus, dass sie auf irgendwelche dummen, beschissenen sowjetischen Schauspieler standen. Schlechte Schauspieler! Widerwärtige, unangenehme Typen. Ganz falsche Schauspieler, schlechte Lieder, schlechte Filme. So war das. Aber ich will den Film nicht rückwärts laufen lassen.«

Als Teenager beginnt Osipow, sich auf Flohmärkten, unter Schwarzhändlern und Plattensammlern herumzutreiben. Er handelt mit Schallplatten, er überspielt gegen Gebühr Schallplatten auf Tonband und kauft, was seine bescheidenen Finanzen hergeben. Aber er hat einen Vorteil: Sein Geschmack und der der breiten Masse liegen weit auseinander. Die Masse interessiert sich für Pink Floyd, die Beatles und Deep Purple und ist bereit, horrende Summen für LPs aus Deutschland oder England zu bezahlen. Osipow kauft billig Soul, Country und

Big Beat. »Die Leute interessierten sich für Artrock damals. Die Grimasse der sowjetischen Geschmacklosigkeit passte ganz genau zusammen mit der westlichen Geschmacklosigkeit. Diese Gewalt pompöser Schönheit. All diese mittelalterlichen Uhren und Wasserfälle!«

Mit fünfzehn fängt Osipow an, regelmäßig allein nach Moskau zu reisen, um dort Geschäfte zu machen. »Ich war so ein spekulatives sowjetisches Schwarzmarktwunderkind. Und ich liebte Moskau, das sowjetische Moskau. Manche Leute lieben ja New York, manche Los Angeles, obwohl das wohl kaum eine poetische Stadt ist. Ich liebte das leere sowjetische Moskau, so wie es damals war. Obwohl ich verstehe, dass diese imperiale Leere sicher auch auf Leiden und auf Tränen aufgebaut war. Ich bin zwar nicht religiös, aber ich kenne Reue und Mitleid.«

Osipow treibt sich in Moskaus Restaurants herum, wohnt in Hotels, bestaunt das Leben in der Metropole, macht in der Moskauer Boheme erste Bekanntschaften mit Dissidenten, Musikern, Schwarzhändlern. Im Frühsommer 1980 singt er zum ersten Mal in einem Moskauer Restaurant. Die regulären Musiker haben die Stadt verlassen, weil die Olympischen Spiele bevorstehen. »Die hatten Angst vor dem KGB, und uns junge Hunde warf man ins kalte Wasser. Aber nichts passierte. Irgendwelche Mädchen aus einem benachbarten Wohnheim kamen. Das war's. An einem anderen Wochenende sagte man uns, dass wir für eine Hochzeitsgesellschaft spielen würden. Nebenan war eine jüdische Hochzeit, da wurde toll gesungen. Wir hatten den anderen Saal, wo irgendein Scheich aus dem Kaukasus feierte. Und der sagte zu mir: ›Ich gebe Ihnen 75 Rubel, wenn Sie meinem Jungen die Gitarre geben und ihn singen lassen.‹ Ein Kind! Scheiße. Aber der Junge sang ›Fahrschein nach Magadan‹. Das war gut, das war lustig, und wir haben viel Geld verdient!«

Irgendwann Ende der 70er Jahre entdeckt Garik Osipow die Musik, die sein Leben mehr als jede andere prägen wird, bis heute. »Das fing in der Jugend an, aber nicht in der ganz frühen. 1978, 1979, 1980, es fiel mit Punkrock zusammen! Punk war mir sehr nah, all diese wunderbaren, schönen Kerle. Aber ich verstand schnell, dass man auf Russisch nicht wie Lou Reed oder wie die Sex Pistols singen kann. Das ist nicht dasselbe. Und ich wendete mich hin zu Arkadij Sewernyj, den ich schon lange verehrte, zu Kostja Beljajew. Und das ging dann weiter. Petr Leschtschenko. Konstantin Sokolskij[126], sogar vorrevolutionäre Leute. All diese Tangos und Foxtrotts. Das war das ideale Gegengift gegen den Mist, der die Welt immer und immer mehr überschwemmte. Ich sage dir etwas, was ich im Radio nicht gesagt habe, weil ich meine Zuhörer nicht beleidigen wollte: Die ganze Disco-Epoche, das war das Letzte, die reine Prostitution. Sinnlose Zuhältermusik. Aber wir warfen dem nicht ›I Am the Antichrist‹ und ›Anarchy in the UK‹ entgegen, sondern …« An dieser Stelle stimmt Osipow ein mildes Trinklied aus der Zeit vor dem Zweiten Weltkrieg an, das Petr Leschtschenko, der König der Tangos, zuerst 1936 eingesungen hatte: »Na stole butylka i rjumochki!« (»Auf dem Tisch stehen Gläser und ein Fläschchen!«). Als Osipow das Lied zu Ende gesungen hat, bricht er in ein glucksendes, befriedigtes Lachen aus. Die Entdeckung, dass ein vierzig Jahre altes leichtes Trinklied im Foxtrott-Rhythmus in der Sowjetunion der späten 70er Jahre eine größere subversive Kraft haben konnte als »Anarchy in the UK«, fasziniert ihn noch heute.

Garik Osipow ist ein begnadeter Erzähler, voller Temperament und Humor, wortgewandt, originell und mit einem phänomenalen Gedächtnis ausgestattet. Er streut wie selbstverständlich uralte sowjetische Witze in seine Geschichten, hat die Namen und Regisseure der obskursten Filme parat und die Texte Hunderter Lieder. Je länger ich ihm zuhöre, umso mehr bestätigt sich eine Vermutung, die ich schon beim Hören seiner Radioshows hatte. Wenn man über Garik Osipow reden will, muss man mit Listen anfangen. So ähnlich wie in Nick Hornbys Roman *High Fidelity*. Der Mensch definiert sich durch das, was er mag. Und mehr noch vielleicht durch das, was er nicht mag. Osipows Spiel besteht allerdings nicht darin, denselben guten Geschmack zu haben wie andere gute, geschmackvolle Menschen. Osipow ist ein manischer Differenzjunkie, der nicht nur dem Mainstream, sondern dem gesamten Rest der Welt immer einen Schritt voraus sein muss, stets in Sorge, den Vorsprung zu verlieren, den er hat, weil er anders ist, denkt, lebt, schreibt, anderes kennt und liebt. Das Erstaunliche ist, dass es gelingt. In einer Welt voller versierter Musik-, Film- und Literaturkenner bleibt Osipow ein Solitär, der einen oder sogar mehrere Schritte voraus ist. Oder hinterher. Je nachdem.

Das Geheimnis liegt in der Mischung, in den Paradoxien, in den irrsinnigen Clashs. Osipow bringt zusammen, was nie zusammengehörte und die Kulturpolizei aller Länder für immer getrennt hat. Sowjetische Piratenradios der 70er Jahre und die BBC. Adriano Celentano und Arkadij Sewernyj, die Kinks und Karel Gott, Underground und Establishment. Das Bukarest von Nicolae Ceaușescu und das Las Vegas von Tom Jones. Charles Manson und Leonid Breschnew.

Er hasst den Staat, und er hasst jede Art von Hipstertum. Er hasst die (späten) Beatles und vor allem ihre Fans. Er hasst die sowjetischen Rocker, die versuchten, so auszusehen und zu klingen wie die Beatles. Oder wie Queen. Oder wie King Crimson. Er hasst alles, was die anderen mögen. Von Kindheit an. Den Mainstream der regimekritischen, liberalen sowjetischen Intelligenzija. Timothy Leary, den Prager Frühling, Woodstock, Miniröcke, Che Guevara. Für Osipow sind das aufgeblasene Nichtigkeiten. Schimären westlicher Propaganda von angeblicher Liberalität und Freiheit. Kitsch. Der Graf hat nichts gegen Kitsch oder Freiheit. Aber diese Art von politischem Kitsch lehnt er ab. Er ist gegen alle und gegen alles. Und gleichzeitig ist sein Herz voller Liebe.

Garik Osipow liebt Michael Caine und Kostja Beljajew. Er liebt den amerikanischen Regisseur Abe Polansky, der 1948 von McCarthy auf die schwarze Liste gesetzt wurde und mehr als zwanzig Jahre lang keine Filme drehen durfte. Er liebt den Edgar-Wallace-Regisseur Alfred Vohrer, er liebt den sowjetischen Starschriftsteller Juri Trifonow, und er liebt den Stil des sowjetischen Lebenskünstler David »Dosja« Schenderowitsch: Platten sammeln und mit Antiquitäten dealen, Gedichte schreiben und Trinken. Schenderowitsch wie Osipow verkörpern die ideale Verbindung aus einer tief empfundenen körperlichen Abneigung gegen jede Art regelmäßiger Arbeit und totaler Schaffensfreude. Osipow liebt Ulrich Plenzdorffs *Die neuen Leiden des jungen W.*, er liebt das polnische Kino der 60er Jahre. Er verehrt H. P. Lovecraft, Aleister Crowley und Ronald Reagan. Nicht wegen seiner Politik, sondern weil Reagan im Gegensatz zu Joschka Fischer und Barack Obama noch ein Mensch war und kein Zombie.

Garik Osipow ist ein Mann, der in der sowjetischen Ukraine geboren wurde, um mit seinem Leben Walt Whitmans berühmtes Gedicht zu illustrieren:

Do I contradict myself?
Very well then I contradict myself,
(I am large, I contain multitudes.)

»Widerspreche ich mir?
Nun gut, dann widerspreche ich mir.
(Ich bin groß. In mir sind Welten.)

Anfang der 80er Jahre heiratet Osipow und wird Vater. Er kann nicht ahnen, dass er seinem zukünftigen Gitarristen die Windeln wechselt (falls er das tut). Die Ehe geht in die Brüche und bald auch die Sowjetunion. Osipow mag nicht über die 80er reden, aber er hat der Epoche vor Jahren einen vernichtenden Text gewidmet. Schon in der Überschrift bekam das fatale Jahrzehnt ein Fragezeichen: »80er?«.[127] Der Text beginnt mit dem Satz: »Als alle nicht mehr jung, aber noch nicht ipse facto alt waren.« Über sich selbst verrät Osipow nur so viel: »Ich verbrachte die 80er am Strand, schlief, sonnte mich mit Verstand.« Und: »Ich habe in den 80ern viel gelernt. Die Proportionen zwischen Sado und Maso: Wo man sich unterordnet, wo man dominiert; ich ahnte, was kommen würde.« Was kam, waren die naive Euphorie der Perestroika und das Ende der Sowjetunion, was kam, war der totale Zusammenbruch Russlands in den 90er Jahren. Osipow verliert kein Wort darüber, kein Wort über Gorbatschow oder Jelzin. Es gibt Wichtigeres, Details, die den Geschmack jener Jahre einfangen. Die Preise für Schallplatten verfallen, erstmals gibt es Fernsehstars, die wie Könige leben, obwohl oder eben weil sie die Nation verblöden. Moskau ist voll von verarmten geschiedenen Frauen, die ihren Schmuck ins Pfandhaus tragen und mit geschenkten Kleidern aus den wohlhabenden 70ern den Boden wischen. Vor allem aber, natürlich, Musik: »Beljajew hatte Schwierigkeiten, saß ein. Sewernyj war damals schon tot. Ihre Fans tranken sich um den Verstand und hörten sich selbst zu. Mir kam es damals so vor, als sei *Nebraska*, Bruce Springsteens akustisches Gitarrenalbum, ihrem Stil und Geist nahe. Die sowjetischen Melomanen nannten es anders: Scheiße.«[128]

Mitte der 90er Jahre lädt Boris Simonow, Besitzer von Moskaus berühmtester Musikalienhandlung Transsylvanien, die bis heute einen Steinwurf vom Kreml entfernt in einem Hinterhof der Twerskaja-Straße residiert, Garik Osipow ein, auf Radio 101 eine Show zu machen. Es ist eine Zeit, in der die postsowjetischen Massenmedien genau wie die gesamte Gesellschaft noch im Werden sind. Vieles ist neu, vieles wird probiert, vieles ist möglich, was zur selben Zeit im Westen schon lange und zehn Jahre später auch in Russland undenkbar ist. Zunächst einmal muss privatisiert werden. Kaum dreißigjährige, gut vernetzte ehemalige Komsomol-Führer[129] wie Michail Chodorkowskij legen ihre Hand auf die größten Konzerne des Landes und seine Rohstoffreserven, der meist betrunkene Präsident verdaddelt das Volksvermögen für ein paar Kopeken, rivalisierende Schutzgeld-Gangs liefern sich Schießereien auf offener Straße. Die Bevölkerung kämpft ums tägliche Brot. Um Kunst und Kultur kümmert sich kaum jemand. Genau darum ist vieles möglich, jedenfalls solange es kein oder wenig Geld kostet. Radio 101 ist ein gutes Beispiel. Über das Musikprogramm entscheiden weder Programmroboter noch Marktforschungsabteilungen, sondern die Moderatoren der Sendung. Niemand interessiert sich für Charts und Stars, es gibt keine Heavy Rotation, es gibt keinerlei musikalische oder inhaltliche Vorgaben. Jeder soll und darf spielen und erzählen, was er will. Osipow ist im Paradies. »Ich bekam für die Sendungen kein Geld. Ich lebte damals bei einem Freund im Atelier, und ich dachte noch nicht mal an Geld. Ich saß einfach herum und schrieb etwas in irgendwelche Hefte, worüber ich im Radio reden wollte. Als sie mir irgendwann doch Honorare anwiesen, holte ich sie monatelang nicht ab. Ich vergaß es einfach.«

1997 ergeben Umfragen, dass »Transsylvanien beunruhigt« die populärste Radioshow in Moskau ist. 1999 bekommt die Show einen neuen Namen. Aus »Transsylvanien beunruhigt« wird »Die Schule der Kadaver«. Ein großartiger Name für eine Musiksendung, die vor allem Musik aus den 50er bis 80er Jahren im Repertoire hat. Aber auch ein hochproblematischer Name.

Nur wenige Hörer dürften gewusst haben, dass Osipow den Titel von einem rabiat antisemitischen Buch des französischen Schriftstellers Louis-Ferdinand Céline aus den späten 30er Jahren geliehen hatte. »Das war einfach eine Provokation. Hooliganismus. ›Bagatellen für ein Massaker‹ hätte noch schlimmer geklungen!« Osipow lacht. Aber ich merke, dass es ihm unangenehm ist, Jahre später über einen wilden Scherz zu reden, den er heute vielleicht nicht mehr machen würde. Er steht auf, schaltet Musik ein, beginnt im Zimmer auf und ab zu gehen.

Ich muss an »Belsen was a gas« denken, den vielleicht umstrittensten Song der Sex Pistols. Osipow hatte es selbst gesagt: Punkrock und seine Gesten waren ihm nahe, er wusste, dass englische Punks Hakenkreuze benutzt hatten, um gegen eine als protofaschistisch empfundene Gegenwart zu protestieren. Dabei stellte sich schon 1977 die Frage, wo rabiate, produktive Provokationen enden und die sinnlose, selbstgefällige Freude an schlechtem Geschmack und Schockeffekten anfängt.

Wogegen rebellierte Osipow? »Was mich damals wirklich bewegt hat, war die Sache mit Jugoslawien. Nicht weil ich so ein orthodoxer Slawophiler gewesen wäre. Es war einfach abartig: Auf der einen Seite das Milosevic-Regime. Auf der anderen das, was die Leute aus all diesen Zivilisationen taten, die ich so verehre. Die Luftangriffe. Dazu die idiotischen Reaktionen der patriotischen Opposition in Russland. Die Leute in den Konzentrationslagern Jugoslawiens, an deren Stelle auch ich hätte sein können, mein Vater ist ja Albaner. Absolut furchtbar, alles. Und ich versuchte, darüber im Radio zu reden.«

Schon Ende der 80er Jahre hatte der Avantgarde-Regisseur Boris Juchananow an einem, wie er es nannte, Videoroman unter dem Arbeitstitel *Der verrückte Prinz* gearbeitet. Später schrieb Juchananow, er habe dafür eine Figur gebraucht, die extreme Artikuliertheit verband mit dem Geist des totalen, universalen Widerstands.[130] Er fand die ideale Besetzung in Garik Osipow. Kein politischer Kopf, kein jederzeit rational agierender und argumentierender Denker, sondern ein verrückter Prinz und Künstler, der die Welt vor allem nach ästhetischen Kriterien ordnet und beurteilt.

Die radikal andere Sicht auf die Epoche des Kalten Krieges, auf die Sowjetunion der 60er und 70er Jahre und auf den Zusammenbruch der Sowjetunion, die Osipow über sechs Jahre in seiner Show präsentierte, erwies sich als überaus verführerisch. Zehn, zwölf, fünfzehn Jahre nach dem Beginn der Perestroika reagierten viele Menschen verblüfft, aber interessiert und offen, wenn Osipow sie daran erinnerte, dass die Sowjetunion mehr war als Gulag, KP und Zensur: »Das Land war ja sehr groß und in einem bestimmten Sinne sehr frei. Mit minimalen Mitteln und im Grunde ohne Pass konnte ein Mensch riesige Räume durchqueren. Es gab die Leute, die vom Norden in die Kurorte des Südens reisten, an die Strände des Schwarzen Meeres, in den Kaukasus. Bikinis, Sonne. Dort kochten die Leidenschaften, dort waren die Leute genauso lebenshungrig wie in den Filmen aus den 60ern. Es ging überhaupt nicht darum, dass es an irgendetwas mangelte, um irgendeine Härte. In Wahrheit war es ganz anders. Jeder normale Mensch erinnert sich an Straßen ohne Reklame, ohne diese Unmenge an Autos, in denen Parasiten sitzen, die genauso gut zu Fuß gehen könnten. Das Leben war bescheidener, vielleicht etwas mühseliger, aber gleichzeitig auch weiter. Die Menschen fühlten diese kolossale Weite. Es gab nicht diesen ökonomischen Rassismus wie heute. Sicher, die einen trugen Jeans aus Kuba, andere konnten sich welche aus den USA leisten. Aber das waren Details.« Doch so viel und so schön und magisch Osipow auch sprach, das Entscheidende an »Transsylvanien beunruhigt« blieb die Musik. Osipow kombinierte auf nie da gewesene Weise östliche und westliche Musik, weithin bekannte und unbekannte.

Niemand hat mehr Mut und Geschick als der Graf, wenn es darum geht, vergessene oder kriminell unterbewertete Sänger und Sängerinnen mit ein paar Worten zurück auf die Bühne der Welt zu holen. Mit phänomenaler Beiläufigkeit sagte Osipow Dinge wie: »Es muss einen rauschhaften Moment geben, eine Verbindung von Bitterkeit und sardonischem Grinsen, wie bei Sinatra oder Boris Rachlin.«[131] Wobei jeder wusste, wer Sinatra war, und keiner, wer Boris Rachlin und dass er 1973 großartige Klavierversionen der berühmtesten Odessaer Gaunerchansons eingespielt hatte, höchstwahrscheinlich in seiner eigenen Wohnung. Also spielte Osipow erst Sinatra, dann Rachlin. Des Grafen Gleichheitszeichen zwischen Sinatra und Rachlin, zwischen dem Weltstar und dem Leningrader Undergroundsänger entsprang einerseits einer Beobachtung. Da sind tatsächlich Parallelen. Niemand hat ein genaueres Ohr für diese Dinge als Garik Osipow. Aber noch stärker als die Realität war in Osipows Show immer das dringende Verlangen, die Realität zu verbessern, notfalls nachträglich. In einer besseren Welt wüsste nicht nur er, Osipow, wer Boris Rachlin war und was ihn auszeichnete, sondern auch all die Leute in Amerika und anderswo, die seit Generationen zu Sinatra-Songs ihre Drinks schlürften. Und darum stellte Osipow in seiner Show Rachlin, Ehrenburg und Sewernyj neben Sinatra, Dylan und Hank Williams. Immer und immer wieder. Und dann geschah das Wunder: Das Virus, das Osipows Radioshow in sich trug, verbreitete sich in Moskau und bald auch weit darüber hinaus. Die ersten Artikel über Arkadij Sewernyj erschienen, an den Musikkiosken der Stadt tauchten seine CDs auf, und der mittlerweile sechzigjährige Kostja Beljajew begann, Konzerte in der Stadt zu spielen. »Als ich erfuhr, dass Beljajew noch lebt, dachte ich: Er muss auftreten. Kostja – das ist gut. Ein Mensch, der etwas über diese Epoche wissen will, ist gut beraten, mit Beljajews Werk anzufangen. Wie er spricht, wie er sich ausdrückt, sein Mat, das ist absolut authentisch. So werde ich ihn für immer in Erinnerung behalten. Es ist ja eine Banalität, aber so jemanden wie ihn wird es nie mehr geben.«

Live in Moskau

Ende 1998 gründete der Moskauer Kulturimpresario, Verleger, Internetpionier und Garik-Osipow-Verehrer Dmitrij Izkowitsch in der Moskauer Altstadt einen Klub, wie ihn die Stadt seit siebzig Jahren nicht gesehen hatte. Die Idee war einfach: ein Hof in der Moskauer Altstadt, ein riesiges Kellergewölbe, verwinkelt, gemütlich. Darin ein Café-Restaurant, eine Buchhandlung, eine Galerie, eine Bühne. Das alles war vierundzwanzig Stunden am Tag geöffnet, sieben Tage die Woche. Vorträge, Lesungen, Präsentationen. Ausstellungen, Theater. Erschwingliches Essen, viel Bier, Kaffee, Tee, Wodka. Und Musik. Der Klub wurde nach Izkowitschs Verlag *Projekt OGI* genannt und schlug in Moskau ein wie eine Bombe.

Moskau ist eine sehr große Stadt mit mehr als zehn Millionen Einwohnern. Trotzdem war es hier bis weit in die 90er Jahre hinein sehr schwer, abends auszugehen. Zumindest für normal oder eher wenig verdienende Einheimische, für Studenten, arme Künstler, Intellektuelle und Hipster. Zu sowjetischen Zeiten gab es praktisch keine Bars, Cafés und Klubs. Man traf sich zu Hause, in den wenigen Restaurants oder in Kulturhäusern. In den 90er Jahren schossen Restaurants, Bars, Diskotheken und Casinos wie Pilze aus dem Boden, doch den meisten Leuten fehlte das Geld zum Ausgehen. Dann kam Dmitrij Izkowitsch. In den 80er Jahren hatte er einige Zeit Kulturwissenschaft bei dem legendären Strukturalisten Juri Lotman in Tartu studiert. Nach 1991 versuchte er sich mit großem Erfolg in Moskau als Manager und Unternehmer. Er gründete den Verlag für Gesellschafts- und Geisteswissenschaften OGI, der jährlich Dutzende Titel aus den Bereichen Wissenschaft und Literatur veröffentlicht, und das News- und Wissenschaftsportal polit.ru, bis heute eine der drei, vier besten und vor allem unabhängigen Informationsquellen über Russland. Er veröffentlichte einige der besten Platten der 90er. Und als wäre das alles nicht genug, kam dann auch noch der *OGI-Klub*, der Musik, Bücher, Politik und noch viel mehr auf derart meisterliche Weise zusammenbrachte, dass das Konzept in der Folge vielfach kopiert wurde. Heute ist aus dem Prototyp in der Potapow-Gasse ein weit verzweigtes Netzwerk von Klubs geworden, ohne die das Moskauer Nachtleben schlicht unvorstellbar ist.

Die Gründung von *Projekt OGI* fiel zusammen mit dem von Osipows »Transsylvanien beunruhigt« unermüdlich angefachten Boom des alten sowjetischen Blatnjak. Im Sommer 1998 hatte Izkowitsch das Debütalbum der Band Leningrad um den Dichter und Sänger Sergej Schnurow veröffentlicht. Leningrad war eine der ersten neuen Bands im postsowjetischen Russland, die auf Russisch sang. Doch die Band bezog sich demonstrativ nicht auf den schwer textlastigen sowjetischen Progrock der 80er Jahre, sondern atmete stattdessen den Geist alter Blatnjak-Meister wie Arkadij Sewernyj aus allen Poren. Musikalisch und textlich. »Die ganze Sache begann völlig intuitiv«, erzählte mir Sergej Schnurow bei einem Interview im Herbst 2003. »Wir hatten gewisse Vorstellungen vom Blatnjak, das kam von Wyssozkij-Liedern, die wir alle hörten. Aber wir wussten nichts von Arkadij Sewernyj, Aljosha Dmitrijewitsch oder den Zhemtschuzhiny-Brüdern. Später kamen dann Leute mit Tapes und sagten: ›Hört euch das mal an, das gefällt euch ganz sicher.‹ Und das war auch so. Aber das war später, vielleicht 1998. Am Anfang war das intuitiv – das kam von Freunden, aus den

Hinterhöfen, im Grunde mit der Muttermilch. Es war keine bewusste Stilisierung, es war nicht das Ergebnis langer Überlegungen.« Leningrad übernahm die Grundidee des Blatnjak, sein Vokabular und seine Themen, versetzte das Ganze mit Punkrock und vor allem mit Ska-Elementen und wurde so binnen kurzem zur erfolgreichsten, umstrittensten und einzig wirklich bedeutenden Band Russlands. Die stundenlangen Liveshows der Band, bei denen oft mehr als zehn Musiker auf der Bühne standen, waren legendär, die ebenso rüde wie poetische Ausdrucksweise von Sergej Schnurow gefürchtet. Schnurow war für die späten 90er und frühen 2000er Jahre, was Beljajew für die 70er war: ein begnadeter Mat-Stilist.[132]

Der *OGI*-Klub und Dmitrij Izkowitschs Label waren sehr schnell zu klein für Leningrad. Garik Osipow und Kostja Beljajew aber fanden in der Potapow-Gasse und in den Ablegern des ersten *OGI*-Klubs, die bald eröffneten, dauerhaft eine Heimat.

Beljajew war seit 1997 gelegentlich öffentlich aufgetreten, meist jedoch in ungeeigneten, schlecht beleuchteten Sälen oder bestuhlten Kulturhäusern. Im Sommer 1998 bekommt er einen Anruf von dem Sammler Walerij Krylow, der ihn zu Aufnahmen einlädt. Im Juli und September spielt Beljajew für Krylow insgesamt einhundertfünfundsiebzig Lieder neu ein. Es sind die ersten umfassenden Aufnahmesessions seit den legendären Aufnahmen mit Stas Jeruslanow im Jahr 1976. Mit neuen Geräten und dramatisch verbesserter Aufnahmetechnik spielt Beljajew nahezu sein komplettes Repertoire neu ein. Hier singt ganz offensichtlich ein Mann, der sich um sein Erbe sorgt.

Anfang Dezember 1999 singt Beljajew zwanzig Lieder bei einer Session für Osipows Sender Radio 101. Das Konzert wird live aus dem Studio übertragen und bekommt umstandslos den Titel »Lieder, die das Volk liebt«. Es folgen weitere Auftritte bei diversen Radiosendern, Aufnahmen in Petersburg bei Arkadij Sewernyjs Produzenten Maklakow und in Odessa bei Stas Jeruslanow. In Moskau erscheinen 1999 pünktlich zu Beljajews fünfundsechzigstem Geburtstag zum ersten Mal legal hergestellte und vertriebene Tonträger mit seinen Liedern. Beljajew wird die Ehre zuteil, eine CD in der Serie »Legenden des russischen Chansons« herausbringen zu dürfen.

Im Januar 2001 ist es schließlich so weit. Beljajew spielt zum ersten Mal gemeinsam mit Garik Osipow im Klub *Projekt OGI*. Es wird das erste einer langen Reihe von Konzerten im *OGI* und einigen anderen vergleichbaren Moskauer Klubs, in denen Beljajew für ein junges Publikum alte Lieder spielt. Igor Ehrenburgs Gaunerchansons, lyrische Liebeslieder, die großen Hits aus dem Odessaer Gaunerrepertoire, Lagerlieder, die »Jüdischen Couplets«. Am Ende einer vierzig Jahre langen Karriere schöpft Beljajew aus dem Vollen: Sein Repertoire umfasst fast vierhundert Lieder. Und das Erstaunlichste: Was er auch singt, sein Publikum kennt den Text und singt mit. Nicht bei jedem Lied, nicht jede Zeile. Aber doch sehr oft. Viele der meist jungen Leute, die Anfang des 21. Jahrhunderts Beljajews Konzerte besuchten, kennen die Lieder offenbar schon von alten Bändern ihrer Eltern. Aber auch die unermüdliche Propaganda des Grafen hat Früchte getragen. Es ist leicht zu sehen, dass die oft fünfundzwanzig, fünfzig oder sogar fast hundert Jahre alten Lieder auch heute wieder einen Nerv beim russischen Publikum treffen, den westliche Popmusik nie erreichen wird. Das liegt zum einen daran, dass Beljajew und Osipow auf Russisch singen. Ein gewisser Patriotismus spielt sicher eine Rolle. Aber da ist auch etwas anderes. Wenn man versucht, dieses Etwas zu ergründen, dann kommt eine tiefe Sympathie für das Anarchische, das Ungeordnete, Staatsferne, ja Staatsfeindliche zum Vorschein. Nicht im Sinne von konkreter politischer Dissidenz gegen irgendwelche Präsidenten oder ideologischen Programme. Es geht um das totale Desinteresse an jeder Art von ideologischen Programmen, es geht darum, ein Leben zu feiern, in dem Politik keine Rolle spielt, ein Leben, in dem stattdessen Wagemut, Schönheit und Poesie gefragt sind. Gesetze gelten, wie immer in Russland, nur für diejenigen, die sich ihnen unterordnen, und wenn ein Diebstahl nur elegant genug begangen wird, dann gibt es daran einfach nichts auszusetzen. Erst recht dann nicht, wenn der Staat bestohlen wird wie im Lied vom Studenten.

Am 19. Januar 2001, bei Kostja Beljajews erstem Konzert im *OGI*, fasste Garik Osipow all das in eine lange, gewundene, wahnwitzige Eloge auf sein Idol: »Ach, es ist schwer, über Beljajew zu sprechen wie über eine Entdeckung, besonders für mich. Ich freue mich, wenn Jugendliche, erweckt von seiner manchmal krächzenden, manchmal metallischen, erbarmungslosen Stimme die Haut der allgemeinen Vorurteile abstreifen und sich ins Leben begeben, ausgestattet mit der schillernden Weisheit der Schlange. Beljajews Idee ist einfach und verständlich: Gib keine Ruhe, solange du lebst. Beljajew zu hören, das ist, als wenn man im richtigen Moment am richtigen Ort einen gedeckten Tisch erblickt. Wenn ihr trinkt und Spaß habt, werdet ihr auch ein bisschen zu Serienmördern. Ihr treibt den Kummer und die Sorgen ins Grab, erhaltet aber dafür eine Orientierung. Wie sagte doch der unvergessene Arkadij Sewernyj: Alle, in deren Adern Odessaer Blut fließt, sind meine Freunde. Und Konstantin Beljajew – das ist Odessaer Blut, und wir hoffen, dass wir uns noch viele Jahre an diesem Blut berauschen und betrinken können. Beljajews Stimme – das ist eine Stimme frei von Komplexen, ein Gesang frei von Vorurteilen, das sind Wörter und Melodien, die uns von der Schimäre der Political Correctness und von falscher Scham befreien.

Natürlich konnte ein Dandy und Häretiker wie Beljajew

nirgends sonst seine Wurzeln haben als im Kurortklima des sowjetischen Odessa, genau wie die Helden seiner Lieder. Als sich die haarigen Hippies in ihren stinkenden Schlafsäcken in Woodstock noch einmal rumdrehten, gingen unsere Dämonen und Verführer in der Sonne spazieren – und dort erklang natürlich genau die Gitarre, die auch hier und heute gleich erklingen wird!

Überall hinterlässt Beljajew den Eindruck eines Helden aus einem alten Kriminalroman. Bezaubernd und zynisch – und doch ein Romantiker. Immer einsam, immer mit seinem Instrument. Wenn es bei Humphrey Bogart die Pistole ist, so ist es bei Konstantin Beljajew die Gitarre. Er besucht die ungewöhnlichsten Orte, und wir gehen mit ihm und sehen, nachdem wir unsere Vorurteile abgelegt haben, die einfachsten Dinge in neuem Licht. Beljajew passt nicht in die engen Rahmen irgendwelcher Moden oder Ideologien. Er ist kein Patriot des Systems, er ist kein Anhänger irgendeines Glaubens – er ist ein Patriot des Lebens, und er besingt es mit all seinen scharfen Seiten. In einer Welt der Selbstvernichtung und Trübsal ist das, wie Beljajews Freund Schenderowitsch sagte, nicht unwichtig.

Als ich meinen Magischen Dschihad auf den Wellen von Radio 101 begann, gab ich mich keinerlei Illusionen hin, aber ich hatte eine Aufgabe: Beljajew sollte wieder bekannt werden. Die triumphale Rückkehr von Kostja Beljajew in den letzten Jahren bestätigt die Wahrheit einer alten Weisheit. Man darf seine Gegner nicht bei ihrer Selbstzerstörung stören. Egal wie richtig und nützlich dieser Prozess dem Gegner auch erscheinen mag. Für neue Menschen mit alten Herzen, mit alten Instinkten und alten Lastern ist diese Stimme unerlässlich, diese Stimme, die erklärt: ›Alles ist erlaubt, wenn du in der Lage bist, es zu schätzen.‹ Beljajew – der Dandy, der Konsul des Effekts – sagt lächelnd, aber streng: ›Kauf nicht bei den Ohnmächtigen, nimm umsonst, was du kannst, solange du kannst.‹

Heute Abend haben wir uns wieder mal an der Mauer der Tränen versammelt und warten darauf, dass Kostja in die Saiten haut. Die Mauer stürzt ein, und vor uns eröffnet sich ein Zimmer des Lachens. Denn jedes Zimmer des Lachens hat eine Mauer der Tränen – und umgekehrt. Nichts erinnert uns besser daran als die Stimme des unverbesserlichen Kostja. Er ist noch immer unter uns, und mit den Worten Shakespeares heißt das: ›Die Hölle hat sich geleert, alle Dämonen sind bei uns – also haben wir nicht umsonst eingeladen!‹«[133]

Hunderte Besucher hatten den Weg in den verwinkelten Klub gefunden, um den »Konsul des Effekts« zu sehen. Ein Kamerateam schnitt den gemeinsamen Auftritt von Beljajew und Osipow mit, das Publikum war begeistert.

Als alles vorbei war, stieg ein sichtlich gut gelaunter Kostja Beljajew in ein schmutziges Moskauer Auto. Bevor der Wagen abfuhr, lehnte er sich aus dem Fenster, winkte den Kameramann heran und sagte ihm in exakt derselben sardonischen Intonation, mit der er »den lieben Stas Jeruslanow« fünfundzwanzig Jahre zuvor daran erinnert hatte, die Aufnahmen nur an gute Freunde weiterzugeben: »Ich hoffe, dass alles gut gelungen ist und dass Sie für mich auch eine Kopie machen!«

Kostja Beljajew starb am 20. Februar 2009 nach einer Operation. Er wurde mit einer feierlichen orthodoxen Zeremonie im eisigen russischen Winter beerdigt, fern vom warmen Odessa, auf dem Friedhof von Perepetschino in der Nähe von Moskau.

Von der sowjetischen Welt, in der Leonid Utjosow, Arkadij Sewernyj, Igor Ehrenburg, Stas Jeruslanow und Kostja Beljajew lebten und arbeiteten, ist zwanzig Jahre nach dem Ende der Sowjetunion fast nichts geblieben. Nun verschwinden nach und nach auch die Überlebenden und Zeitzeugen der Epoche. Sewernyj starb schon 1980 mit einundvierzig, im selben Jahr wie Wladimir Wyssozkij. 1982 folgten ihm der siebenundachtzigjährige Gottvater des russischen Gaunerchansons Leonid Utjosow und der gerade halb so alte Wolodja Ramenskij, der viele von Sewernyjs späten Liedern geschrieben hatte. 1989 starb Igor Ehrenburg, und zwei Jahre später landete die Sowjetunion als Ganzes auf Trotzkis Müllhaufen der Geschichte. Sewernyjs Odessaer Kollege Jewgenij Orschulowitsch (alias Wladimir Sorokin) starb 1995, sein Leningrader Vorläufer Serge Nikolskij 2001. Der Odessaer Sammler und Produzent Stanislaw Jeruslanow starb 2003, kurz nachdem ich ihn besucht hatte. Auch Ruslan Bogoslowskij, Leningrads exzentrischer Undergroundimpresario und Plattenpresser vom Label Goldener Hund, starb 2003, ebenso wie der sibirische Chansonnier Wladimir Schandrikow. Im Mai 2006 starb Nikolaj Resanow, Kopf von Sewernyjs langjähriger Band, im September 2008 starb der Dichter und Undergroundproduzent Boris Taigin, im Februar 2009 folgte ihm Kostja Beljajew.

Weiter gesund und munter sind Arkadij Sewernyjs Leningrader Produzenten Sergej Maklakow, geboren 1929, und Rudolf Fuks, geboren 1937. Auch Dosja Schenderowitsch, der im Mai 1976 an seinem Geburtstag Kostja Beljajews größte Stunde für die Nachwelt konservierte, leistet noch Widerstand.

Was außerdem bleibt, sind die Lieder.

Bilingua, 11.11.2009: Rambling Men

Am Tag nach meinem Hausbesuch spielt Garik Osipow mit seinem Sohn German eines seiner sogenannten Kammerkonzerte im *Bilingua*. Es ist der 11. November 2009. Der Klub *Bilingua* ist die neueste Errungenschaft in Dmitrij Izkowitschs Klub-Imperium und residiert zur Abwechslung nicht in einem Kellergewölbe, sondern überirdisch in einem lang gezogenen

Gebäude in einer kleinen Gasse der verwinkelten Moskauer Altstadt, ein paar Meter von der Metro-Station Turgenjewskaja entfernt. Man geht in eine Hofeinfahrt, an einer Buchhandlung und einer kleinen Indie-Boutique vorbei, die zum Klub gehören, steigt eine eiserne Treppe hinauf und tritt ein. Der Klub selbst ist lang und hoch, erstreckt sich über zwei Etagen und erinnert entfernt an ein großes Berliner oder Wiener Café. Dunkle Holztische, Stühle und Dielen, große Biergläser, riesige Fenster. An der dem Eingang gegenüberliegenden Seite zieht sich eine lange Galerie entlang, von der aus man den besten Blick auf die kleine Bühne hat.

Als ich hereinkomme, sehe ich Osipow in der Nähe der Bühne. Er sitzt mit ein paar Freunden zusammen, trinkt noch ein Schlückchen aus seinem Taschenwärmer, um das Lampenfieber vor dem Konzert zu dämpfen. Osipow ist ein erfahrener Sänger, seit mehr als zehn Jahren gibt er so gut wie jeden Monat in Moskau Konzerte wie dieses, manchmal sogar jede Woche. Nervös ist er immer.

Weil Konzerte von Garik Osipow in Moskau mit großartiger Regelmäßigkeit stattfinden, erinnert die Atmosphäre im *Bilingua* an diesem Abend eher an die eines Jazzklubs der 50er oder 60er Jahre. Oder eben an die eines sowjetischen Restaurants. Das Konzert, das gleich beginnen wird, ist kein Ereignis, es gehört einfach zum Abendprogramm. Die Gäste essen, trinken und reden, manche wissen gar nicht, dass gleich jemand auf der Bühne stehen wird, manche sind wegen Osipow gekommen, manche folgen ihm von Klub zu Klub und sind bei jedem Konzert dabei. Die Luft ist angenehm verraucht, der Eintritt kostet kaum mehr als ein halber Liter »Sibirische Krone« an diesem Mittwochabend. Dann kommen Osipow und sein dem jungen Keith Richards wie aus dem Gesicht geschnittener, schlaksiger Sohn German auf die Bühne, rücken ihre Stühle zurecht, schnallen die Gitarren um und setzen sich hin. Am

Vorabend hatte Osipow mir noch verkündet, er sei sehr froh darüber, dass sein Sohn in die Rock'n'Roll-Richtung gehe und nicht in die Menschenrechtsrichtung, »obwohl die Menschenrechte mehr einbringen, da gibt es Stipendien und Fördergelder«! Osipow rückt den Notenständer zurecht, auf dem ein dicker Packen Blätter mit Liedtexten liegt. Ein kurzes »Hallo, guten Abend«, der Graf weist darauf hin, dass er zwei Blöcke spielen und zwischendurch eine kleine Pause machen will. Dann geht es los. Das Konzert folgt exakt dem Muster aller Osipow-Konzerte und -CDs. Doch obwohl auf den ersten Blick alles so wie immer zu sein scheint, entwickelt sich eines der besten Konzerte, die ich seit 2001 live oder auf Video von ihm gesehen habe. Die Atmosphäre im *Bilingua* entspricht Osipows Musik und seinen Vorstellungen von einem geselligen, halb privaten Abend mit Musik, Freunden und Wodka perfekt, das virtuose Gitarrenspiel seines Sohnes German verleiht Osipows eher grundsätzlichen als feingliedrigen Akkorden die nötigen Ornamente, und die Stimme des Meisters ist mit den Jahren schlicht noch besser, noch facettenreicher geworden. Osipow ist sich seiner Mittel absolut sicher und setzt sie doch mit Zurückhaltung ein. Schon 2001 hatte der Graf es vermocht, Igor Ehrenburgs hochironische Gaunerchansons, tragische Balladen aus Arkadij Sewernyjs Repertoire und Minas dramatisches »Un Anno d'Amore« hintereinander zu singen, ohne dass je der Eindruck entstanden wäre, die Vielfalt des Materials übersteige seine stimmlichen und gestalterischen Möglichkeiten. Man konnte hören und sehen, dass Osipow diese Lieder und ihre Interpreten seit Jahrzehnten kannte und sie bis in die letzte Geste hinein verstanden und eingeübt hatte. Im November 2009 war die Bandbreite seines Repertoires noch größer geworden und die Mischung aus östlicher und westlicher, offizieller sowjetischer und ehemals verbotener Musik noch genialer. Lucio Battistis »Il Tempo di Morire« und Ray

Davies' »This Strange Effect«, »It Never Rains in Southern California« und Fats Dominos »Whisky Heaven«, dazu Arkadij Sewernyjs »Flug nach Capetown«, »Die dunklen Gassen der Moldawanka« und Oleg Uchnaljows wunderbares »I ne to tschtoby da, i ne to tschtoby net« (»Nicht ganz ja, nicht ganz nein«) aus dem Jahr 1969. All das war groß, doch dann wurde es genial.

Hank Williams' Klassiker »Rambling Man« von 1951 haben schon viele Sänger gecovert. Aber noch nie hatte jemand versucht, was Garik Osipow an diesem Abend tat. Osipow zeigte, dass Williams ein sowjetischer Blat-Sänger war, dass Williams und Arkadij Sewernyj, amerikanischer Country und russischer Blatnjak Brüder im Geiste sind, obwohl sie von Ozeanen, Eisernem Vorhang und zehntausend Atomraketen getrennt wurden. Wer hätte die existenzielle Trauer von Hank Williams' Ballade über einen rastlosen Mann, der weiß, dass er die Liebe seines Leben verspielt, besser verstanden als Arkadij Sewernyj? Wer hätte »Rambling Man« besser singen können? Wer, wenn nicht Sewernyj, war der wahre Rambling Man?

> I can settle down and be doin' just fine
> Til I hear an old train rollin' down the line
> Then I hurry straight home and pack
> And if I didn't go, I believe I'd blow my stack
> I love you baby, but you gotta understand
> When the Lord made me,
> He made a Ramblin' Man.
>
> Some folks might say that I'm no good
> That I wouldn't settle down if I could
> But when that open road starts to callin' me
> There's somethin' o'er the hill that I gotta see

Sometimes it's hard but you gotta understand
When the Lord made me,
He made a Ramblin' Man.

I love to see the towns a-passin' by
And to ride these rails 'neath God's blue sky
Let me travel this land from the mountains to the sea
'Cause that's the life I believe He meant for me
And when I'm gone and at my grave you stand
Just say God called home your Ramblin' Man.

Als Garik Osipow »Rambling Man« an diesem Abend mit unvergleichlicher Intensität sang, war es, als sänge er gleichzeitig für Sewernyj und an seiner Stelle.

Weil aber Sewernyj und Hank Williams in Osipows Universum gleichwertige Genies sind, brachte Osipow kurz nach »Rambling Man« eine sowjetische Ballade über einen sowjetischen Rambling Man – gewissermaßen für Hank Williams. »Fonariki« (»Laternen«) ist eines der faszinierendsten Lieder des sowjetischen Undergrounds, und Arkadij Sewernyj hat es natürlich gekannt und gesungen. »Fonariki« handelt von einem lebensmüden jungen Mann, der nachts aus einer Kneipe kommt, auf niemanden wartet und weiß, dass er schon lange nicht mehr in der Lage ist, irgendjemanden zu lieben. In der Vergangenheit lagen ihm die Frauen zu Füßen, eine Witwe hat mit ihm ihr Elternhaus vertrunken, sein freches Lachen hat seine Wirkung nie verfehlt. Doch jetzt ist das alles vorbei. Ihm ist alles egal, er hat vor nichts Angst und ist bereit, seine eigene Fackel vor allen anderen zu löschen.

Der Leningrader Dichter Gleb Gorbowskij schrieb das Lied 1953. Im selben Jahr starb Hank Williams an ebenjener Kombination aus Alkohol, Drogen und Stress, der siebenundzwanzig Jahre später Arkadij Sewernyj zum Opfer fallen sollte.[134]

Die älteste mir bekannte und heute auf CD verfügbare Aufnahme von »Fonariki« sang 1966 Arkadij Sewernyjs Leningrader Kollege und Vorläufer Serge Nikolskij für den Goldenen Hund von Ruslan Bogoslowskij ein – zu einer Zeit, als das Lied schon zu einer Art Volkslied geworden war.

»Rambling Man« von 1951. »Fonariki« von 1953. Nashville. Leningrad. Quer durch Raum und Zeit leuchtete für drei Minuten eine Verbindung zwischen Kontinenten und Kulturen auf, die scheinbar nichts miteinander gemein haben. Eine geheime Brücke über alle Gräben hinweg, die der Kalte Krieg in die Welt gebracht hat und die bis heute nicht verschwunden sind. Zwei Lieder nur. Eine fragile Verbindung, ein Hauch im Sturmwind der Geschichte. Garik Osipow hat ihn gespürt.

Als ich nach zwei Stunden in die kühle Moskauer Nacht hinaustrete, schwanken die Laternen genau auf die Art leise in der Dunkelheit, die Garik Osipow gerade noch besungen hat. Der schwarze Kater, der Gleb Gorbowskijs Rambling Man als Inkarnation des Teufels erschienen war, streift über den dunklen Hof des *Bilingua*. Ein paar junge Moskauer stehen herum und rauchen.

Kurzbiografien der wichtigsten Personen

Konstantin »Kostja« Beljajew

Sänger, geboren am 23. November 1934 in der Nähe von Odessa. Lebt seit 1955 in Moskau. Zwischen 1967 und 2009 mehr als 100 Tonbandalben, darunter: *Zu Gast bei Dosja Schenderowitsch* (1976) und die drei *Odessaer Konzerte* (1976), absolute Meisterwerke des sowjetischen Undergrounds. 1983–1986 in Haft wegen Spekulantentums. Dritter Frühling seit den späten 90er Jahren in Moskauer Klubs. Späte Anerkennung als großer russischer Chansonnier. Gestorben am 20. Februar 2009.

Ruslan Bogoslowskij

Musikproduzent, Konstrukteur von Schallplattenpressen, geboren am 11. August 1928. Gründet 1947 gemeinsam mit Boris Taigin das legendäre Label Der Goldene Hund, das bis ca. 1965 existiert. In den 50er und 60er Jahren zahlreiche Haftstrafen wegen seiner illegalen Tätigkeit. Gestorben am 3. März 2003 in Toksowo bei Sankt Petersburg.

Rudolf »Rudik« Fuks

Musikproduzent, Schallplattensammler, erster Impresario und »Erfinder« von Arkadij Sewernyj, geboren am 13. August 1937 in Luga bei Leningrad. Seit Mitte der 50er Jahre im Leningrader Musikunderground aktiv. 1963 erste Aufnahmen mit Arkadij Sewernyj, 1965–1967 in Haft wegen »Spekulantentums«, setzt seine illegale Tätigkeit sofort nach der Entlassung fort. Schreibt ab 1972 die Szenarien für Sewernyjs erste Tonbandalben sowie zahlreiche Lieder. Produziert zwischen 1972 und 1976 viele Tonbandalben mit Sewernyj. 1979 Emigration in die USA, dort Betreiber des New Yorker Plattenlabels Kismet-Records, seit 2002 wieder regelmäßig in Sankt Petersburg.

Jakow Jadow

Eigentlicher Familienname: Dawydow. Journalist, Feuilletonist, Autor zahlreicher Lieder, geboren 1884, wohl in Kiew. Arbeitet nach der Revolution in Odessa, bekannt mit Schriftstellern wie Ilja Ilf und Jewgenij Petrow, Wenjamin Kawerin, Konstantin Paustowskij. Autor des Jahrhunderthits »Bublitschki« und wahrscheinlich diverser anderer berühmter Lieder der NEP-Epoche. Lebt seit 1930 in Leningrad und Moskau, verarmt, angefeindet. Stirbt 1940 in Moskau.

Stanislaw »Stas« Jeruslanow

Musikproduzent, geboren am 10. April 1939 in Odessa, seit 1963 als Produzent im Odessaer Underground aktiv. Arbeitet mit praktisch allen Odessaer Sängern und Bands der 60er bis 90er Jahre zusammen, zum Beispiel Alik Berison, Grischa

Berison, Wladimir Sorokin, Wika Tschinskaja, produziert ca. 20 Alben mit der Band Tschernomorskaja Tschaika (Schwarzmeermöwe). Produziert Arkadij Sewernyj und Wladimir Schandrikow in Odessa, Kostja Beljajew in Moskau. 1969–1973 in Haft wegen Spekulantentums. Gestorben am 16. Juni 2003.

Sergej Maklakow

Musikproduzent, Schallplattensammler, geboren am 26. Mai 1929 in Leningrad, erlebt als Jugendlicher die Leningrader Blockade. Matrose, Schlosserlehre, Jugendstrafen, ab 1955 im Leningrader Underground als Schallplattensammler und Produzent aktiv. Arbeitet zusammen mit Ruslan Bogoslowskij bei dem illegalen Label Der Goldene Hund. Ab 1975 zahlreiche Tonbandalben mit Arkadij Sewernyj und den Zhemtschuzhiny-Brüdern. Produziert 1982/83 die ersten beiden Alben von Alexander Rosenbaum.

Serge Nikolskij

Eigentlicher Name: Wsewolod Stepanow, Sänger, geboren am 24. Mai 1937 in Leningrad, tritt zwischen 1958 und 1966 in Leningrad in Hochschulen, Klubs und bei öffentlichen Tanzveranstaltungen auf. Nimmt mehrfach für das Label Der Goldene Hund Blat-Lieder, städtische Romanzen und Zigeunerchansons auf, u.a. mit der Band Swetotsch, einem Ensemble, das von der gleichnamigen Leningrader Papierfabrik unterhalten und von einem ehemaligen Mitglied von Leonid Utjosows Band geleitet wird. Singt 1966 die älteste erhaltene Version des Klassikers »Fonariki« (»Laternen«) ein. Gestorben Ende April 2001 in Sankt Petersburg.

Georgij »Garik« Osipow alias Graf Hortiza

Sänger, Radio-DJ, Kulturarchäologe, Schriftsteller, Publizist. Geboren 1961 in Saporozhije, Ukraine. Schallplattensammler und -händler, Schwarzmarktwunderkind, beschäftigt sich seit der Kindheit mit Musik. Seit Ende der 70er Jahre in Moskau. Erfindet, schreibt und präsentiert 1995–2001 die überaus einflussreichen Radiosendungen »Transsylvanien beunruhigt« und »Schule der Kadaver«. 2001 erscheint die CD *Noch einmal vom Teufel*, danach weitere CDs. Tritt regelmäßig in Moskauer Klubs auf.

Wladimir Schandrikow

Sänger, Autor von mehr als 200 Liedern. Geboren 1940 im sibirischen Omsk. Besucht ab 1964 eine Kunsthochschule in Pensa. Wird wegen Körperverletzung zu drei Jahren Haft verurteilt. Beginnt 1972 noch als Häftling, Lieder zu schreiben. Nimmt im Frühjahr 1977 drei Wochen lang zusammen mit Arkadij Sewernyj in Odessa auf. Erster offizieller Auftritt 1987. Die ersten offiziellen CDs erscheinen ab dem Jahr 2000. Gestorben am 30. Januar 2003.

Arkadij »Arkascha« Sewernyj

Sänger, »König des Gaunerchansons«, geboren am 12. März 1939 als Arkadij Swesdin in Iwanowo, erste Aufnahmen 1963 in Leningrad. Zwischen 1972 und 1980 mehr als 100 Tonbandalben. Gestorben am 12. April 1980.

Boris Taigin

Dichter, Musikproduzent, Undergroundverleger, Straßenbahnfahrer, geboren am 10. Februar 1928. Gründet 1947 mit Ruslan Bogoslowskij das Label Der Goldene Hund, Autor diverser Blat-Lieder, Dichter. Verlegt seit den 60er Jahren Leningrader Undergrounddichter im Selbstverlag, unter anderem den zukünftigen Nobelpreisträger Josif Brodskij. Erfindet 1963 das Pseudonym »Arkadij Sewernyj«.

Boris Taigin stirbt am 22. September 2008, kurz vor der Premiere des Dokumentarfilms *Arkadij Sewernyj – Tschelowek, kotorogo ne bylo,* an dem er selbst mitgewirkt hatte.

Leonid Utjosow

Eigentlich Lasar Waisbein, Sänger, Bandleader, Schauspieler, Conférencier, wichtigster Entertainer der sowjetischen Geschichte und einer der Gründerväter des sowjetischen Jazz. Geboren am 21. März 1895 in Odessa. Beginnt seine Karriere im vorrevolutionären Odessa, singt seit den 20er Jahren in Leningrad, später in Moskau. Singt 1932 Klassiker des Blat-Liedes für die älteste bekannte Blat-Schallplattenaufnahme ein. Spielt 1934 die Hauptrolle in dem Filmklassiker *Wesjolyje Rebjata* (Lustige Burschen). Seit den 30er Jahren regelmäßige Schallplattenaufnahmen, zahllose Hits. Im Zweiten Weltkrieg Hunderte Auftritte an der Front. 1965 als erster Vertreter der leichten Muse (russisch: *Estrada*) mit dem Titel »Volkskünstler der UdSSR« ausgezeichnet. Veröffentlicht 1976 seine Memoiren *Spasibo, Serdze!* (Danke, Herz!). Gestorben am 9. März 1982 in Moskau.

Wo kann ich das hören?

Seit dem Ende der Sowjetunion ist sehr viel von der Musik, um die es in diesem Buch geht, auf CD erschienen. Allerdings nicht in Deutschland oder anderswo im Westen, sondern nur in Russland. Im Musikvertrieb ist der gute alte Eiserne Vorhang intakt und funktioniert nach wie vor so wie schon vor dreißig oder fünfzig Jahren. Westliche Musik wird nach Russland durchgelassen. Russische Musik kommt im Westen nicht an. Fast nicht.

Im regulären deutschen CD-Handel findet man bis heute so gut wie gar keine russische Popmusik, abgesehen von einigen wenigen Klassikern und CDs, die kleine Indie-Label wie Eastblok-Music veröffentlichen.
Abhilfe schaffen russische Internetversandhäuser, die entweder in Russland beheimatet sind (z. B. Ozon.ru) oder in Deutschland (z. B. Pigasus-shop.de). Ozon.ru ist das russische Amazon, liefert auch nach Deutschland und hat die mit Abstand größte Auswahl. Pigasus operiert von Deutschland aus und ist einfacher zu bedienen, besonders wenn man kein Russisch kann.

Ansonsten bietet das Internet selbst die beste Gelegenheit, Musik von Arkadij Sewernyj, Kostja Beljajew, Leonid Utjosow und Garik Osipow zu hören. Auf youtube.com sind die Lieder der vier Herren (und der gesamte sowjetische Pop des 20. Jahrhunderts) in großer Fülle vertreten. Wer Russisch kann, findet im russischen Internet außerdem leicht Links zum Download. Garik Osipow unterhält einen eigenen YouTube-Channel, auf dem alle seine Konzerte zu sehen sind!

Wer kein Russisch kann, sucht im Internet, auch bei YouTube, indem er die Namen mit lateinischen Buchstaben eingibt. Das einzige Problem besteht darin, dass es mehrere Transliterationen für russische Buchstaben gibt, und zwar jeweils eine deutsche, englische, französische etc. und dazu eine wissenschaftliche. Im Internet und besonders bei YouTube finden sich die Namen eher in der englischen Transliteration. Wer mag, kann natürlich auch mit russischen Buchstaben suchen. Daher hier kurz die üblichen Schreibweisen als Suchhilfe:

Arkadij Sewernyj – Arkady Severny – Аркадий Северный
Kostja Beljajew – Kostya Belyaev – Костя Беляев
Leonid Utjosow – Leonid Utesov – Леонид Утесов
Garik Osipow – Garik Osipov – Гарик Осипов

Anmerkungen

1 Wenedikt Jerofejew: *Sobranie Sotschinenij*, Bd. 2, Moskau 2001, S. 336 (Übersetzung d. A.).

Prolog

2 Warlam Schalamow: »Zimmerleute«, in: *Durch den Schnee. Erzählungen aus Kolyma 1*, S. 22.
3 Frederik Starr: *Red Hot Jazz*, Innsbruck 1990.
4 Uli Hufen: »Rock in der Sowjetunion«, in: *Mainstream der Minderheiten*, Berlin 1996.
5 Anatolij Osmolowskij, Oleg Kirejew: Editorial, in: *Radek* Nr. 1/1997, S. 3 (Übersetzung d. A.).
6 Andrej Sinjawskij: »Otechestwo. Blatnaja Pesnja«, in: *Newa* 1991, Nr. 4 (Übersetzung d. A.).

1 Leonid Utjosow und die Geburt der Gaunerchansons im Odessa der 20er Jahre

7 Lasar Brontman: *Tagebücher 1932–1947*, http://militera.lib.ru/db/brontman_lk/1938.html (Übersetzung d. A.).
8 Matwej Geiser: *Leonid Utjosow*, Moskau 2008, S. 350 (Übersetzung d. A.).
9 Maksim Krawtschinskij: *Pesni sapreschtschennyje w SSSR*, Nizhnij Nowgorod 2008, S. 28.
10 Maksim Dynnikow: »Utjosow pel Stalinu blatnjak«, in: *Smena*, 13. November 2003, zitiert nach: http://www.shansonprofi.ru/archiv/notes/paper125/ (Übersetzung d. A.).
11 Wjatscheslaw Molotow – Vorsitzender des Rates der Volkskommis-

sare, Lasar Kaganowitsch – Volkskommissar für das Eisenbahnwesen, Michail Kalinin – Vorsitzender des Präsidiums des Obersten Sowjets, und Kliment Woroschilow – Volkskommissar für Verteidigung.

12 Lew Kolodnyj: »Kto osnowal ZDZh?«, in: *Moskowskij Komsomolez*, 23.6.2009, zitiert nach: http://www.mk.ru/culture/article/2009/06/22/305739-zabvene-i-pamyat.html (Übersetzung d. A.).

13 Matwej Geiser: *Leonid Utjosow*, Moskau 2008, S. 352 (Übersetzung d. A.).

14 Die Begegnung wird, mit Variationen, in fast allen biografischen Texten über Utjosow erwähnt, u. a. in den Memoiren seines Freundes Leonid Marjagin. Siehe Matwej Geiser: *Leonid Utjosow*, Moskau 2008, S. 358. (Übersetzung d. A.).

15 *Zhisn Iskusstwa* Nr. 26/1929, auch Utjosow zitiert diese Zeitungsartikel in seinen Memoiren *Spasibo, Serdze!* auf S. 207 (Übersetzung d. A.).

16 Utjosow, Leonid: *Spasibo, Serdze!*, Moskau 1999, S. 208 f. (Übersetzung d. A.).

17 Ebd. (Übersetzung d. A.).

18 Ilja Ehrenburg: *Menschen, Jahre, Leben* – Band 2, Berlin 1978, S. 113.

19 Ilja Ilf, Jewgenij Petrow: *Zwölf Stühle*, Berlin 2000, bzw. die Fortsetzung: *Das Goldene Kalb*, Berlin 1979.

20 Diese Odessa-Zitate entnehme ich: Patricia Herlihy: *Odessa. A History, 1794–1914*, Harvard 1987 (Übersetzung d. A.).

21 Mark Twain: *Die Arglosen im Ausland*, Frankfurt 1961.

22 Zitiert nach: Herlihy: *Odessa. A History* (Übersetzung d. A.).

23 Ebd.

24 Siehe Frederick Starr: »Der Jazz, der aus Odessa kam«, in: *Lettre International* 56, I/2002.

25 Isaak Babel: »Odessa«, in: *Prosa*, Berlin 1983, S. 50.

26 Utjosow: *Spasibo, Serdze!*, S. 111 f. (Übersetzung d. A.).

27 Aaron Lebedeff: *Sings Rumania, Rumania and other Yiddish Theatre* (CD), Collectors Guild (Übersetzung d. A.).

28 Steven Zipperstein: *The Jews of Odessa. A Cultural History 1794–1881*, Stanford 1991, S. 48.

29 Alexander Kuprin: *Das sündige Viertel*, Berlin 1986, S. 168 f.

30 Isaak Babel: »Wie es in Odessa gemacht wurde«, in: *Prosa*, Berlin 1983, S. 308 f.

31 Robert A. Rothstein: »How it was sung in Odessa«, in: *Slavic Review*, Vol. 60, No. 4, S. 791.

32 Utjosow: *Spasibo, Serdze!*, S. 57 f.

33 Konstantin Paustowskij: *Die Zeit der großen Erwartungen*, in: *Der Beginn eines verschwundenen Zeitalters*, Frankfurt 2002, S. 360. Die Lieder heißen auf Russisch: »Mitschman Jones«, »Ech, chmuryje budni, osennije budni«, »Zypljonok« (= Küken, ein Slangausdruck für einen windigen Geschäftemacher), »S odesskogo kitschmana«, »Dotschetschka Bronja«, »Wot Manja wchodit w salu«. An das Lied über die Bedrohung Charkows durch eine Gangsterflut erinnert auch Michail Djomin in seinem autobiografischen Bericht aus der sowjetischen Unterwelt. Allerdings spielt das Lied bei Djomin nicht in Charkow, sondern in Odessa: »Der Staatsanwalt gibt zu verstehn. Dass ganz Odessa überflutet ist von Dieben. Und vom verbrecherischen Element. Das ist ein kritischer Moment!«, *Die Tätowierten*, Frankfurt M. 1973, S. 58.
34 Paustowskij: *Die Zeit der großen Erwartungen*, S. 359.
35 Über Geburts- und Todesjahr Jadows gibt es unterschiedliche Angaben. Ich stütze mich auf einen Brief, den Jadow im April 1940 an den Generalstaatsanwalt Andrej Wyschinskij schrieb. http://www.judaica.kiev.ua/Eg_10/Eg17.htm.
36 Paustowskij: *Die Zeit der großen Erwartungen*, S. 359.
37 Paustowskij: *Die Zeit der großen Erwartungen*, S. 362.
38 Wladimir Bachtin: »Sabytyj i nesabytyj Jakow Jadow«, in: *Newa* Nr. 2/2001 (Übersetzung d. A.).
39 Josif Raiskin: »Est' Musyka nad nami. Musyka v zhisni i tvorchestve D. S. Lichatschowa«, in: *»Musykalnoe prinoschenie«, Konzert, poswjaschtschennyi 100-letiju so dnja rozhdenija D. S. Lichatschewa*, Sankt Petersburg 2006, S. 14-34 bzw. http://likhachev.lfond.spb.ru/Memoirs/raiskin.htm.
40 Zygmunt Frankel: *Siberian Diary*, http://www.zygmuntfrankel.com/zf528.html (Übersetzung d. A.).
41 Übersetzung d. A.
42 Zygmunt Frankel: *Siberian Diary*, http://www.zygmuntfrankel.com/zf528.html (Übersetzung d. A.).
43 Wladimir Bachtin: »Gop-so-smykom«, *Newa* Nr. 11/1997, S. 234–236.
44 Fima Schiganez: »›Gop-so-smykom‹. Istorija velikoj pesni«, http://www.proza.ru/2008/05/26/256.
45 Übersetzung d. A.
46 Rudolf Fuks: *Ot Paninoj do Utjosowa*, http://www.blat.dp.ua/rf/panina.htm.
47 Utjosow: *Spasibo, Serdze!*, S. 231 f. (Übersetzung d. A.).

48 Alles, was man über sowjetischen Jazz wissen kann, weiß Frederick Starr noch besser: *Red Hot Jazz*, Innsbruck 1990.
49 Bud'te sdorowy, zhiwite bogato / Gonite prokljatych faschistow ot chaty. / Gonite banditow, lupite ich, bejte / Snarjady i bomby na nich ne zhalejte!
Bojzam pozhelajem kak sleduet bit'sja / Chtob kazhdyj ubil chot' djuzhiny frizew. / A esli kto bol'sche faschistow sagubit – nikto s was ne sprosit, nikto ne osudit.
50 Der Begriff *Estrada* bezeichnet im Russischen jede Art von leichter Bühnenunterhaltung.
51 M. Sokolskij: »O Dzhase«, in: *Sowjetskoe Iskusstwo*, 16.2.1952.
52 Roman Panteljus, Dmitrij Fokin, Nikolaj Kruzhkow: *Leningradskaja Artel Plastmass. Kak vsjo natschalos*, http://retro.samnet.ru/pm/hystor.htm.
53 Alexander Solschenizyn: *Der Archipel Gulag*, Folgeband, S. 409.
54 Warlam Schalamow: »Apoll unter den Ganoven«, in: *Künstler der Schaufel. Erzählungen aus Kolyma 3*, Berlin 2010, S. 498.
55 Ebd., S. 505 f.
56 Zitiert nach: http://russianshanson.info/?id=432&attr=1 (Übersetzung d. A.).
57 Paustowskij: *Die Zeit der großen Erwartungen*, S. 362 ff.

2 Arkadij Sewernyj, König der Blat-Lieder

58 Zitiert nach: www.blat.dp.ua/rf/biogr.htm.
59 Boris Taigin: »Raszwet i krach ›Solotoj sobaki‹/Blüte und Fall des ›Goldenen Hundes‹«, in: *Ptschela* Nr. 20 (Mai / Juni 1999), zitiert nach: http://www.pchela.ru/podshiv/20/goldendog.htm.
60 Ebd.
61 Ebd.
62 Für die biografischen Details stütze ich mich auf die beiden russischen Biografien, die bislang erschienen sind: Igor Jefimow, Dmitrij Petrow: *Arkadij Sewernyj, Sowjetskij Sojus*, www.blat.dp.ua/as/as00.html, und: Michail Scheleg: *Arkadij Sewernyj – Dwe grani odnoj zhisni*, Moskau 1997.
63 Übersetzung d. A.
64 Dmitrij Solomachin: *Kirowskij Prospekt*, http://magazines.russ.ru/neva/2005/10/so16.html (Übersetzung d. A.).

65 Swetlana Gawrilina: *Wslomtschik Dusch*, in: *Sankt-Peterburgskie Wedomosti*, 9.1.2008, http://www.spbvedomosti.ru/print.htm?id = 10247498@SV_Articles (Übersetzung d. A.).
66 Übersetzung d. A.
67 Die Zahl entnehme ich dem Dokumentarfilm *Arkadij Sewernyj – Tschelowek kotorogo ne bylo*, Russland 2008. Zum Vergleich: 1994, auf dem Höhepunkt der postsowjetischen Gewaltwelle, wurden in Russland 15 000 Menschen ermordet. Das entspricht der Zahl sowjetischer Soldaten, die während des gesamten Afghanistankrieges zwischen 1979 und 1989 umkamen.
68 *Arkadij Sewernyj – Tschelowek, kotorogo ne bylo*, Russland 2008.
69 Igor Jefimow, Dmitrij Petrow: *Arkadij Sewernyj, Sowjetskij Sojus*, www.blat.dp.ua/as/as00.html (Übersetzung d. A.).
70 Der Begriff »Magnitisdat« bezieht sich auf Magnettonbänder und bezeichnet analog zum Samisdat/Selbstverlag in der Literatur den Kassetten- und Tonbanduntergrund in der Sowjetunion.
71 Ebd.
72 Übersetzung d. A.
73 Übersetzung d. A.
74 Die Geschichte erzählte mir Alexej Troschin im Winter 2009. Troschin war von 2003 bis 2008 künstlerischer Direktor der Plattenfirma Melodija und ist einer der besten Kenner der sowjetischen populären Musik.
75 Interview mit Alexej Troschin.
76 Igor Jefimow, Dmitrij Petrow: *Arkadij Sewernyj, Sowjetskij Sojus*, a. a. O. (Übersetzung d. A.).
77 Schon 1963 hatte Rudolf Fuks Arkadij Sewernyj in Leningrad von mehreren Musikern begleiten lassen. Doch die Aufnahmequalität war zu schlecht, als dass das Band weite Verbreitung hätte finden können, zumal Tonbandgeräte zu Beginn der 60er Jahre noch absolute Luxusgegenstände waren. 1967 spielte Alik Oschmjanskij in Odessa mit einer kleinen Band zwanzig Odessaer Gaunerchansons in hervorragender Qualität ein. Doch fand die Session unter Bedingungen statt, die sich nicht wiederholen ließen: Der Moskauer Bonze Dmitrij Poljanskij, Mitglied des Politbüros der Kommunistischen Partei, hatte einen Bekannten vom Odessaer Operettentheater gebeten, alte Chansons aus der NEP-Ära für den Hausgebrauch aufzunehmen, und dafür sogar den Zugang zu einem professionellen Tonstudio organisiert. Naturgemäß sorgten die Odessaer Toningenieure dafür, dass das Band auch über den inneren Kreis des Poljanskijschen Polit-

büro-Haushalts hinaus Verbreitung fand. Aber das änderte nichts daran, dass es die einzige Aufnahme von Alik Oschmjanskij blieb.

78 Igor Jefimow, Dmitrij Petrow: *Arkadij Sewernyj, Sowjetskij Sojus*, a. a. O. (Übersetzung d. A.).

79 Ebd.

80 Den Hinweis auf dieses Lied verdanke ich: Igor Jefimow, Dmitrij Petrow: *Arkadij Sewernyj, Sowjetskij Sojus*, a. a. O.

81 Tscheljabinskaja Nedelja, 3.–9.10.2002, zitiert nach: Igor Jefimow, Dmitrij Petrow: *Arkadij Sewernyj, Sowjetskij Sojus*, a. a. O. (Übersetzung d. A.).

82 Igor Jefimow, Dmitrij Petrow: *Arkadij Sewernyj, Sowjetskij Sojus*, a. a. O. (Übersetzung d. A.).

83 Ebd.

84 Ebd.

85 Ebd.

86 Heute Hauptstadt von Abchasien, damals Teil der Georgischen Sowjetrepublik.

87 Einer der berühmtesten Odessaer Musiker der 60er und 70er Jahre ist der heute in Kalifornien lebende Alik Oschmjanskij. Oschmjanskij, geboren 1944, hatte wie Emil Gilels und David Oistrach die berühmte Stoljarski-Musikschule für hochbegabte Kinder besucht und danach am Konservatorium Akkordeon studiert. Mitte der 60er leitete er das Orchester des Odessaer Standesamtes und unterhielt zudem seine eigene Band. Zum Repertoire von Oschmjanskijs Orchester gehörten damals mehr als tausend Stücke, denn es galt als ehrenrührig, wenn eine Band einen Musikwunsch nicht erfüllen konnte, egal ob es um Jazz, Blues, Schlager, Rock'n'Roll, die alten Odessaer Lieder, Gulagchansons oder Gaunerlieder ging.

88 Igor Jefimow, Dmitrij Petrow: *Arkadij Sewernyj, Sowjetskij Sojus*, a. a. O. (Übersetzung d. A.).

89 Ebd.

90 Über Sewernyjs erste Ehefrau aus Studententagen ist nichts bekannt.

91 Übersetzung d. A.

92 Sergej Dowlatow: *Der Koffer*, Köln 2008, S. 119 f.

93 Warlam Schalamow: *Künstler der Schaufel. Erzählungen aus Kolyma 3*, Berlin 2010, S. 512 ff.

94 Ebd., S. 514.

95 Ebd.

96 Ebd., S. 515 f.

97 Jessenin, Sergej: *Gesammelte Werke*, Band 1: Gedichte. Berlin 1995, S. 153.

98 Jessenin, Sergej: *Gesammelte Werke*, Band 1: Gedichte, Berlin 1995, S. 152 f.
99 Jessenin, Sergej: *Gesammelte Werke*, Band 1: Gedichte, Berlin 1995, S. 145.
100 Übersetzung von Paul Celan, in: *Drei russische Dichter*, Frankfurt 1959.
101 Swesdinskij wurde kurz vor Kriegsende 1945 geboren, nach eigener Auskunft im Gefängnis. Sämtliche verfügbaren Informationen über Swesdinskijs Kindheit und Jugend entstammen seiner eigenen Autobiografie und sind daher nur mit Vorsicht zu genießen. Aber ob wahr, halb oder ganz erfunden: wie sich Swesdinskij aus einer ganzen Batterie russischer Mythen eine veritable Heldenbiografie zusammenzimmert, das ist im Grunde interessanter als die Wahrheit. Nach der Geburt im Gefängnis, wo seine Mutter später stirbt, schmuggelt ein aufrechter Arzt den Säugling Michail in einem Koffer aus dem Gefängnis. Der Zufall will es, dass der Arzt Swesdinskijs Großmutter seit Jahrzehnten kennt. Der Großvater war ein zaristischer Offizier, der 1917 auf die Seite der Revolution wechselt und von der Revolution – wie es sich gehört – gefressen wird. Die Großmutter wiederum liebt die russische Literatur. www.zvezdinskiy.ru/bio.html.
102 Petr Podgorodezkij: »*Maschina*« *s Jewrejami*, zitiert nach: http://www.mashina-vremeni.com/pp10.html (Übersetzung d. A.).
103 Ebd.

3 Kostja Beljajew – Ein byzantinischer Dandy in Breschnews Moskau

104 Übersetzung d. A.
105 *Chuj* – Schwanz, *bljad'* – Nutte, Hure, *pisda* – Fotze, *jebat'sja* – ficken.
106 Dt. *Über das Dandytum*, Berlin 2006.
107 Michail Korojedow, in: *JaLouse*, No. 1, September 2001, http://www.kbelyaev.ru/pub/25_let.htm. Als Silbernes Zeitalter werden in der russischen Kulturgeschichte die ersten beiden Jahrzehnte des 20. Jahrhunderts bezeichnet (Übersetzung d. A.).
108 http://www.kbelyaev.ru/pub/25_let.htm (Übersetzung d. A.).
109 Übersetzung d. A.
110 Kostja Beljajew über Igor Ehrenburg, 2004, zitiert nach: www.kbelyaev.ru (Übersetzung d. A.).
111 Übersetzung d. A.

112 Den Hinweis erhielt ich von Timofej Larionow bei einem Gespräch in Moskau im Mai 2010.
113 Arsenij Skrynnikow, *Alfavit* Nr. 9/2001, zitiert nach: http://www.kbelyaev.ru/pub/abcdef.htm (Übersetzung d. A.).
114 *Blja*, von russisch *Bljad'* – Nutte, Hure. Kann in russische Sätze ungefähr so eingestreut werden wie »Scheiße noch mal« in deutsche.
115 I. Grankin: *Pochem modnyje Diski?*, in: *Iswestija* 3.5.1984, zitiert nach http://www.kbelyaev.ru/pub/pochem.htm (Übersetzung d. A.).
116 Ebd.
117 Ebd.

4 Garik Osipow und die Renaissance des klassischen sowjetischen Blatnjak

118 Zitiert nach: chanson.ru/press/439627 (Übersetzung d. A.).
119 Ebd.
120 Ebd.
121 Willi Tokarew, geboren 1934, ging schon 1974 in die USA und arbeitete einige Jahre als Taxifahrer, bevor er Ende der 70er Jahre den Durchbruch als Sänger in den Restaurants von New Yorks Little Odessa schaffte. Michail Schufutinskij, Jahrgang 1948, ein mächtiger Mann mit Vollbart, der sich gern mit großen Hunden und Sportautos fotografieren ließ, hatte sein Glück in den 70er Jahren zunächst in den Restaurants von Magadan gesucht und gefunden. 1981 wechselte er vom sowjetischen Pazifikufer hinüber ans wesentlich wärmere amerikanische und wurde in den russischen Restaurants von Los Angeles zum Star. Nach dem Ende der Sowjetunion kehrten Schufutinskij und Tokarew in die Heimat zurück, um ihre Claims im neurussischen Popgeschäft abzustecken.
122 Seine beiden ersten Alben mit neoklassischen Odessaer Gaunerchansons spielte Rosenbaum mit der Band des verblichenen Arkadij Sewernyj ein. Sewernyjs Produzent Sergej Maklakow hatte die Zhemtschuzhiny-Brüder mit Rosenbaum zusammengebracht, die Aufnahmen organisiert und finanziert. Rosenbaums Debüt war der Endpunkt für das illegale Leningrader Blat-Geschäft. Kurz darauf begann die Perestroika, Rosenbaum brach zu offiziellen Konzerttourneen durch die Sowjetunion auf und trat schon bald im Fernsehen auf. Als Tokarew und Schufutinskij Anfang der 90er aus den USA zurückkehrten, war Rosenbaum bereits ein Star.

123 Lesopowal (Holzfällen) wurde 1990 von dem Dichter Michail Tanitsch gegründet. Tanitsch (1923–2008) hatte von 1947 bis 1953 selbst sechs Jahre lang im Arbeitslager Holz gefällt und danach eine erfolgreiche Karriere als Dichter und Texter für sowjetische Popstars gestartet. 1990 erkannte Tanitsch mit dem geschulten Blick eines Mannes, der Jahrzehnte im Popgeschäft überlebt hat, dass die Gelegenheit gekommen war, um mit Gaunerchansons zu reüssieren. Der erste Sänger der Band und auch Tanitsch selbst sind bereits gestorben, doch in veränderter Besetzung gehört Lesopowal bis heute zu den größten Acts im russischen Showgeschäft.
124 Sophia Kishkovsky: »Notes From a Russian Musical Underground: The Sound of Chanson«, in: *New York Times*, 16. Juli 2006.
125 Zitiert nach: http://www.severnij.dp.ua/text01.html (Übersetzung d. A.).
126 Petr Leschtschenko (1898–1954), in den 30er Jahren »König des russischen Tango«, umgekommen in einem rumänischen Straflager. Konstantin Sokolskij (1904–1991), wie Leschtschenko ein Star in den 30er und 40er Jahren. Stand bis ins hohe Alter auf der Bühne.
127 Garik Osipow: *80-e? Roskoschnyj Analis*, zitiert nach: http://hortiza.arcto.ru.e2.gfns.net/txt/80-e.htm (Übersetzung d. A.).
128 Ebd.
129 Komsomol ist der 1918 gegründete kommunistische Jugendverband in der Sowjetunion.
130 Psoj Korolenko: *Nowyj Tschelowek so starym serdzem*, zitiert nach: http://www.ogoniok.com/archive/2005/4883/04-58-60 (Übersetzung d. A.).
131 Ebd.
132 Nach einigen Platten mit Leningrad veröffentlichte Sergej Schnurow 2003 ein akustisch eingespieltes Soloalbum, das einen der absoluten Höhepunkte in der aktuellen Renaissance des Blatnjak in Russland markiert. Das 2. *Magadaner Konzert* genannte Album erschien in Russland in der Serie »Nicht-Legenden des Russischen Chansons«. In Deutschland lag es der ersten Auflage von Leningrads Album *Chleb* (Brot) bei, erschienen bei East Bloc Records.
133 Übersetzung d. A.
134 Bevor Gleb Gorbowskij (geb. 1931) ab Mitte der 60er Jahre eine Karriere als Dichter linientreuer sowjetischer Lyrik einschlug und das Trinken aufgab, führte er jahrzehntelang ein Leben als Rambling Man, verbrachte einige Jahre in einer Kolonie für junge Verbrecher, entkam von dort, zog durch die gesamte Sowjetunion und brachte es fertig, von zwei Jahren Militärdienst 196 Tage wegen Trunkenheit im Arrest zu verbringen.

Auswahlbibliografie

Über Leonid Utjosow

Geiser, Matwej: *Leonid Utjosow*, Moskau: Molodaja Gwardija 2008
Utjosow, Leonid: *Spasibo, Serdze!*, Moskau: Wagrius 1999

Über Arkadij Sewernyj

Jefimow, Igor / Petrow, Dmitrij: *Arkadij Sewernyj, Sowjetskij Sojus*, http://www.blat.dp.ua/as/as00.html
Taigin, Boris: »Raszwet i krach ›Solotoj sobaki‹«, in: *Ptschela #20* (Mai/Juni 1999), http://www.pchela.ru/podshiv/20/goldendog.htm
Scheleg, Michail: *Arkadij Sewernyj – Dwe grani odnoj zhisni*, Moskau: NNN 1997

Über Kostja Beljajew

Korojedow, Michail: »W gostjach u Dosi Schenderowitscha«, in: *JaLouse*, No. 1, September 2001, http://www.kbelyaev.ru/pub/25_let.htm
Osipow, Garik: »W gostjach u Dosi Schenderowitscha«, http://www.kbelyaev.ru/pub/25_let.htm

Skrynnikow, Arsenij: »Iskusstwo zhit' Odessoj«, in: *Alfavit*, Nr. 9/2001, http://www.kbelyaev.ru/pub/abcdef.htm

Grankin, I.: »Pochem modnye Diski?«, in: *Iswestija*, 3.5.1984, http://www.kbelyaev.ru/pub/pochem.htm

Von und über Garik Osipow

Osipow, Garik: *Towar' Rotschilda*, Erzählungen, Moskau: Mitin Zhurnal/Kolonna Publications 2003

Osipow, Garik: »Simptomy«, in: *Poslednije Pionery*, Moskau: Ultra Kultura 2003

Korolenko, Psoj: »Nowyj Tschelowek so starym serdzem«, http://www.ogoniok.com/archive/2005/4883/04-58-60/

Diverse

Bachtin, Wladimir: »Sabytyj i nesabytyj Jakow Jadow«, in: *Newa* Nr. 2/2001

Krawtschinskij, Maksim: *Pesni sapreschtschennye v SSSR*, Nizhnij Novgorod: Dekom 2008

Hufen, Uli: »Rock in der Sowjetunion«, in: *Mainstream der Minderheiten. Pop in der Kontrollgesellschaft*, hrsg. von Tom Holert und Mark Terkessidis, Berlin: Edition ID-Archiv 1996

Kishkovsky, Sophia: »Notes From a Russian Musical Underground: The Sound of Chanson«, in: *New York Times*, 16. Juli 2006

Sinjawskij, Andrej: »Otetschestwo. Blatnaja Pesnja«, in: *Newa* Nr. 4/1991

Starr, Frederik: *Red Hot Jazz*, Innsbruck: Hannibal Verlag 1990

Stites, Richard: *Russian Popular Culture*, Cambridge: Cambridge University Press 1992 von Geldern, James / Stites, Richard (Hrsg.): *Mass Culture in Soviet Russia. Tales, Poems, Songs, Movies, Plays, and Folklore, 1917–1953*, Bloomington: Indiana University Press 1995

Geschichte und Literatur allgemein

Babel, Isaak: *Prosa*, Berlin: Volk und Welt 1983
Djomin, Michail: *Die Tätowierten*, Frankfurt: Fischer 1973
Ehrenburg, Ilja: *Menschen, Jahre, Leben*, Berlin: Volk und Welt 1978
Gubar, Oleg: *Second Hand*, Odessa: Druk 2001
Ilf, Ilja / Petrow, Jewgenij: *Zwölf Stühle*, Berlin: Luchterhand 2000
Ilf, Ilja / Petrow, Jewgenij: *Das Goldene Kalb*, Berlin: Volk und Welt 1979
Kuprin, Alexander: *Das sündige Viertel*, Berlin: Rütten & Loening 1986
Paustowskij, Konstantin: *Die Zeit der großen Erwartungen*, in: *Der Beginn eines verschwundenen Zeitalters*, Frankfurt: Eichborn 2002
Schalamow, Warlam: *Erzählungen aus Kolyma*, Band 1–3, Berlin: Matthes & Seitz 2008–2010
Sinjawskij, Andrej: *Eine Stimme im Chor*, Frankfurt: Fischer 2009
Slezkine, Yuri: *Das jüdische Jahrhundert*, Göttingen: Vandenhoeck & Ruprecht 2006
Solschenizyn, Alexander: *Der Archipel Gulag*, Bern: Scherz 1974
Wail', Petr / Genis, Aleksandr: *60e – Mir Sowjetskogo Tscheloweka*, Moskau: Nowoje Literaturnoje Obosrenie 1996

Odessa

Zipperstein, Steven J.: *The Jews of Odessa. A Cultural History, 1794–1881*, Stanford: Stanford University Press 1991

Herlihy, Patricia: *Odessa. A History, 1794–1914*, Harvard: Harvard University Press 1987

Wichtige Internetseiten (fast alle auch mit MP3-Dateien)

Arkadij Sewernyj:
www.severnij.dp.ua
www.severny.sheleg.ru

Kostja Beljajew:
www.kbelyaev.ru

Blatnjak allgemein (und andere Lieder):
www.blat.dp.ua
www.blatata.ru
www.shansonprofi.ru
www.a-pesni.golosa.info
www.russianshanson.info

Garik Osipow unterhält einen eigenen YouTube-Kanal, auf dem man seine Konzerte anschauen kann. Außerdem bekommt man hier mit, welche neuen Stilblüten der vorbildlich abstruse Geschmack des Meisters aktuell treibt.
http://www.youtube.com/user/hortiza

Zitatnachweis

Sergej Dowlatow: *Der Koffer*. A. d. Russischen von Dorothea Trottenberg. © DuMont Buchverlag, Köln 2008, S.119f.

Sergej Jessenin: »Freund, leb wohl«. Aus: *Drei russische Dichter. Alexander Blok. Ossip Mandelstam. Sergej Jessenin. Gedichte.* Übertragen von Paul Celan. © S. Fischer Verlag GmbH, Frankfurt am Main 1959

Alexander Kuprin: *Das sündige Viertel. Sittenbilder aus dem alten Russland*. A. d Russischen von Waltraud Ahrndt, Nachwort von Margit Bräuer. © Aufbau Verlag GmbH & Co. KG, Berlin 1986 (dieses Werk erschien erstmals 1986 bei Rütten & Loening; Rütten & Loening ist eine Marke der Aufbau Verlag GmbH & Co. KG)

Konstantin Paustowskij: *Der Beginn des verschwundenen Zeitalters.* © Eichborn AG, Frankfurt am Main, Dezember 2002. © für die deutsche Übersetzung, München: nymphenburger in der F. A. Herbig Verlagsbuchhandlung GmbH

Warlam Schalamow: »Zimmerleute«, in: *Durch den Schnee. Erzählungen aus Kolyma*, Band 1. A. d. Russischen von Gabriele Leupold. © Matthes & Seitz Berlin Verlagsgesellschaft mbH, Berlin 2008

Warlam Schalamow: »Apoll unter den Ganoven«, in: *Künstler der Schaufel. Erzählungen aus Kolyma,* Band 3. A. d. Russischen von Gabriele Leupold. © Matthes & Seitz Berlin Verlagsgesellschaft mbH, Berlin 2010

Alexander Solschenizyn: *Der Archipel Gulag.* © Scherz Verlag, Bern 1974. Alle Rechte vorbehalten S. Fischer Verlag GmbH, Frankfurt am Main

Mark Twain: *Die Arglosen im Ausland.* A. d. Amerikanischen von Ana Maria Brock. Ausgewählte Werke in zwölf Bänden. Hrsg. von Karl-Heinz Schönfelder. Band 4. © Aufbau Verlag GmbH & Co. KG, Berlin 1961 (diese Übersetzung erschien erstmals 1961 im Aufbau Verlag; Aufbau ist eine Marke der Aufbau Verlag GmbH & Co. KG)

Register

Achmadulina, Bella 127
Aquarium (Band) 19
Andrews Sisters 91, 144, 218,
Armstrong, Louis 122, 141, 158
Artel Plastmass 96f.

Babel, Isaak 41, 50, 57, 62, 65–69, 85, 111
Balber, Grigorij 177
»Baron von der Pschik« (Lied) 91
Battisti, Lucio 295
BBC 166, 207, 274f., 279
Beatles 113, 134, 154, 182, 236, 250, 275f., 279
Beljajew, Konstantin (Kostja) 13ff., 23, 27, 29, 216–256, 261f., 266ff., 278, 280f., 285f., 288–293, 299
»Bei mir bistu shein« (Lied) 90f., 144, 217
Benja Krik 65–68, 181
Birobidschan 195
Bogoslowskij, Ruslan 118–124, 132, 134f., 160, 214, 250, 293, 298f.
Breschnew, Leonid 210, 216, 221f., 246, 248, 279
Brodskij, Iosif 61f., 169, 215
Brontman, Lasar 31ff., 244
»Bublitschki« (Brezeln, Lied) 72, 75–79, 85, 88, 97, 118

DDT (Band) 19
de Ribas, Don Joseph 48f.
Der Goldene Hund (Plattenlabel) 119–122, 124, 128, 134, 154, 160, 215, 298
Deutsche Welle 274f.
»Die Schule der Kadaver« (Radioshow) 273, 282
Dolina, Larissa 186
Dowlatow, Sergej 197
Dylan, Bob 74, 126, 146, 202, 285

Ehrenburg, Igor 220, 228–235, 240, 248, 268, 270, 285, 289, 292f., 295
Ehrenburg, Ilja 40f., 126
Emigration, jüdische 194–198, 205, 242f., 247, 249, 254
Estrada 36, 59, 95, 101, 142

Fartowyj Jad (Tonbandalbum) 166
Farzowtschiki, siehe: Schwarzmarkt
Filon, Stanislaw 116–119
Fuks, Rudolf (Rudik) 28f., 104, 106f., 109–116, 124f., 127, 129–135, 137–140, 142–149, 151–155, 160–167, 171ff., 176f., 179, 182, 205f., 210f., 213f., 216, 218, 225f., 236f., 240, 248, 250, 261f., 267, 271, 274, 293
Furzewa, Jekaterina 101, 155, 157

Gilels, Emil 65, 67, 85
»Gop-so-smykom« (Lied) 35, 72, 75f., 83ff., 87ff., 91, 97, 100, 118, 144f., 164
Gorbowskij, Gleb 297f.
Gramplasttrest 88
Graf Hortiza, siehe: Osipow, Garik
Gubar, Oleg 29, 53ff., 61, 64f., 67, 69, 181, 186, 189f.
Gulag 21, 79, 99ff., 133, 148, 151, 157f., 171, 284

Ilf, Ilja 41f., 85
»Istorija Kachowskogo Ravvina« (Die Geschichte des Rabbis von Kachowsk, Lied) 141
Izkowitsch, Dmitrij 286ff., 293

Jadow, Jakow 74ff., 78f., 81f., 85, 102ff., 233
Jazz, sowjetischer 14, 38, 58f., 87f., 95, 117f., 165f., 264
Jerofejew, Wenedikt 221
Jeruslanow, Stanislaw (Stas) 29, 176–189, 192, 238ff., 250, 271, 274, 289, 292f.
Jeschtscho ras o tschorte (Noch einmal vom Teufel, CD) 266
»Jewrejskije Kuplety« (Jüdische Couplets, Lied) 245
Jewtuschenko, Jewgenij 127, 133
Johnson, Robert 75, 149

»Kak-to po prospektu s Mankoj ja guljal« (Als ich einmal mit Manka spazieren ging, Lied) 64, 168
Kaljatin, Dmitrij (Dima) 166, 168, 170, 172
Kaljatina, Sofia 170f., 174f.

Kalter Krieg 14f., 94, 105, 127, 220f., 267, 270, 284, 298
Karlik, Michail 127
Kerzhenzew, Platon 34, 36, 42f.
Klezmer 36, 58f., 69, 76, 164f.
Kolyma 28, 99, 136, 159, 195, 233
Kosin, Wadim 95, 115, 118, 154, 157
Kozischewskij, Wladislaw 175, 176f., 188f., 192
Kristallinskaja, Maja 127
Krug, Michail 157, 260ff., 264f.
Kuprin, Alexander 63

Langstreckenflieger, sowjetische 90
Leschtschenko, Petr 96, 115, 118, 240, 278
Lesopowal (Band) 257, 262f.
Lichatschow, Dmitrij 79
Little Odessa 205, 242

Magadanzy (Band) 159
Magnitisdat 138, 239
Maklakow, Sergej 104, 124, 127, 135, 160f., 162f., 166ff., 171, 176f., 179, 182, 187, 193, 213f., 237, 289, 293
Mat 18, 220, 242, 260, 275, 286, 288
Melodija (sowjetischer Schallplattenkonzern) 14, 96, 213, 216
Messer für Frau Müller (Band) 19
Mina 270, 295
Minkowskij, Pinchas 62
Mischa Japontschik (Mischa der Japaner) 65–69, 181, 187
»Moj Adres Sowjetskij Sojus« (Lied) 170
»Moj Prijatel' Student« (Mein Kumpel, der Student, Lied) 233ff., 270

Moldawanka 46, 62–65, 71, 111, 151, 181, 187, 296
Morandi, Gianni 267
Musik auf Rippen 116ff., 120, 123, 130, 134, 154, 160
»Murka« (Lied) 72, 75f., 79–82, 85, 109, 164
Musykalnyj Feuilleton (Musikalisches Feuilleton, Tonbandalbum) 105f.

»Na Deribasowskoj ...« (Auf der Deribasowskaja ..., Lied) 47
Na Slowa Jessenina (Zu Texten von Jessenin, Tonbandalbum) 199, 202
NEP (Neue Ökonomische Politik) 40f., 74, 76ff., 89, 102, 108, 123, 145, 147, 149, 151, 172
Nikolskij, Serge 123, 293, 298

OBCHSS 234, 270
Odessa 21, 24f., 28, 31f., 34ff., 41–72, 107–111, 124, 138, 140–145, 175–194, 206, 225, 231, 237–241, 291
Odessa-Mama 54, 67, 107, 140, 148, 239
Odessaer Folklore 57, 69, 143
Odesskije Konzerty (Odessaer Konzerte, Tonbandalben) 237, 239ff.
O Sewere Dalnem (Über den Hohen Norden, Tonbandalbum) 148
Oschmjanskij, Alik 110
Osipow, Garik 14f., 29, 157, 224, 266–290, 293–298

Pantelejew, Lenka 147
Paustowskij, Konstantin 72–75, 82, 103f.
Pecha, Edita 127

Petrow, Jewgenij 41f., 202
Pustite, Pustite, Pustite (Lied) 228
Pustite, Raja (Lassen Sie mich raus, Raja, Lied) 233

Radio Liberty 166
Ramenskij, Wladimir (Wolodja) 168, 212, 214, 293
Resanow, Nikolaj 104, 162f., 167, 174, 212, 235, 293
»Reschili dwa Jewreja« (Zwei Juden beschlossen, Lied) 194–198
Restaurants, sowjetische 158, 162, 270f.
Rewelson, Friedrich (Fred) 177
Rosenbaum, Alexander 214, 257, 262, 265
Rosner, Eddi 95, 118, 158
Russisches Chanson 168, 257–261

»Schalandy polnyje kefali« (Boote voller Meeräschen, Lied) 46ff., 241
Schalamow, Warlam 11, 99f., 201f.
Schandrikow, Wladimir 175f., 188f., 265, 293
Schenderowitsch, David (Dosja, Dodik) 216ff., 220, 222ff., 229, 232, 235ff., 240f., 248, 268, 280, 291, 293
Schiganez, Fima 83
Schnurow, Sergej 26f., 29, 287f.
Schwarzmarkt 119, 231, 235, 237, 250, 277
Sewernyj, Arkadij 11, 13ff., 20–24, 27ff., 76, 104–111, 124–155, 160f., 163–179, 187–190, 192ff., 198–208, 210–214, 217f., 220, 226, 235f., 239, 242, 256, 261f., 264f., 267ff., 271, 278f., 285, 287, 289f., 292f., 295–298

Smirnow-Sokolskij, Nikolaj 155
Solschenizyn, Alexander 98f., 133, 148f., 222, 247, 276
»S odesskogo kitschmana« (Aus einem Odessaer Knast, Lied) 35f.
Spekulantentum 182, 134, 249, 254
Stalin, Josef 28, 31–35, 42f., 71, 88f., 90, 97, 101, 109, 119f., 126f., 135, 155, 165f., 186, 195, 208, 227, 233, 244, 248, 260
Stiljagi 127f., 146
Stiljagi (Tonbandalbum) 146
Swesdin, Arkadij – siehe: Sewernyj, Arkadij
Swesdinskij, Michail 208ff.

Taigin, Boris 118–121, 123f., 128, 132–135, 214f., 293
Tauwetter 126, 179
Theater-Jazz-Orchester/Thea-Jazz 32, 38, 87–90
Toltschok (Flohmarkt in Odessa) 179–183, 238
Tonbandgeräte 110, 123, 152f., 159
Torgsin 42, 118
Tscheljuskinzy/Tscheljuskin-Retter 33
Transsylvanien beunruhigt (Radioshow) 267, 282, 284, 287

Utjosow, Leonid 13ff., 28f., 31–43, 46f., 54, 58f., 65, 69–72, 76, 79, 84–95, 97, 100f., 110f., 118, 143ff., 149, 164f., 217, 239, 242, 244, 292f.

van Zandt, Townes 198f.
Voice of America 166, 174, 274f.
Vokal-Instrumental-Ensemble (VIA) 159, 163

W gostjach u Dosi Schenderowitscha (Zu Gast bei Dosja Schenderowitsch, Tonbandalbum) 222f., 225, 236
Waisbein, Lasar – siehe: Utjosow, Leonid
Wertinskij, Alexander 115, 171
Wesjolyje Rebjata (Lustige Burschen, Musical) 32, 89f.
Williams, Hank 267, 285, 296f.
Workuta 148, 157f.
Wosnessenskij, Andrej 127
Wyssozkij, Wladimir 13, 110, 133, 150f., 176, 180, 188, 192, 275, 293

Zfasman, Alexandr 118
Zhemtschuzhiny-Brüder (Band) 163, 166ff., 172
Zweiter Weltkrieg 33, 74, 82, 85, 90f., 94f., 117, 179, 181, 217, 278